U0492842

本著作得到以下项目及平台资助：
国家自然科学基金项目（72362029）
内蒙古自治区哲学社会科学规划项目（2022NDC214）
内蒙古现代物流与供应链管理研究中心

# 用户跨社交电商平台消费信息行为特征挖掘及场景推荐研究

Yonghu Kua Shejiao Dianshang Pingtai Xiaofei Xinxi Xingwei Tezheng Wajue ji Changjing Tuijian Yanjiu

王福　刘俊华　康丽琴　崔莹 / 编著

中国财经出版传媒集团
经济科学出版社
Economic Science Press
· 北京 ·

**图书在版编目（CIP）数据**

用户跨社交电商平台消费信息行为特征挖掘及场景推荐研究 / 王福等编著. -- 北京：经济科学出版社，2025. 5. -- ISBN 978-7-5218-7002-2

Ⅰ. F713. 55

中国国家版本馆 CIP 数据核字第 2025D0J675 号

责任编辑：赵 岩
责任校对：李 建
责任印制：范 艳

**用户跨社交电商平台消费信息行为特征挖掘及场景推荐研究**
YONGHU KUASHEJIAO DIANSHANG PINGTAI XIAOFEI XINXI XINGWEI TEZHENG WAJUE JI CHANGJING TUIJIAN YANJIU
王 福 刘俊华 康丽琴 崔 莹／编著
经济科学出版社出版、发行 新华书店经销
社址：北京市海淀区阜成路甲 28 号 邮编：100142
总编部电话：010-88191217 发行部电话：010-88191522
网址：www. esp. com. cn
电子邮箱：esp@esp. com. cn
天猫网店：经济科学出版社旗舰店
网址：http：//jjkxcbs. tmall. com
北京季蜂印刷有限公司印装
710×1000 16 开 15. 75 印张 230000 字
2025 年 5 月第 1 版 2025 年 5 月第 1 次印刷
ISBN 978-7-5218-7002-2 定价：95. 00 元

# 前 言
# Preface

社交电商平台已逐渐融入人们日常生活的众多场景，为用户提供良好的产品功能价值、服务效用价值和场景体验价值，促进场景经济、流量经济、粉丝经济和生态经济的繁荣与发展。社交电商平台与场景的有机结合满足用户日益泛在化、多元化、碎片化和个性化的消费信息需求期望、消费信息搜索习惯和消费信息接受偏好，通过专业生成内容、用户生成内容和人工智能生成内容等方式与用户进行信息交互，强化平台消费信息的可用性、有用性和易用性，进而赋能商业模式创新。社交电商平台与人们日常生活场景密切关联，平台通过与用户线上交互形成线下体验，从而为用户创造附加价值，强化用户与不同社交电商平台的黏性，使人们对不同社交电商平台具有时空化选择的意愿。随着大数据、移动设备、社交媒体、传感器、定位系统、人工智能和扩展现实等场景要素的不断丰富及其在社交电商平台的渐进嵌入，使得用户跨社交电商平台消费成为可能。用户在不同时空选择社交电商平台的依据源于平台的价值主张，如拼多多主张“拼出美好人生”，而快手则主张“拥抱每一种生活”。由于用户在不同时空具有不同的消费信息获取欲望，因此其会在不同场景选择不同价值主张的社交电商平台，这使得用户跨社交电商平台消费成为必然。

虽然社交电商平台不断涌现，拼多多、抖音、快手、小红书、美团、淘宝和京东等已深入人们日常生活场景，但是目前“线上交互”和“线下体验”的连接性和匹配性较差。这主要是由各大社交电商平台为降本增效追求经济利益，使其无法跳出传统价格竞争的怪圈而忽视场景价值创造所致。现有社交电商平台研究仅停留在单一平台的零售商和消费者之间，并未将场景链纳入其中进行跨平台实践，使得场景赋能商业模式创新能力不足。市场上关于社交电商平台的著作亦不多见，且大多针对单一电商平台，鲜见关于用户跨社交电商平台消费信息行为特征和规律的论著。为此，本书以场景为切入点，对用户跨社交电商平台消费信息行为特征和规律进行分析和揭示。在此基础上，针对用户时空化消费信息获取欲望，引导其在不同社交电商平台切换并进行消费场景推荐，以促进用户跨社交电商平台消费，通过不同类型内容生成方式和社群构建方式创造立体化价值。

2021 年，中央网信办下发了指导中国未来五年信息化发展方向的纲领性文件《“十四五”国家信息化规划》，将促进社交电商等新业态和新模式写入政策纲要，并列入十大重点任务和重点工程，明确指出要支持社交电商、直播电商等健康有序发展，创新商业模式和积极发展场景化消费应用。同年，商务部印发了《“十四五”商务发展规划》，指出要以信息技术为手段，以多业态聚合为方式，以多场景为消费特征的新增长点。用户跨社交电商平台消费需要加大创新力度，运用新技术打造数字消费新场景，培育更多“小而美”的网络品牌，拓展直播电商、社交电商等的链式消费场景。然而，现有社交电商平台与场景化应用结合得并不完美，未能很好地实现企业“平台信息供给现实”和用户“消费信息获取欲望”的动态匹配，难以为特定时空的用户创造其期望的价值。现实中，单一的社交电商平台难以满足用户时空变化的消费信息获取欲望，用户跨社交电商平台消费信息行为特征和规律需要被发掘和揭示，以便于建构用户跨社交电商平台消费信息行为理论体系，进而基于用户消费信息获取欲望及其变化，进行不同平台切换的引导和消费场景的推荐。

在此情形下，作为“消费信息行为”和“场景经济”两个研究领域的学者，有责任和义务对用户跨社交电商平台消费信息行为特征和规律进行分析和揭示，进而基于用户时空化消费信息获取欲望及其变化进行平台切换的引导，并进行跨平台消费场景推荐。本书首先对社交电商平台相关概念进行界定，并对用户跨社交电商平台相关内涵进行分析。在此基础上，基于信息行为理论对用户跨社交电商平台消费信息行为进行深入分析，将用户跨社交电商平台消费信息获取欲望细分为消费信息需求期望、消费信息搜索习惯和消费信息接受偏好，进而发掘消费信息行为特征，揭示消费信息行为规律。基于用户时空化消费信息获取欲望及其变化进行平台切换的引导，进行跨平台消费场景的推荐。从用户跨社交电商平台消费信息行为出发，基于供应链满足用户消费信息需求期望，基于价值链调适用户消费信息搜索习惯，基于场景链迎合用户消费信息接受偏好。在此基础上，基于供应链借助价值链通过场景链，发掘和提炼场景赋能社交电商平台商业模式创新机理和路径。通过场景链赋能用户跨社交电商平台消费商业模式创新，以促进链式场景经济的高质量发展。

由此，本书以场景为切入点，对用户跨社交电商平台的消费信息行为进行深入研究，并得到以下结论。

（1）用户跨社交电商平台消费信息行为揭示了平台切换的逻辑。对社交电商平台的概念进行界定，以用户跨社交电商平台消费信息行为的期望确认理论、技术接受理论、自我构建理论、创新扩散理论、情境适配理论和场景化理论为基础，对用户跨社交电商平台消费信息行为进行研究。通过研究发现，用户跨社交电商平台消费信息行为具有计划性，根据用户与平台消费信息交互不断提升自身认知，借助自我调节理论在不同社交电商平台间进行切换，不断提升信息接受的满意度，进而基于场景化情境适配满足用户跨社交电商平台消费信息需求期望，调适用户消费信息搜索习惯和迎合用户消费信息接受偏好，使用户与不同社交电商平台建立生态化的连接。用户跨社交电商平台消费离不开场景赋能，这对社交电商平台消费信息行为理论的丰富和完善起到了积极的推动作用。

（2）用户跨社交电商平台消费信息行为特征得以明确。将用户跨社交电商平台消费信息获取欲望细分为消费信息需求期望、消费信息搜索习惯和消费信息接受偏好。通过对用户跨社交电商平台消费信息行为与平台消费信息情境交互作用机制的研究，进而对用户跨社交电商平台消费信息需求特征、消费信息搜索特征和消费信息接受特征进行深入研究。结果表明，用户跨社交电商平台消费信息需求期望具有多样性、动态性、多变性和突发性的特征，用户跨社交电商平台消费信息搜索习惯具有拓展性、收缩性、探索性和偶遇性的特征，用户跨社交电商平台消费信息接受偏好具有经济性、选择性、平衡性和演变性的特征。用户跨社交电商平台消费信息需求的本质是不同消费信息需求点，用户跨社交电商平台消费信息搜索习惯的本质是不同消费信息搜索域，用户跨社交电商平台消费信息接受偏好的本质是不同消费信息接受场。

（3）用户跨社交电商平台消费信息行为规律揭示。将用户跨社交电商平台消费信息行为细分为消费信息需求期望、消费信息搜索习惯和消费信息接受偏好。通过对用户跨社交电商平台消费信息行为录屏，借助出声思考法进行情感极性分析，利用访问日志揭示用户消费信息需求规律、消费信息搜索规律和消费信息接受规律。研究结果表明，用户跨社交电商平台消费具有信息需求优势递进规律、信息搜索自由度的拓展与收缩规律、信息接受获取欲望与平台信息供给现实矛盾运动调和规律。消费信息需求优势是按照“需求节点—需求链—需求树—需求网”的逻辑形成。消费信息搜索域是按照搜索自由度，依据“信息搜索拓展—信息搜索自由度—信息搜索收缩”的逻辑形成。消费信息接受场是按照信息接受调和度，依据“信息接受期望—信息接受调和度—信息供给现实”的逻辑形成。

（4）用户跨社交电商平台消费信息场景推荐研究。对用户跨社交电商平台消费信息获取欲望的细化，以及对用户跨社交电商平台消费信息行为特征和规律的分析和揭示，不仅可以借助消费信息相似度和消费信息向量空间模型，还可以借助于场景化情境适配引导用户在不同社交电商平台切换并进行场景推荐。同时，还可以借助最大频繁模式挖掘引导用户在不同社交电商平台切换并进行场景推荐。用户在不同社交电商平台切换是基于“消费信息场景—消费信息需求期望—消费信息情境”“消费信息场景—消费信息搜索习惯—消费信息情境”“消费信息场景—消费信息接受偏好—消费信息情境”的三维一景适配，利用“此前场景—此时场景—此后场景”的“时间—价值主张—空间”的互联逻辑进行的。所谓场景推荐的本质是不同社交电商平台利用场景要素感知用户特定时空的消费信息需求期望、消费信息搜索习惯和消费信息接受偏好，进行社交电商平台切换的引导和产品功能、服务效用和场景体验三类价值的创造。

（5）用户跨社交电商平台消费商业模式创新。不同社交电商平台按照用户生活习惯，通过“此前场景—此时场景—此后场景”的时空化链网关联和用户发生着内容交互、圈子交互和兴趣交互而赋能商业模式创新。不同社交电商平台将分散场景以特定逻辑连接成场景链，以链网式场景赋能用户跨社交电商平台商业模式创新。具体而言，不同社交电商平台利用传感器智能地感知和识别用户所处场景，针对场景链上不同节点目标消费群体推送不同的产品，提供不同服务，形成不同的体验。场景链最大的特点是场景识别，社交电商平台可以借助场景链感知用户时空化消费信息获取欲望进行跨平台消费，并根据历史场景消费数据进行场景推荐。社交电商平台通过场景链有针对性地进行营销，进而促成交易，吸引潜在消费者的关注和使用。用户跨社交电商平台消费的本质是借助不同平台对用户所处场景消费信息获取欲望的感知，引导和调节用户在不同平台切换，进而形成跨社交电商平台消费的内容经济、社交经济和兴趣经济。

通过深入研究发现，用户跨社交电商平台消费信息行为具有多维特征和规律，这些特征和规律可以引导用户在不同社交电商平台按需切换，并进行场景推荐。这就需要不同社交电商平台将场景纳入其中，基于供应链各节点强化消费者与社交电商平台的信息交互意愿，依据价值链调节用户消费信息获取欲望，通过场景链将其落地实际应用，利用跨平台将平台“信息供给现实”与用户“消费信息获取欲望”两者动态关联，使二者在不同场景形成链式匹配，进而助力合适的人在合适的时间和合适的地点获取其期望的产品信息、服务信息和体验信息。跨社交电商平台需要积极拥抱场景，不断丰富场景要素，在强化场景要素功能的基础上，借助场景试水元宇宙并赋能社交电商平台商业模式创新。

本书是作者 2023 年获批国家自然科学基金项目（72362029）的研究成果，也是 2022 年获批内蒙古自治区哲学社会科学规划项目

（2022NDC214）的研究成果，还是内蒙古自治区高等学校人文社会科学重点研究基地“内蒙古现代物流与供应链管理研究中心”的研究成果，部分文字来源于项目团队发表于《西安交通大学学报（社会科学版）》《管理案例研究与评论》《技术经济》《情报科学》《现代情报》《情报理论与实践》《图书馆》和《科研管理》等 CSSCI 来源期刊或中文核心期刊。本书共分九章，第 1 ~ 第 5 章由王福编写，第 6 ~ 第 7 章由刘俊华编写，第 8 章由康丽琴编写，第 9 章由崔莹编写。本书参考和引用了众多学者的著作和学术论文，我们尽可能地将其列于参考文献之中。在此，作者对以上学者与机构一并致以最诚挚的感谢！尽管本书作者多年从事“用户信息行为”和“场景化”研究，在 CSSCI 来源期刊发表过多篇学术论文，主持并参加过多项国家自然科学基金等项目，培养了多名本科生和硕士研究生，但由于能力与水平所限，书中难免有纰漏与不妥之处，尚需与时俱进，日臻完善，敬请各位读者批评指正。

**本书作者**

2025 年 4 月

# 目 录
Conents

第 1 章 绪论 ... 001

1.1 研究背景与意义 / 001

1.2 国内外文献综述 / 007

1.3 研究内容与方法 / 022

1.4 研究技术路线 / 027

第 2 章 相关概念及理论基础 ... 029

2.1 社交电商平台相关概念 / 029

2.2 跨社交电商平台的内涵 / 038

2.3 跨社交电商平台消费信息行为理论 / 043

2.4 跨社交电商平台消费商业模式理论 / 050

2.5 跨社交电商平台消费信息场景化理论 / 056

2.6 跨社交电商平台消费信息行为意愿 / 058

2.7 本章小结 / 061

第 3 章 用户跨社交电商平台消费机制 ... 062

3.1 用户跨社交电商平台消费信息行为的相关概念 / 062

3.2 用户跨社交电商平台消费的触发机理 / 068

3.3 用户跨社交电商平台消费的强化机理 / 073

3.4 用户跨社交电商平台消费的机理模型 / 077

3.5 本章小结 / 080

第 4 章 用户跨社交电商平台消费信息行为特征 ... 082

4.1 用户跨社交电商平台消费信息获取欲望内涵 / 082

4.2 用户跨社交电商平台消费信息获取欲望要素 / 089

4.3 用户跨社交电商平台消费信息获取欲望形成 / 097

4.4 用户跨社交电商平台消费信息获取欲望特征 / 101

4.5 用户跨社交电商平台价值共创 / 107

4.6 本章小结 / 113

第 5 章 用户跨社交电商平台消费信息行为规律 ... 114

5.1 用户跨社交电商平台消费信息获取欲望演进 / 114

5.2 用户跨社交电商平台消费信息获取欲望适配 / 120

5.3 用户跨社交电商平台消费信息行为规律 / 125

5.4 本章小结 / 131

第 6 章 用户跨社交电商平台消费信息场景推荐 ... 133

6.1 用户跨社交电商平台消费信息相似度场景推荐 / 133

6.2 用户跨社交电商平台消费信息向量空间场景推荐 / 140

6.3 用户跨社交电商平台消费信息共享场景推荐 / 145

6.4 本章小结 / 155

第7章 用户跨社交电商平台消费场景化商业模式创新 ... 156

7.1 用户跨社交电商平台消费分散场景商业模式创新 / 156
7.2 用户跨社交电商平台消费场景链商业模式创新 / 165
7.3 用户跨社交电商平台消费场景网商业模式创新 / 171
7.4 本章小结 / 176

第8章 用户跨社交电商平台消费元宇宙化创新 ... 178

8.1 用户跨社交电商平台消费元宇宙化创新内涵 / 178
8.2 用户跨社交电商平台商业模式元宇宙化创新机制 / 182
8.3 用户跨社交电商平台商业模式元宇宙化创新战略 / 188
8.4 用户跨社交电商平台商业模式元宇宙化创新策略 / 194
8.5 本章小结 / 201

第9章 用户跨社交电商平台消费应用 ... 202

9.1 用户跨社交电商平台消费用户模型构建要素 / 202
9.2 跨社交电商平台用户情境微聚合过程 / 206
9.3 跨社交电商平台用户情境微融合应用 / 210
9.4 用户跨社交电商平台消费期望挖掘 / 215
9.5 本章小结 / 220

参考文献 ... 222
名词解释 ... 233
后记 ... 235

# 第1章

# 绪　论

## 1.1 研究背景与意义

### 1.1.1　研究背景

场景要素的不断丰富及其功能的不断强大激发了社交电商平台的涌现，出现了诸如拼多多、快手、抖音、美团、淘宝和京东等平台。这些平台与人们日常生活场景跨界连接和交叉混搭，满足着用户日益变化的消费信息需求期望、消费信息搜索习惯和消费信息接受偏好。然而，单一的社交电商平台难以满足用户多元化和个性化的一站式消费信息获取欲望，使得用户不得不在不同平台间切换，跨社交电商平台消费已经成为必然。现有社交电商平台主要是按照目标市场细分的原则搭建场景，从不同维度满足用户多元化和个性化的消费信息获取欲望。社交电商平台必须有自己的价值主张，必须有清晰的用户画像，这体现了平台到底要服务何种人群，以什么样的场景售卖什么样的价值主张，进而解决产品生产和市场流通中的什么问题。由于不同社交电商平台的价值主张不同，这就使得用户需要在不同平台之间动态切换，满足其多元化和个性化的一站式消费信息获取欲望。用户在各类社交电商平台切换满足自身消费信息获取欲望的同时产生了诸如文本、语音、图片、视频等数据，这些数据包含了用户消费信息需求期望、消费信息搜索习惯和消费信息接受偏好。不同社交电商平台如何充分运用场景要素感知用户所处时空的消费信息获取欲望，进而根据用户历史场景的消费信息行为数据，引导用户适时进行平台切换，通过内容多元化、服务个性化和体验情感化的方式强化与用户的信息交互黏性，创造产品功能价值、服务效用价值和场景体验价值等的立体化价值，成为业界和学界关注的焦点话题。

社交电商平台已然成为人们日常生活不可或缺的一部分，抢占着用户碎片化的时间和空间，成为满足用户时空化消费信息获取欲望及其变化的重要手段和方式，实现附加价值的创造。现实中，人们在居家场景、出行场景、餐饮场景和休闲娱乐场景等线下场景的切换，使得用户跨社交电商平台的场景化消费成为必然。然而，当前社交电商平台的研究仅聚焦于单一平台，缺乏用户跨社交电商平台消费信息行为机制的研究。在此情形下，如何分析用户跨社交电商平台消费信息行为特征，挖掘用户跨社交电商平台消费信息行为规律，进而进行场景推荐成为本书研究的切入点。鉴于此，项目团队于 2022 年申请并获批了内蒙古自治区哲学与社会科学规划项目“用户跨社交电商平台消费信息行为特征挖掘与场景推荐研究”（项目编号 2022NDC214），其目的是基于用户跨社交电商平台消费信息行为特征挖掘和消费信息行为规律揭示，进而基于时空化消费信息需求期望、消费信息搜索习惯和消费信息接受偏好进行场景推荐，提升社交电商平台多元化和个性化消费信息获取欲望的一站式服务能力，为平台“信息供给现实”和用户“消费信息获取欲望”间的供需适配寻求理论指导和实践解决方案。随着研究的进一步深入，用户跨社交电商平台商业模式不断向生态化方向发展，探讨场景链如何赋能用户跨社交电商平台商业模式创新成为本研究的拓展。2023 年，项目团队申请并获批了国家自然科学基金项目（72362029），对供应链价值链和场景链 3 链适配理论进行建构。

社交电商平台嵌入人们日常生活的不同场景，无缝地填充着人们碎片化的生活时空，与人们信息交互的黏性越来越强。通过用户跨平台创造越来越立体化的价值，发挥越来越生态化的作用。用户基于线下场景链，通过跨社交电商平台满足其消费信息获取欲望及其变化，实现着“产品功能—服务效用—场景体验”3 类价值的立体化创造。不同社交电商平台正基于价值形态的演变，借助于“有故事”和“有温度”的感官体验、社交体验和情感体验，调节和引导用户在不同平台切换，刺激和激发用户消费信息获取欲望及其变化。跨社交电商平台消费改变了人们的生活方式和信息获取方式，解决人们日常生活的消费痛点，如产品信息需求、服务信息需求、情感信息需求等，发掘人们的消费痒点，如随时连接、随时交互、随时下单和随时评价等，制造人们的消费爽点，如消费信息接受偏好正是用户对自己兴趣的关注。跨社交电商平台商业模式创新就是要利用场景链将不同社交电商平台关联耦合，基于内容生成、直播带货和兴趣社区等功能充分发挥其积极作用，促进场景经济的高质量发展。场景链赋能用户跨社交电商平台商业模式创新就是将产品或服务与人们日常生活场景跨界连接和交叉混搭，借助用户在社交电商平台间的切换实现价值共创。

### 1.1.2 研究意义

用户跨社交电商平台消费已然成为新常态、新模式和新业态。然而，目前这方面的研究稀少且较为分散而难成体系，现有成果大多停留在不同平台同一用户身份识别、用户兴趣建模、消费对象识别、消费信息细分、用户识别方法和用户身份匹配等方面，对用户跨社交电商平台消费信息行为研究的不足，制约着社交电商平台生态经济的发展。不同社交电商平台与用户日常生活场景跨界连接和交叉混搭，刺激用户跨社交电商平台消费信息行为的形成。然而，由于对用户跨社交电商平台消费信息行为特征和规律的把握和揭示不足，平台难以基于用户时空化消费信息获取欲望及其变化进行场景推荐。用户日常生活场景的逻辑关联和用户跨平台场景的链式关联具有本质的一致性，通过“人货场”适配实现价值共创，进而赋能商业模式创新。因此，对跨社交电商平台消费信息行为分析，对场景赋能商业模式创新进行深入研究，这对于场景经济、粉丝经济、社区经济的高质量发展具有重要的理论和现实意义。

#### 1. 有助于发掘用户跨社交电商平台消费信息行为机制

寻求用户与社交电商平台之间交互关系建立的桥梁和枢纽，是社交电商平台落地场景应用亟待解决的焦点问题。动机理论认为需求产生动机，动机激发行为。基于此思路，从以下几个方面对用户跨社交电商平台消费行为机制进行发掘。首先，用户跨社交电商平台消费信息行为的触点是什么，这个触点主要包括哪些要素，这些要素之间的关系如何，其整体效用如何；其次，用户跨社交电商平台消费信息行为的动因是什么，这些动因是如何作用于用户，激发其跨平台消费意愿的形成；再次，用户跨社交电商平台消费信息行为的影响因素是什么，哪些是关键性要素；最后，用户跨社交电商平台消费信息行为的机制是什么。综上所述，用户跨社交电商平台消费信息行为的研究是按照跨平台的动因、跨平台交互作用逻辑展开的，通过对不同要素相互作用关系的构建，最终形成用户跨社交电商平台消费信息行为模型。

### 2. 有助于挖掘用户跨社交电商平台消费信息行为特征

场景赋能社交电商平台商业模式创新的本质是通过场景细化和深耕，借助内容场景、社交场景和兴趣场景的链式互联，赋能商业模式创新，以满足用户日益变化的消费信息需求期望、消费信息搜索习惯和消费信息接受偏好。现有研究鲜见用户跨社交电商平台消费信息行为研究的直接成果。通过查阅大量文献发现，可以将用户跨社交电商平台消费信息行为细分为“消费信息需求”“消费信息搜索”和“消费信息接受”3 个维度。本研究基于用户信息行为理论，借助问卷调查、专家访谈、用户测试、焦点小组和行为分析等方法，基于分散场景、集群场景、链式场景和网式场景，分别对用户跨社交电商平台消费信息需求特征、消费信息搜索特征和消费信息接受特征进行挖掘，明确用户跨社交电商平台消费信息行为 3 个维度的特征。这 3 个维度的特征在不同社交电商平台体现得明显程度不同，但总体上具有本质的一致性。

### 3. 有助于揭示用户跨社交电商平台消费信息行为规律

用户时空化的消费信息获取欲望驱动其在不同社交电商平台之间切换，在此过程中形成特定的消费信息需求期望、消费信息搜索习惯和消费信息接受偏好。掌握隐藏在用户跨平台消费信息行为背后的规律，对于指导电商平台商业模式创新、满足用户消费信息需求期望、调适用户消费信息搜索习惯，以及迎合用户消费信息接受偏好具有非常重要的作用。本研究基于用户信息行为理论，从分散场景、集群场景、链式场景和网式场景出发，分别对用户跨社交电商平台消费信息需求规律、消费信息搜索规律和消费信息接受规律进行揭示，明确用户跨社交电商平台消费信息行为 3 个维度的规律，这为指导用户跨社交电商平台消费提供了依据。

#### 4. 有助于形成用户跨社交电商平台消费信息场景推荐策略

成功的商业模式离不开对场景的精准选择与把控，跨社交电商平台商业模式创新可以按照“明确目标、细分用户、挖掘痛点、选择场景、做好适配、增强体验”的策略进行。首先要将用户跨社交电商平台消费信息行为细化为解决用户消费信息需求痛点，发掘用户消费信息搜索习惯痒点和制造用户消费信息接受偏好爽点，并由用户对不同场景的消费信息获取欲望标签化。通过对用户时空化消费信息获取欲望挖掘，进而对用户历史场景的消费信息获取欲望和平台消费信息情境进行细分，以吸引不同层次和不同类型的用户在不同平台切换并促成一键下单。对用户细分后，就明确了不同类型的用户群体，每个用户群体需求点都不一样，因此需要不同社交电商平台深度挖掘不同用户群体在特定场景的消费信息需求期望、消费信息搜索习惯和消费信息接受偏好，提供针对性的服务。社交电商平台基于用户消费信息获取欲望进行场景化情境适配，以增强用户场景化消费体验的愉悦度，实现商业模式创新。增强体验就是要通过场景的搭建、调节和引导用户消费信息获取欲望，提升用户消费信息素养，借助丰富消费信息情境提升用户场景化消费体验的愉悦度。

# 1.2 国内外文献综述

## 1.2.1　跨社交电商平台应用综述

齐林峰（2017）在字符串匹配技术的基础上，结合社交电商平台文本内容和链接，比较账户属性的相似度、邻域相似度和关键词相似度，以此提高识别同一账户的精度。于宝琴等（2019）将网购服务平台、快递物流平台和网络服务提供商视为有机整体，从信用协同、信息协同、服务协同和管理协同 4 个方面研究跨平台多元协同对消费者能力维、诚实维和善意维 3 个信任维度的影响。黄伟鑫等（2024）通过“刺激—机体—反应”理论框架的构建，对跨社交媒体用户生成内容的信息分享行为关注，为社交媒体维护平台生态化运营提供启示。黄伟鑫等（2024）探究平台特征对跨社交媒体信息分享行为的影响，揭示用户跨社交媒体场景化应用的新特征。通过“刺激—机体—反应”的理论，构建跨社交媒体信息分享的中介调节模型，以时间维度和平台维度拼接应用商城数据、百度指数数据、社交媒体数据，使用固定效应模型验证相关假设。对现有用户身份解析大多针对类型相似的社交平台，通过用户在不同平台上的档案属性、空间位置、网络关系等的相似度判别同一用户身份。然而，在异构社交平台中，用户档案信息是不对称的，难以直接获取用于用户身份解析的相应属性信息。为此，设计了信息分享行为的总体相似度，研究跨评论类与活动类平台间用户身份解析方法。赵胜辉等（2017）认为，随着社交媒体的快速发展，社交网络对人们的生活影响越来越大。一个用户可能同时具有多个社交网络账号。如果能够关联出同一用户在不同社交电商平台中的账号，对于网络安全监管作用巨大。通过对用户数据分析和融合，选择用户名、个人主页、地理位置和个人描述 4 个属性作为用户身份关联的特征，采用相似度匹配算法计算 4 个属性的相似度，并利用加权平均法计算最终相似度。王李冬等（2019）指出，跨社交平台用户身份识别可以解决商业应用、资源整合、好友推荐等方面的相关问题。通过属性连接算法匹配用户身份，以弥补单纯的用户属性无法取得良好效果的不足，通过好友亲密度识别用户统一身份。

对于跨社交电商平台的研究，现有成果略显单薄。社交电商平台在我国主要有三种表现形式，分别是拼购型社交电商平台、内容型社交电商平台和分销型社交电商平台。徐叶灵（2023）指出，社交电商作为平台经济的一种新型商业模式，在促进商品的高效流转和数字经济的快速增长方面发挥着积极作用，尤其是社交和消费的融合使消费场景更加丰富化、多元化和立体化。中国行业研究网发布《2024 年中国直播电商行业竞争格局及重点企业分析》指出随着流量争夺成为红海，直播电商的暗潮依然汹涌，除了积极谋求上市外，多平台布局也成为各大直播电商的重要动作。朱小栋和陈洁（2016）认为，社交电商平台上庞大的用户群蕴含着巨大的商业潜力，通过对现有平台的用户消费进行交互推荐，吸引潜在买家，增加用户黏性从而获得更多利润。王茜等（2021）基于全新线上情境中顾客跨平台频繁流动的特征，从动态视角考察了多平台渠道对线上顾客保留的提升作用，揭示了多平台渠道能形成顾客保留的“包围圈”。黄伟鑫等（2024）认为，在跨社交媒体场景下同一用户会在不同社交平台发布或接触到相似或相同的用户生成内容，这些跨社交媒体信息分享行为给平台和用户带来了更大价值，如用户引流、内容曝光和社交关系维护等。

如今社交平台呈现多元化的发展趋势，在此基础上国外学者们针对“跨平台”的研究也已取得一定成果。邓等（Deng et al.，2013）

指出，跨平台的数据可以记录用户更完整的足迹，在不同平台上的行为可以从不同的角度或深度反映用户消费偏好，共同促进对用户的深入了解。哈杰利等（Hajli M. et al.，2015）研究了电子商务对消费者感知信任的影响，研究结果显示，社交媒体平台中消费者的信任主要来源于好友推荐和平台中的用户生成内容，社交平台的互动性会很大程度影响消费者的购买行为与决策。潘萨里和库马尔（Pansari A. & Kumar V.，2017）提出，顾客通过直接性购买或间接性分享、推荐及反馈等社交平台互动行为可为企业增加价值。针对用户跨社交媒体的动机，阿尔哈巴什和马梦妍（Alhabash S. & Ma M.，2017）分析了便利性、娱乐性、打发时间、媒体吸引、信息共享等因素对社交媒体使用动机的影响。坦多克等（Tandoc et al.，2019）在研究中将“平台切换”一词用来描述用户如何定期从一个平台切换到另一个平台浏览社交电商平台内容，在不同平台上保持他们的存在，而不放弃旧平台。针对用户跨社交媒体的影响，乌纳瓦和阿拉文达卡山（Unnava & Aravindakshan A.，2021）开发出一个社交媒体建模框架，能将多平台社交媒体营销行动与消费者反应联系起来，并发现当用户使用多个社交媒体时，一个平台的品牌宣传会直接影响同一平台的用户参与度，并可能影响用户在其他平台上的品牌互动，同时延长发布用户生成内容的互动时间。

### 1.2.2 社交电商平台场景化综述

随着5G、大数据、人工智能等高科技的快速发展，社交电商平台的运营模式也趋于场景化。曾俊等（2020）认为，人们的生活方式是由一个个场景按照特定逻辑组成，“社交媒体”与“场景”的融合产生了场景化社群消费，社会关系网络化让人与人的连接变成场景化的连接，消费者开始追求“情境结合”的消费心理，消费者的“自我意识”逐渐强化，他们需要找到个性化的产品来满足自我，而场景消费通过大数据、云计算和人工智能等技术能够最大化地满足他们的个性化需求，互联网生活的碎片化消费以及情感至上的消费异化也让消费者在现代化的生活中通过场景的特性得到情感寄托。周潇斐和陈莹（2019）指出，在媒介化社会背景下，销售场景的营造可以通过媒介对特定销售场景的模拟来实现，并且情感营销也是社交平台经济发展模式的一大特色。消费与生活之间的界限被冲淡，人们逐渐适应营销场景与日常生活的重叠，从而降低对场景营销的抵触，成为平台经济聚沙成塔的一员。金相贤和朴炫顺（Kim S. & Park H.，2013）指出，情感和信息等社会支持结构显著有助于预测消费者在社交网络上的购买意图，并且社交网站的管理者需要特别关注社交网站的建设和社会支持，以达到消费者的购买意愿。电子商务结构、熟悉度对用户感知有用性和感知易用性有积极影响，对其有用性和易用性的看法对信任有积极影响，这反过来会影响购买意图和实际购买行为，而购后体验又会显著影响用户信任度和用户忠诚度。卢本江和陈振娇（Lu B. & Chen Z.，2021）认为，在社交电商平台中通过代替产品实验传达直播人员的身体特征和通过实时互动分享的价值观作为两个信号，可以帮助减少产品不确定性并培养具有相似身体特征和价值观的消费者信任。金相贤和朴炫顺（Kim S. & Park H.，2013）指出，社交电商（S-Commerce）是电子商务的一个子集，它使用支持社交互动的社交媒体帮助在线交易并增强在线购物体验，在社交电商平台中存在着社群经济，以B站为例解释其成功适应了互联网时代的规律，深入挖掘了社群经济价值，从“搭建二次元大本营”聚集小众社群，再通过“出圈破圈”建立“多元文化社区”，从小众社群走向大众化“出圈”，指导社交电商平台要学会把握社群中的人，可以从个性化喜好出发发掘大众化需求。赵俊丽和柴莉（2019）指出，宜家社会化短视频的场景营销注重于内容建构、场景搭建以及场景转化，通过产出大量优质内容，利用社会化媒体的快速传播效应达到吸引消费者到网站或者实体店高转化变现，并打造了独特品牌形象。许孝君等（2023）认为，基于信息生态与服务生态的复合概念解释了移动电商信息服务生态系统的内涵与结构，然后结合场景营销与移动电商运营的共生关系，根据“场景五力”分析了移动电商信息服务生态系统形成的前提条件。由此，综合行动主体、资源与价值 3 个维度构建了移动电商信息服务生态系统形成机理模型。基于服务主导逻辑将服务生态与信息生态结合，深入挖掘场景与信息服务生态系统之间的内在联系。王炳成等（2023）认为，心流体验是消费者对社交新零售商业模式产生认同的关键因素，包括持续投入互动、平台内容沉浸和产品消费满足，而网络外部性会进一步影响消费者的心流体验；当消费者对社交电商平台商业模式产生认同时，会产生使用意愿反馈、主动分享传播等价值传递行为，以及社交裂变引流、平台内容创造等价值创造行为。王福等（2022）认为，主导逻辑演变是短视频商业模式赋能价值创造的驱动变量，场景化情境配置是赋能价值创造的调节变量，体验效用是赋能价值创造的中介变量，流量变现则是赋能价值创造的结果变量；场景基于价值主导逻辑演变，分别借助“消费信息场景—消费信息获取欲望—消费信息情境”的标准化配置、个性化配置和双路径配置 3 种方式赋能价值创造。段鹏（2022）指出，随着计算机和互联网技术的不断普及与发展，短视频社交平台与日常生活的关联度越来越高，伴随平台社群化、场景化、情感化趋势的逐渐加深，用户在短视频平台中的群体性参与行为也不断增多，由此在不同层面创造了效益，在一定程度上促进了平台经济的发展。刘西平和刘德传等（2021）认为，从媒介进化视角论述“直播 + 电商”与“电商 + 直播”的概念，从演变路径出发明确两者分别体现“去中心化”与“再中心化”的传播逻辑。直播带货要谋求突破发展必须对两种模式去粕取精，通过构建专属场景、培养网红导购、深耕场景内容等真实方式，转向以品牌为中心的场景化营销导向。王翎子和张志强（2021）指出以抖音为代表的“社交 + 内容 + 电商”的直播带货平台，改变了传统营销逻辑，以经销商为主导演变为以“网红”流量为主导，基于抖音主播账号的实证研究发现，直播带货高销量主播呈现去中心化特点，素人主播成为中坚力量，面向不同受众群体，垂直构建营销场景，直播带货正在重塑营销逻辑，精英文化“文本权力”被消解，知识生产与传播方式亦受到影响。燕道成和李菲（2020）指出，电商直播通过线下店铺场景的还原和社交场景的虚拟建构了光彩夺目的个性化消费景观。通过趋同与求异行为的身份区分，经济、社会地位的身份区分建构起受众的身份认同，从而刺激受众深层次的消费欲望。实质上，电商直播是一种以“受众”为中心的新型经济模式，是一种渗透影响式的消费意识形态控制方式，是一种隐藏着视觉权博弈、主体权争夺、受众权分化的消费狂欢，是资本、主播，平台为谋取商业利润而进行的消费合谋。王福等（2022）认为，伴随匹配逻辑由商品主导逻辑向服务主导逻辑的转变，人工智能通过对“人”的中心化、社群化和场景化的协同性重构刻画用户特征，通过对“货”的在线化、精准化和情感化的协同性重构丰富产品属性，基于人工智能对“人”和“货”的重构，“场”突出了多元化场景下用户特征与产品属性的精准对接，使得人货匹配路径由“人找货”转变为“货找人”，其特征差异表现为“人货场”匹配方式由“物以类聚”向“人以群分”再向“场以趣建”转变，“人货场”匹配程度由“千人一面”向“一人千面”再向“千人千面”转变。顾楚丹（2022）指出，社交媒体通过人与人的连接，依靠关系逻辑催生共享经济，场景媒体通过人与场景的连接，依靠跨界逻辑产生电商支付。在媒体形态日益交叉融合的状态下，传统媒体要让内容有更多的入口和商业价值，不应简单停留于通过内容产品提供获取红海市场竞争性流量的传统商业模式，而要构建以场景为入口、以内容为价值、以连接为中心、以社群为最大公约数的蓝海商业逻辑。喻国明（2017）认为，直播热已经成为一种现象级的行业趋势，按照我们对于直播价值的理解，在未来的发展中，直播或许成为网络场域中最具革命性的一种传播形态。从新的社会价值坐标系来说，视频直播技术增加了社会的流动性，扩大了人的自主选择权。从技术上提供的场景价值极大地拓展了人的连接方式和体验空间，对虚拟内容创业提供了极大的帮助。王福（2022）指出，新零售与社交电商平台结合不仅在供应链的某一个节点上，而是要从整条供应链各节点和各环节出发，形成场景化价值的链式效益。现有研究主要集中在农产品和图书出版两个领域，更多的是研究用户心理和用户消费行为，缺乏对商业模式的系统研究。

### 1.2.3　社交电商平台供应链综述

王红春等（2021）构建了生产商、零售商、社交电商平台三级供应链定价及协调模型，得出集中决策下社交电商供应链总利润、商品销量、社交电商平台最优努力程度均大于分散决策的结论，认为社交电商平台供应链应加强上下游节点之间的合作、开展规范化服务，从而可以更好地推动社交电商平台供应链健康发展。付秋芳和彭苑莹（2021）利用 Stackelberg 主从博弈模型研究商家与供应链服务平台之间的激励协调运作机制，得出商家实现最优努力程度，供应链服务的整体收益也会随之增加，从而形成共赢局面的结论。朱邵学（2021）以小红书为例，在 UGC 社区营销的基础上研究跨境电商 C2B 商业模式，认为其商业模式拥有满足消费者个性化需求的价值主张、C2B 流程、构建完善的供应链平台以及有效的盈利模式，有利于更好地打造场景，服务客户。仓宇薇（2020）基于对小红书商业模式的研究，认为小红书通过将分享社区与电商平台的有机结合，创立了全新的跨境电商模式，发现其中仍存在一些问题，并提出了相应的解决方法。周劲波和位何君（2020），以拼多多为例研究了以 C2B 为商业模式的第三方社交电商平台，认为社交营销方式在短时间内获得较大用户规模的同时，其中也存在产品质量与信任危机等问题，针对以上问题提出了相应对策。

王宝义（2021）指出，从行为逻辑来看，直播电商以触发消费者购买为目标进行场景构建，直接或间接优化了福格行为模型中的能力、动机、触发点三要素的条件，缩短消费者决策链路，有效挖掘显性和隐性需求。从产业逻辑来看，直播电商有效连接供应端与消费者从而缩短供应链路，同时精准匹配供需，助力客对商、消费直连制造产业链路建构，可有效解决传统电商商家、平台、消费者的诸多痛点；从趋势逻辑来看，直播货品无边界化、直播场景向全渠道渗透、头部主播品牌溢出、供应链多元塑造、行业竞争加剧、行业监管加强等趋势明显。随着行业规范化程度的不断提高，直播电商对产业变革、经济赋能以及社会影响效应还将不断增强。刘湘蓉（2018）针对目前存在的目标市场定位模糊、客户体验较差、供应链管理薄弱、流量入口和赢利方式单一等问题，指出移动社交电商要根据产品和服务特点匹配目标市场，依靠科技创新驱动客户体验提升，强化供应链管理，提高效率，降低成本，基于信任打造分享经济，探索多元化流量入口和赢利方式，不断完善移动社交电商商业模式。随着“网红经济”的迅速兴起及其容易复制的特点，使得其进入一个井喷式的增长期，相应的模式设计与营销策略也应重新审视。郭馨梅和张健丽（2014）通过对现阶段我国零售业线上线下融合发展的研究，得出以下五种主要模式，分别是以苏宁为代表的“电商 + 店商 + 零售服务商”模式，以步步高为代表的“实体店（为主） + 网上商城（为辅）”模式，以阿里与银泰合资、合作为代表的“电商 + 百货店”模式，以天虹为代表的“实体店 + 网上商城 + 微信 + 微店”模式，以及以京东为代表的“网上商城 + 便利店”模式。这五种模式虽然各具特色，但都是试图解决消费者体验、网络支付、数据分析和物流配送等问题。基于此，为进一步推进零售业线上线下的融合发展，应打造便捷性、社交性、体验性强的购物空间和平台，培养金牌零售管理专业团队，整合企业内部资源，优化企业供应链。

### 1.2.4　社交电商平台商业模式综述

阿布都热合曼·阿布都艾尼和谢莹（2020）基于奥斯特瓦德（Osterwalder）提出的商业模式九要素模型，采用案例研究和访谈等定性研究方法，分析案例企业的商业模式，并将其商业模式与选定的主要竞争对手进行比较，给出在线社交电子商务取得成功的四个关键要素。阿尔门和埃斯塔桑格（Almén E. & Staxäng F.，2012）通过探索性案例研究，运用商业模式画布模型分析评价了印度一家瑞典 B2B 平台型服务公司的商业模式，以确定影响其商业模式经营效率和定价策略的重要因素。朱兴荣（2018）选取了三家有代表性的社交电商平台，剖析了平台的用户画像、产品定位、发展现状，将社交电商商业模式划分为社交内容电商、社交分享电商和社交零售电商。刘湘蓉（2018）以 3W2H 模型作为理论框架，考察颇具代表性的 4 家移动社交电商企业——拼多多、云集微店、张大奕团队和美丽联合集团，并采用多案例的研究方法对其商业模式进行比较和分析。张雯婷和刘艳基于市场定位、价值主张、盈利模式三方面分析了小红书的商业模式，探讨其成功的原因及发现其中的问题并给出建议。赵旭等（2022）通过分析社交电商商业模式的含义及特征，了解社交电商模式发展中的一些问题，最终依托于电子商务的基本理论分析，解决了社交电商模式发展的几大问题，并给出社交电商模式发展对策与建议，以期为其他平台的商业模式提供参考。

黄敏学和李奥旗（2022）根据满足消费信息需求期望的差异性，将社群分为满足利益的交易型社群、满足情感的关系型社群以及满足爱好的兴趣型社群，这也带动了因需而变的社交平台的多样化发展。在交易型社群中，可通过设置合理的经济激励机制促进消费者参与社会化商业活动。在关系型社群中，需要慎用社群中的社会关系资本，以避免因利益而损害社会关系的稳固性。在兴趣型社群中，可通过优质内容创作吸引消费者的参与和社会交互。这就需要把握好社会化商业模式背后的逻辑，合理利用消费者的个人社会资本，寻求经济交易和社会交互的契合点。漆亚林和何欢（2020）认为，新闻专业媒体重构商业模式，订阅经济快速发展，呈现出付费多元化、捐赠普及化的趋势。社交平台以隐私保护和信任重建为发展要点，打造以隐私为中心的社交网络愿景。5G 与 AI 技术驱动智媒生态的形成，视频与音频产业在媒介融合中交相辉映。雷羽尚和杨海龙（2019）以微信平台打赏模式为研究对象，发掘用户生成内容质量与打赏人数的互动影响关系。首先，在静态关系中，用户生成内容质量与自媒体影响力对打赏人数均有显著正向影响；其次，在动态关系中，虽然自媒体影响力对打赏人数具有正向滞后影响，且打赏人数对自媒体影响力有正向反馈作用，但用户生成内容质量对打赏人数具有负向滞后影响，打赏人数对用户生成内容质量无显著反馈作用。杭敏和李唯嘉（2019）指出在“内容—渠道—关系”的商业模式框架下，展开了以“定制化推送”

“多平台嵌入”以及“智能对话”为特征的创新策略，起到了增加新闻内容吸引力、拓展受众群体以及深化媒体与用户关系的效果，在整体上形成了一个以“媒体与人相联结”为特征的商业模式，具有一定的理论与实践探讨价值。漆亚林和谯金苗（2019）指出，在平台上，聚合分发平台和社交媒体平台分化降权，缓解信任危机；在商业模式上，更加重视读者支付，捐赠逐渐成为一种新兴的支付方式。整体而言，现有媒体一方面通过技术迭代与融合提升场景体验，激活媒体生命力，向新型主流媒体转向；另一方面通过内外治理和协同发展增强社交平台公信力，向平台型媒体转型。但斌等（2018）指出，“互联网+”环境下生鲜农产品供应链商业模式创新的多样性决定了生鲜农产品供应链成员创新商业模式实现路径的复杂性，探索生鲜农产品供应链客对商商业模式的实现路径成为亟待解决的关键性问题。以拼好货为例，分析得出生鲜农产品供应链客对商商业模式的实现路径包括产品与服务、供应链管理策略、市场营销策略、关键流程构建以及核心能力优化等因果关联的五大要素。俞华（2016）指出，微商已经成为我国分享经济发展的新领域、新业态。微商具有移动社交去中心化属性，重视社群黏性，销售方式便捷廉价，形成了消费商的商业模式，符合去中心化的互联网发展趋势。团队规模化、用户社群化、渠道立体化、技术规范化、产品个性化、营销媒体化、运作资本化、布局趋优化等将成为微商行业的未来发展趋势。武迪等（2015）认为，微信的商业模式是平台商业模式，它打造了一个连接各方用户群体的生态圈，描述微信平台商业模式的“弯曲型”价值链及双边用户市场，分析微信平台在双边用户市场下所激发的“网络效应”，并找到支撑微信平台生态圈运转的“补贴机制”及其盈利点，以供新闻出版行业更好地了解并借用微信之力。赵占波等（2015）在社交网络的不同发展阶段，以“六要素商业模式”模型为研究视角，并将平台战略中的付费方、被补贴方、同边网络效应、跨边网络效应、转换成本、平台覆盖等概念引入分析框架中，针对博客、人人网、新浪微博、微信进行定位、业务系统、关键资源和能力、盈利模式、现金流结构、企业价值六个要素的对比，揭示中国社交网络在不同发展阶段商业模式的发展变化，并对可能的影响因素进行分析，对未来发展进行展望。

### 1.2.5 社交电商平台用户情境微聚合综述

微聚合研究成果主要集中体现在统计披露控制技术（statistical disclosure control，SDC）的应用中，具体研究和应用主要体现在基本 SDC 微聚合研究、SDC 微聚合方法研究和 SDC 微聚合实证研究 3 个方面。纳瓦罗-阿里巴斯和托拉（Navarro-Arribas G. & Torru V.，2010）应用统计披露控制技术挖掘电子商务网站服务器日志文件以获取用户情境。为了精确获取用户情境，他们利用微聚合获取网站服务器日志。研究指出，SDC 技术可以实现用户丰富体验与个人情境泄露之间的平衡控制。SDC 技术能够调和个人信息的真实程度与享受体验的丰富程度。约瑟普·多明戈-弗雷尔等（Domingo-Ferrer J. et al.，2008）认为，数据统计披露控制是通过在保护用户情境数据和对用户数据进行有效分析的基础上挖掘个人情境数据集的方式。用户情境数据通过对原始数据的保护保留一些预先处理的原始数据统计集，实现情境保护与数据分析的有效平衡，从而在保护用户情境的同时可以对数据进行有效利用。马克·索莱等（Marc Solé et al.，2012）研究了数据情境与数据利用之间的矛盾性，促进了统计披露控制技术的发展。微聚合提供了用户情境泄露与应用质量之间的良好平衡，但目前可用的微聚合算法仅局限于小批量数据。为了更好地将微聚合广泛应用到大数据的分析，并在合理的时间内采用有效的算法将海量数据分割成较小的片段，需要算法设计人员和电商平台通力合作创新微聚合方法，使这种新方法的应用可以减少数据质量损失的成本。

詹金镇等（Chin-Chen Chang et al.，2007）指出，统计披露控制是数据安全处理的一个重要组成部分。SDC 技术的微聚合实现了公众情境保护，可广泛用于统计数据库中的发布。微聚合是将大批量数据分割成小的分组，每个分组应至少包含一个记录，以防止个人情境的披露。这就需要预先设定的一个阈值，以确保个人情境与应用体验之间达到一个可接受的平衡。通过利用 TFRP（算法的中位数技术）能有效地缩短其运行时间，且可以减少信息损失。约塞普·多明戈－费雷尔等（Domingo－Ferrer J. et al.，2002）认为微聚合是对个人或公司的微数据进行统计披露控制，使微数据发布不披露个人情境，进而提出了一个最优微聚合。科斯塔斯·帕纳吉奥塔基斯等（Costas Panagiotakis，2013）为了将给定的记录聚类成 $n$ 个组，每个组至少包含 $k$ 条记录，实现分区内的平方误差总和最小化，提出了一个微聚合的高效的聚类算法，获得连续组选择的近似解。

什洛莫（Shlomo N. et al.，2008）指出，在统计数据发布之前，数据供应商会获取被统计单位的情境。应用基本 SDC 方法对数据库评比连续变量和分类变量的影响。微扰的 SDC 方法是指在统计披露控制中，通过添加微扰（如噪声）来保护数据隐私的方法，现实中可以通过微扰的 SDC 方法以某种方式改变数据。然而变化的值可能会扭曲总数和其他足够的统计数据导致低质量的数据。此外，不一致的记录已被扰动的披露控制和可尝试揭露数据。为了解决这些问题，开发了新的策略，实施基本的扰动方法，尽量减少记录编辑故障，以减少信息损失。拉斯洛和穆克吉（Laszlo M. & Mukherjee S.，2015）认为，微聚合是一种用于保护微观数据的披露控制方法，介绍了一种局部搜索方法，并将其应用于解决 NP-hard 的最小信息损失微聚合问题的迭代局部搜索算法中。通过使用基准数据集的实验结果表明，该算法能够始终识别出比现有微聚合方法质量更高的解决方案。金汉杰等（Kim H. J. et al.，2015）从总体上比较了两种策略在统计披露限制（statistical disclosure limited，SDL）连续微观主体编辑规则的性能。首先，现有 SDL 方法的应用以及任何约束违反价值观产生替换使用约束保持插补。其次，对 SDL 方法进行修改，防止它们产生违反规则的行为。本书通过对现有文献成果分析发现，目前微聚合主要特点为：（1）细粒度性，微聚合对象具有细粒度性，使得语义关系和关联关系揭示得更为准确，微聚合的聚合结果从相关性向答案性方向发展。（2）简洁性，微聚合基础数据不仅具有小数据性且数据关系具有简单性，使聚合过程具有简洁性。（3）时效性，微聚合数据来自移动社交应用及时获取用户情境，实现应用更新、保证用户体验的时效性，使服务更具有针对性和精准性。以上提到的微聚合是指针对移动社交应用内容而言的，是一种新型的内容聚合方式。本研究针对多个移动社交应用的多维度用户情境聚合，实现不同平台的用户情境信息的相互补充，使用户情境通过微聚合实现信息的整合，是现有微聚合研究的一种拓展和延伸，是微聚合的一种创新运用。

### 1.2.6 国内外研究现状述评

在“全民社交”与“社交媒体多元化”的双重催化下，用户跨社交媒体行为呈现流行性与普遍性的特征，学术界也应将社交电商平台研究重心从单平台转向多平台或跨平台。国外关于“社交电商平台”“跨社交电商平台”“场景化”“供应链”“商业模式”的研究分散于不同研究主题，目前尚未形成这几个主题方面的有效融合。通过上述文献梳理发现，虽然现有关于“社交电商平台”“跨社交电商平台”“场景化”“供应链”“商业模式”的研究分散于不同研究主题和研究方向，但是现有文献表明场景赋能社交电商平台商业模式创新离不开供应链，也离不开用户消费信息获取欲望的变革，更离不开线上和线下场景的无缝连接。社交电商平台以供应链为载体，以价值链为引导，以场景链为渠道赋能商业模式创新成为新的研究机会和研究热点。由此，本书从“供应链—价值链—场景链”3 链融合适配视角出发，借助场景将社交电商平台落地实际应用，通过场景解构现有社交电商平台商业模式，将场景要素融入已解构的商业模式之中，通过场景化情境配置重构社交电商平台商业模式，进而赋能用户跨社交电商平台商业模式创新。随着场景要素的不断丰富以及用户消费信息获取欲望的不断变革，社交电商平台现有运营方式难以实现平台“企业信息供给现实”和用户“消费信息获取欲望”两侧的动态匹配。这就需要跨社交电商平台通过场景设计、场景编辑、场景修改、场景叠加、场景细化和场景深耕等一系列工作，针对不同场景的不同消费群体在不同时空的消费信息需求期望、消费信息搜索习惯和消费信息接受偏好，通过场景化情境配置实现价值共创。场景赋能用户跨社交电商平台商业模式创新就是要基于用户消费信息获取欲望反向定制理念研发新产品，探索新零售，优化购物体验，加强品牌建设，建立新媒体营销矩阵，完善营销体系，发展供应链金融，提出用户跨社交电商平台消费升级路径。场景赋能用户跨社交电商平台商业模式创新的本质是将不同产业供应链以“产品功能”“服务效用”和“场景体验”等多种跨界连接和交叉混搭的方式基于链式场景重构“人货场”，实现商业模式的生态化创新。

## 1.3 研究内容与方法

### 1.3.1 研究内容

本书共9章。首先，对跨社交电商平台概念进行界定，对跨社交电商平台消费信息行为的内涵进行发掘，并将消费信息获取欲望细化为消费信息需求期望、消费信息搜索习惯和消费信息接受偏好；其次，将“社交电商平台”“场景化”“供应链”“价值链”和“商业模式”等主题进行关联耦合，形成3链融合的商业模式创新的价值取向；最后，从供应链视角的消费信息需求、消费信息搜索和消费信息接受出发，从价值链视角的产品功能经济、服务效用经济和场景体验经济出发，从场景链视角的此前场景、此时场景和此后场景出发深入研究，依据供应链、价值链和场景链3链适配，揭示跨社交电商平台商业模式创新机理、路径和策略。

（1）绪论部分。主要对研究背景和研究意义进行介绍，通过对现有理论研究和实践应用两个方面突出本书选题的重要性和紧迫性。在此基础上，进一步从“跨社交电商平台”“场景化”“供应链”“商业模式”“用户情境微聚合”几个主题出发对文献进行梳理，进一步明确本书的研究思路和主要研究内容，确定研究所采用的方法和技术路线，使本书研究思路更加清晰和明了，使读者更易于理解和接受。

（2）基础理论部分。该部分主要对社交电商平台进行介绍，对跨社交电商平台进行界定，对用户跨社交电商平台消费信息行为内涵进行发掘，并将其提炼为消费信息需求期望、消费信息搜索习惯和消费信息接受偏好。对场景赋能跨社交电商平台相关概念、跨社交电商平台理论、跨社交电商平台价值共创理论进行介绍。明确这些理论对于场景赋能跨社交电商平台商业模式创新的支撑作用，进一步绘制本书的研究框架。场景赋能跨社交电商平台商业模式创新理论主要包括平台演变和发展、平台商业模式画布、商业模式场景化和场景化商业模式。跨社交电商平台价值共创理论主要包括价值共创网络、供应链价值共创、价值链价值共创和场景链价值共创。跨社交电商平台畅体验融合理论主要包括社会认知理论、用户满意度理论、自我调节理论、期望确认理论、技术接受理论、认知理论和情境理论。

（3）供应链赋能部分。针对用户跨社交电商平台，基于产品供应链、服务供应链和场景供应链理论，从产品功能价值创造、服务效用价值创造和场景体验价值创造出发，形成场景赋能跨社交电商平台的产品功能经济、服务效用经济和场景体验经济。用户跨社交电商平台商业模式创新的本质是要基于用户特定时空的消费信息需求期望、消费信息搜索习惯和消费信息接受偏好出发，利用场景解构不同社交电商平台，通过“人货场”的重构对不同社交电商平台商业模式进行重构，实现价值共创。

（4）价值链赋能部分。基于价值链理论，将用户特定时空消费信息获取欲望细分为消费信息需求期望、消费信息搜索习惯和消费信息接受偏好，利用“消费信息场景—消费信息需求期望—消费信息情境”“消费信息场景—消费信息搜索习惯—消费信息情境”“消费信息场景—消费信息接受偏好—消费信息情境”的三维一景适配重绘商业模式画布，针对用户所处场景类型的不同，形成跨社交电商平台的有声经济、感官经济和粉丝经济。价值链中的基本价值链为产品功能价值链，辅助价值链为服务效用价值链，拓展价值链为场景体验价值链，只有将这三类价值链融合起来才能创造立体化价值。

（5）场景链赋能部分。针对用户消费信息获取欲望及其变化，跨社交电商平台通过分散式场景、链式场景和网式场景的方式赋能商业模式创新。分散式场景是指不具有任何逻辑关系的消费信息场景，链式场景是指具有特定逻辑关系的消费信息场景集群，网式场景是指具有不确定逻辑关系的不同场景的集合。具体而言，跨社交电商平台要通过“此前场景—此时场景—此后场景”特定逻辑的链网式适配赋能商业模式创新，进而形成时空经济、链式经济和生态经济。

（6）3 链适配赋能部分。不同产业供应链、价值链和场景链在跨社交电商平台商业模式创新方面的关系可以表述为：基于供应链，借助价值链，通过场景链实现价值共创，创新的本质就是要使“主导供应链—用户跨平台消费信息获取欲望—辅助供应链（利益相关供应链）”协作和获益。然而，跨社交电商平台如何以链式场景重构“人货场”，通过供应链、价值链和场景链 3 链适配，赋能商业模式创新是个系统工程，需要以新视野、新技术、新流程、新系统作为支撑。

（7）社交电商元宇宙化部分。场景通过“消费信息场景—消费信息获取欲望—消费信息情境”的三维一景适配，以链网方式从需求侧和供给侧动态匹配的视角赋能商业模式元宇宙化创新。场景基于“产品功能—服务效用—场景体验”的价值主导逻辑演变，以时空链网方式赋能商业模式元宇宙化创新。场景解构原有商业模式，并将场景要素融入已解构的商业模式要素之中对其元宇宙化改性，通过“供应链（货）—价值链（人）—场景链（场）”的 3 链适配赋能商业模式元宇宙化创新。场景链通过“自然真身—机械假身—虚拟分身”的 3 种身份，利用“数字孪生—虚拟原生—虚实共生”的 3 种方式，借助“价值共生—价值共创—价值共赢”的 3 类价值转型赋能商业模式元宇宙化创新。

### 1.3.2 研究方法

本书以研究内容为基础，针对不同研究内容的特点，有针对性地采取相应的研究方法，使不同研究内容得以很好地体现，并能很好地对用户跨社交电商平台信息行为特征和信息行为规律进行发掘和揭示，进而基于用户特定时空的消费信息获取欲望，按照链式场景逻辑进行场景推荐。在此基础上，对场景赋能用户跨社交电商平台商业模式创新的内涵进行揭示，从而分别从供应链、价值链和场景链3个维度对社交电商平台经济的高质量发展和生态化进行深入研究，并从“供应链—价值链—场景链”3链适配的视角研究跨社交电商平台商业模式创新。具体而言，本书所采用的研究方法主要包括以下几个方面。

（1）场景赋能跨社交电商平台商业模式场景化创新现状和存在的现实问题。针对这一问题采用文献调研、现场观察、亲身参与、自主体验和团队体验的方式进行研究。辅之以问卷调查和领域专家访谈的方法，挖掘场景赋能跨社交电商平台的发展历程，以及在整个发展过程中存在的主要问题。从满足用户特定时空的消费信息需求期望、消费信息搜索习惯和消费信息接受偏好出发，分析和挖掘供应链、价值链和场景链3个方面存在的现实问题，以便于后面章节依据问题查找，寻求相应的解决方法和对策。为此，对内蒙古自治区乌兰察布市多个旗和县、内蒙古多所高校在校大学生、内蒙古地区部分农村居民和大连市部分渔民进行访谈的同时，重点对多个网红和超级IP进行访谈，以期获得全面、科学和精准的分析资料。

（2）用户跨社交电商平台消费信息行为特征和规律的挖掘和提炼。针对这一问题，本书采用文献调研方法将跨社交电商平台用户消费信息获取欲望细分为消费信息需求期望、消费信息搜索习惯和消费信息接受偏好。对场景赋能跨社交电商平台用户消费信息需求期望、消费信息搜索习惯和消费信息接受偏好进行分析。对于用户消费信息需求期望而言，是对跨社交电商平台用户消费信息需求期望内涵和适配进行分析，对场景赋能跨社交电商平台用户消费信息需求要素及其关系进行总结。对于用户消费信息搜索习惯而言，是对跨社交电商平台用户消费信息搜索习惯内涵和适配进行分析，对场景赋能跨社交电商平台用户消费信息搜索习惯要素及其关系进行总结。对于用户消费信息接受偏好而言，是对跨社交电商平台用户消费信息接受偏好内涵和适配进行分析，对场景赋能跨社交电商平台用户消费信息接受要素及其关系进行总结。在此基础上，对用户跨社交电商平台消费信息需求、消费信息搜索和消费信息接受特征和规律进行分析和提炼。

（3）场景赋能用户跨社交电商平台消费商业模式重构。针对这一问题，采用文献调研法和观察实验法，在2023年和2024年春节期间对内蒙古和陕西省多个网红（@苏勒亚其其格，@武姚鹏太原，@喜哈哈，@娜仁花大姐，@牧民达西，@子健在草原，@兵马俑探秘，@西安播报，@老聂拍陕西）的短视频和文化直播等方式展开研究，探究跨社交电商平台如何借助场景解构、改性和重构商业模式，使“人”和“货”在“场”中更为匹配，也就是为特定的“场”形成相应的“景”，打造“适地—适时—适人—适品—适感”的生态化效应。另外，项目团队利用近3年时间重点关注不同领域的超级IP，也关注不同地区的乡土风情，进而对场景赋能跨社交电商平台商业模式重构形成一定的认知，并基于认知结合相应的理论形成跨社交电商平台商业模式重构的理论体系，以便于进一步指导实践。重点关注跨社交电商平台如何借助场景解构、改性和重构商业模式，形成相应的理论体系。

（4）场景赋能用户跨社交电商平台商业模式创新机制。针对这一问题，对场景赋能用户跨社交电商平台商业模式创新机理和路径进行发掘和提炼。针对内容场景、社交场景和兴趣场景发掘和提炼的机理和路径，并针对实证结果进一步完善理论体系或增加应用的前提条件。针对不同类型社交电商平台商业模式场景化创新的实际操作方法，使场景赋能用户跨社交电商平台商业模式创新机理和路径落地实际应用，进而实现价值共创。

（5）场景赋能用户跨社交电商平台商业模式元宇宙化创新。针对这一问题，通过查阅资料和浏览短视频两种方法分析社交电商平台虚拟人的实际应用情况，发现场景赋能跨社交电商平台商业模式创新存在的实际问题和未来应用前景。结合虚拟现实技术、物联网技术、云计算技术、大数据技术、人工智能技术、增强现实技术和混合现实技术，为场景赋能用户跨社交电商平台商业模式元宇宙化创新性的应用指明方向，并以拼多多和快手为例进行实际尝试和评价，以指导用户跨社交电商平台商业模式的元宇宙化创新，促进场景赋能用户跨社交电商平台场景经济的高质量发展。

## 1.4 研究技术路线

通过前文论述，结合本书研究内容和研究方法，将“跨社交电商平台”“场景化”“供应链”“价值链”“场景链”“商业模式”等不同主题进行关联耦合，构建研究框架。通过对研究背景、研究目的、研究意义、研究内容和研究方法的把握，借助提出问题、分析问题、解决问题和升华问题的研究逻辑，将不同问题细化为研究子问题，采用针对性的研究方法予以研究。通过参阅相关资料，结合本书选题，形成如图 1－1 所示的技术路线。

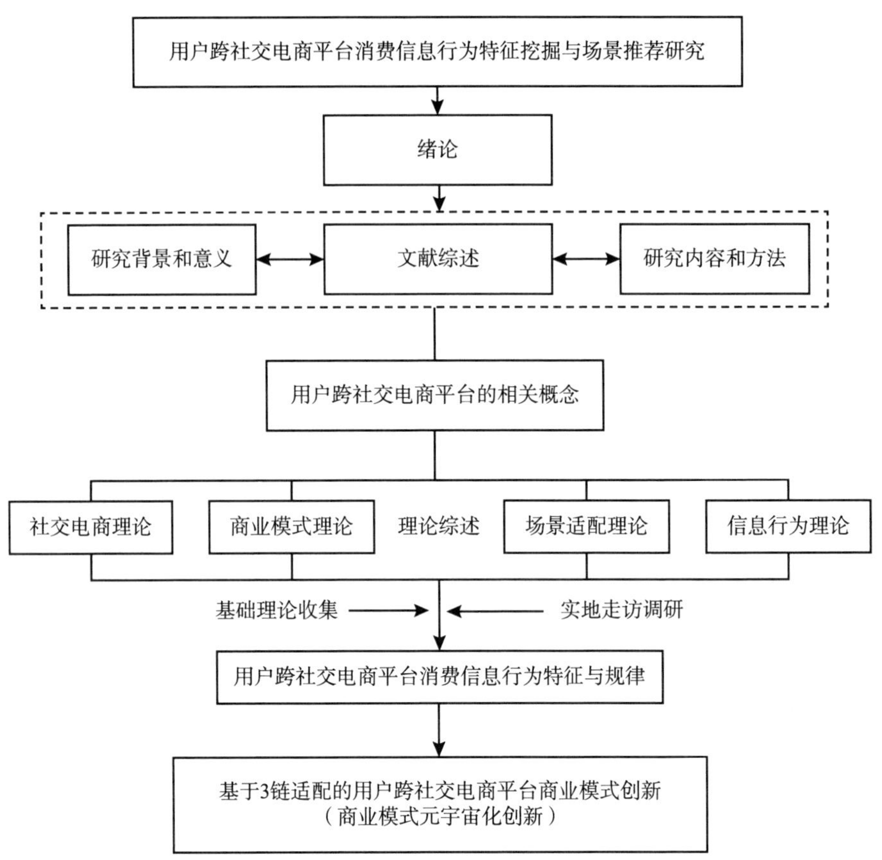


**图1-1　技术路线图**

如图1-1所示，本书在对社交电商平台相关概念界定的基础上，对用户跨社交电商平台消费信息行为特征和规律进行分析和揭示，基于用户特定时空的消费信息获取欲望，借助“消费信息场景—消费信息获取欲望—消费信息情境”的三维一景适配，进一步明确场景赋能用户跨社交电商平台商业模式创新的价值取向，分别从供应链、价值链和场景链赋能出发，探究产品经济、服务经济和场景经济，最终向社交电商平台的元宇宙经济发展。

# 第2章

# 相关概念及理论基础

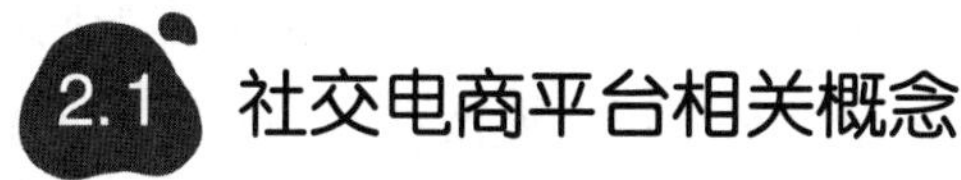

## 2.1 社交电商平台相关概念

### 2.1.1 社交电商平台的内涵

目前，市面上关于社交电商平台方面的书籍较少，大多只是提出了这一概念，对于其内涵缺乏明确的界定。在现实生活中，人们很容易将社交媒体、社交工具或者社交网络与社交电商平台混淆，这是由于诸如抖音和快手从一开始单纯的社交媒体逐渐向社交电商发展，最后形成社交电商平台所致。有鉴于此，学界和业界有必要对社交电商平台内涵进行界定，以便于更好地对其加以利用。查阅相关文献发现，所谓社交电商平台是指利用社交网站、社交媒体、社交工具等多种媒介或网络为平台，借助于社交互动、用户生成内容等手段进行品牌营销或者推广，进而强化用户与平台的黏性，促进用户购买产品、享受服务，形成体验。简言之，社交电商平台是指为用户和企业双方和多方提供交流互动的电子商务媒介、载体、网络或工具。在平台上用户通过关注、分享、沟通、讨论、互动等社交化元素进行交互，借助用户生成内容辅助商品的购买和销售，实现更有效的流量转化和商品销售的电子商务新模式。

社交电商平台的出现，使人们的消费信息场景开始发生变化。通过点赞、转发、评论、标签、关注等用户主动分享，借助朋友圈和社群等推荐方式，社交电商平台以口碑营销达成交易。它通过分享、内容制作和分销等方式实现了对传统电商模式的迭代，迎合了Z时代用户的消费信息获取需求，拥有体验式购买、销售场景丰富等的独特优势，使用户既是购买者，也是推荐者。社交电商平台依托用户之间的信息资源分享和发达的物流体系，使商家不用打广告而直接依靠社交媒体分享就可以达成交易，在降低营销成本的同时，也使用户得到更多实惠。社交电商平台在品牌培育方面具有周期短、见效快等的明显优势，使很多初创品牌和区域品牌短期内被用户所熟知。社交电商平台作为一种新业态，是通过客户参与推动在线销售产品和服务的网络、媒介和应用的综合，通过用户与平台线上交互形成良好的线下体验。

随着场景时代的到来，特别是场景要素的不断丰富和其功能的不断强大，我国涌现出一批发展潜力巨大的社交电商平台，如美团、拼多多、抖音、快手、京东和淘宝等。在被称为电商之都的杭州也孕育出了包括斑马会员、云集、贝店等社交电商平台。如今，社交电商平台成为风口浪尖上的新型产业模式，其在促进就业、拉动内需等方面也有着突出的贡献。社交电商平台全称为社交电子商务平台，是指基于人际关系网络，利用社交网站、社交媒介、网络等媒介作为平台，借助于用户与用户、用户与平台多维度的交互，采用社交互动、用户生成内容等手段进行品牌或产品推广，通过将关注、分享、互动等社交化元素嵌入社交平台应用之中，进而强化平台与用户的黏性，促进用户可持续消费意愿的形成，通过流量变现的方式实现价值共创。

### 2.1.2　社交电商平台的特点

社交电商平台以流量为基础，以互动分享和社交返利等方式向用户销售产品、提供服务和传递体验。这种销售模式体现为“生产企业—社交电商平台—用户”的关联方式。社交电商平台具有黏性大、互动性强、用户细分精确、商业潜力巨大、营销时间短、营销成本低等诸多优点。现有社交电商平台主要分为基于第三方的社交电商平台、基于社区的社交电商平台和基于电子商务网站的社交电商平台。查阅相关文献发现，社交电商平台具有以下几个方面的特点：（1）社交化媒体交流。社交电商平台将社交媒体和电子商务相结合，为用户提供了与他人进行交流和互动的平台。用户可以在社交电商平台分享购物体验、评价商品、推荐好友等，增强了用户之间的社交互动。（2）社交推荐。社交电商平台依靠用户之间的社交关系和互动，通过朋友圈、分享、推荐等方式传播商品信息。用户可以根据朋友的推荐和评价决定是否购买，增加了购物的信任度和准确性。（3）个性化定制。社交电商平台注重用户个性化的购物体验。通过分析用户消费信息需求期望、消费信息搜索习惯、消费信息接受偏好数据，为用户提供个性化的商品推荐和定制化的服务，满足用户的个性化消费信息需求。（4）用户参与度高。社交电商平台鼓励用户参与和互动，通过点赞、评论、分享等方式增加用户的参与度和黏性。用户可以参与到商品评价、活动互动、社群讨论中，形成用户社群和用户粉丝群体。（5）营销方式创新。社交电商平台采用创新的营销方式，如团购、秒杀、限时抢购等，通过限时限量的促销方式吸引用户购买。同时，社交电商平台注重用户体验和品牌建设，通过故事营销、内容营销增强品牌影响力。（6）多渠道销售。社交电商平台不仅通过自身平台销售商品，还通过社交媒体、微信公众号、小程序等多个渠道推广和销售商品，扩大了销售渠道和触达用户的范围。

综上所述，社交电商具有社会化交流、画像化推荐和个性化定制等特点，为用户提供了新的购物方式和商业模式，让用户在购物过程中能够享受更多的社交互动和个性化体验。正是社交电商平台的这些特点使得用户根据自身时空化消费信息获取欲望在不同平台之间穿梭和切换，从而增强消费体验并创造社交价值。

### 2.1.3 社交电商平台的类型

随着技术不断进步和消费者需求不断变化，未来社交电商也将会不断发展壮大。社交电商平台按照不同的标准可以划分为不同的类型。目前，主要分类标准包括社交细分、购买方式和销售领域，具体划分如下。

#### 1. 按照社交类型细分

社交电商平台按照社交类型细分为社交内容电商平台、社交零售电商平台和社交分享电商平台。（1）社交内容电商平台。社交内容电商平台可以理解为“社交 + 内容 + 电商”，用户可以一边追星，一边看有趣的内容，一边把喜欢的东西买到手。用户跨社交电商平台消费流程可谓是水到渠成，不知不觉就买了很多商品。跟着网红、明星们“买买买”，已经成为很多人习以为常的购物模式。社交内容电商平台靠内容驱动成交，专注某一个领域发表高质量的内容，吸引有共同兴趣和爱好的人，形成社群，引导粉丝裂变，并促成交易。

(2) 社交零售电商平台。社交零售电商平台是基于社交场景搭建线上零售平台，互联网技术升级了传统渠道管理体系，提升了以零售去中心化的个人渠道运营效率。商品供应链以及售后等服务由上游的平台来分担，个人店主主要负责流量获取和分销。通过社交零售电商平台，利用个人社交人脉圈整合产品、供应链和品牌，借助招募大量个人店主分销商、加盟商，进行产品的一件代发和分销裂变。(3) 社交分享电商平台。社交分享电商平台是指通过用户分享，在微信等社交媒介利用社交关系实现商品传播。目前，比较火的社交电商玩法就是以拼团的模式，引起用户裂变，借助社交力量卖一些需求广、单价低、高性价比的物品。社交分享电商平台通过刺激用户遵循主流选择、争取实惠、爱分享等的心理特质，运用政策刺激和鼓励用户分享，进行商品推广，吸引更多朋友加入。最典型的玩法就是拼团模式和“砍一刀”。

### 2. 按照购买方式划分

社交电商平台按照购买方式可以划分为拼购类社交电商平台、会员分销类社交电商平台、社区团购类社交电商平台、内容类社交电商平台。(1) 拼购类社交电商平台。拼购类电商核心功能就是拼团，花费一次引流成本吸引用户主动开团。用户为了尽快达成订单会自主将其分享至自己的社交关系链中，拼团信息在传播的过程中也有可能吸引其他用户再次开团，传播次数和订单数实现裂变式增长。该模式以低价为核心吸引力，每个用户成为一个传播点，再以大额订单降低上游供应链及物流成本。这类社交电商平台流量来源的关系链是熟人社交，目标用户是那些价格敏感型人群，这类平台适用的商品为个性化弱、普遍适用和单价较低的商品。(2) 会员分销类社交电商平台。会员制电商是微商的升级版，早期微商模式下，个人店主需要自己完成商品采购、定价、销售、售后全流程。在会员制电商模式下，由分销平台提供标准化的全产业链服务，店主只需要利用社交关系进行分享和推荐，以此获得收入。会员分销类电商核心功能就是店主的招募和分销，来自分销裂变带来的获客红利，平台通过有吸引力的晋升及激励机制让店主获益，推动店主进行拉新和商品推广，有效降低了平台的获客与维护成本。在 S2B2C 模式中，平台负责选品、配送和售后等全供应链流程，通过销售提成刺激用户成为分销商，利用其自有社交关系分享裂变，实现“自购省钱，分享赚钱”。该模式通过分销机制，让用户主动邀请熟人加入，形成关系链，平台统一提供货、仓、配及售后服务。该模式的关系链为熟人社交，其目标用户为有分销能力及意愿的人群，该模式适用的是有一定毛利空间的商品。(3) 社区团购类社交电商平台。社区团购平台提供仓储、物流、售后支持，由社区团长负责社区运营，主要包括社群运营、订单收集、商品推广及货物分发。社区团购是微信商业化所带来的电商红利，依托于小程序的兴起，商业功能逐步完善为社区团购发展奠定基础。该模式以社区为基础，社区居民加入社群后通过微信小程序等工具下订单，社区团购平台在第二天将商品统一配送至团长处，消费者上门自取或由团长进行最后一公里配送。该模式以团长为基点，降低获客、运营及物流成本，借助预售制及集采集销的模式提升供应链效率，形成流量关系链的熟人社交。该模式的目标用户为家庭用户，其适用的商品为复购率高的日常家庭生活用品。(4) 内容类社交电商平台。为了满足年轻人碎片化、个性化的消费信息需求期望，电商和内容产业链正逐渐走向融合，通过内容影响消费者决策，引导消费者的购物行为。内容社交电商平台是指通过形式多样的内容引导消费者进行购物，其核心点就是内容的产出，通过帖子、直播、短视频等丰富的形式吸引用户，形成“发现—购买—分享—发现”的完整闭环。该模式通过形式多样的内容引导消费者进行购物，实现商品与内容的协同，从而提升电商营销效果。其特点是通过内容运营激发用户购买热情，同时反过来进一步了解用户喜好。该模式的流量来源为内容链，也就是泛社交，目标用户是容易受关键意见领袖（Key Opinion Leader，KOL）影响的消费人群，或者是有共同兴趣的社群，适用商品主要根据平台内容的特征，因此适用的商品品类会各不相同。

### 3. 按照销售领域划分

社交电商平台按照销售领域可以划分为垂直社交电商平台、横向社交电商平台、线上线下融合型社交电商平台、直播社交电商平台和社交化购物电商平台。（1）垂直社交电商平台。该类平台是指以特定领域或特定产品为核心的社交电商平台，它们通常专注于某一领域或某一类产品，并通过社交媒体进行推广和销售。这类社交电商平台的典型代表如美丽说和小红书等。（2）横向社交电商平台。该类平台是指不局限于某一特定领域或产品，而是涵盖多个领域或产品类型的平台。它们通常通过用户推荐、分享等方式增加用户黏性，实现商品销售和营销。这类社交电商平台的典型代表包括淘宝和京东。（3）线上线下融合型社交电商平台。该类平台通常有自己的实体店或者与线下商家合作，将商品线上线下销售和服务相结合，打造全渠道购物体验。这类社交电商平台的典型代表如拼多多和苏宁易购等。（4）直播社交电商平台。该类平台通过主播的实时演示、互动等方式，增加用户黏性和购买欲望，并实现商品销售和营销，是在直播平台上进行商品销售和推广的电子商务模式。这类社交电商平台的典型代表如快手、抖音等。（5）社交化购物电商平台。该类平台通过社交媒体的传播效应，将商品推送到消费者面前，并通过社交互动、分享等方式增加用户黏性和强化用户购买欲望，是社交媒体平台在线购物的模式。这类社交电商平台的典型代表如微信小程序、微博红包等。不同类型的社交电商平台有着各自独特的优势和特点，消费者可以根据自己的需求选择适合自己的平台进行购物。

### 2.1.4 社交电商平台的演变

社交电商平台是基于社交媒体的场景化应用形式，是改变人类生活方式的一次互联网革命，也是相对于传统经济的新经济体。社交电商平台是传统商业平台的挑战者，是对传统商业秩序的重新构建。自从电商平台诞生以来，电商与传统企业之间的碰撞就没有停止过，各行业从惧怕到跟进再到融入，在不断发展与探索中，电商已成为与传统行业并驾的重要经济体，其发展始终与社会结构、时代特征和技术能力捆绑在一起。综合现有研究成果，本书将社交电商平台的发展划分为以下三个阶段。

#### 1. 传统电商阶段

传统电商也称为电商 1.0，该类电商以“货”为主导逻辑。这类电商平台的典型代表是以 1999 年出现的易趣、淘宝等平台为代表的 C2C 模式，是传统企业初步触网时代。这一阶段淘宝以免费模式成就了其商业帝国。百度在 PC 互联网时代的战略叫“连接人与信息”，早期的电商平台也是如此，甚至 B2B 模式也是连接人与信息，C2C、B2C 等模式才是连接人和货。其实这个时候才是垂直电商平台诞生真正的温床。亚马逊便是一个直接的例子。在仓储物流体系科学化之前，很少有平台能够提供足够庞大的 SKU，专注细分领域的垂直电商无疑更具有想象空间，一则在商品供应和平台运营上减负不少，二则大众电商购物习惯尚未形成，针对性的商品和服务似乎更能引发受众的参与感。但有所不同的是，亚马逊、京东等电商平台选择了向综合类转型，大批各具特色的垂直电商随着红利的消退而被湮没在商海之中。

### 2. 移动电商阶段

移动电商也称为电商2.0，该类电商以“人”为主导逻辑。这类电商平台是以B2C模式为主，通过优质的大牌商品、丰富的品类、完善的服务保障，迅速积累大批用户。谈及移动电商，提到最多的一个理论就是重构“人货场”，人指的是消费者，货代表的是商品，而场就是场景或者场所。在移动互联时代，很多传统互联网服务都在朝移动端靠拢，电子商务也不例外，除阿里和京东之外，诸如聚美优品、唯品会等电商平台都在积极开辟移动电商，这符合电商发展的趋势。移动电商让用户可以使用智能手机、平板电脑等移动终端购物，最大限度地降低了时间和空间对电商业务的束缚，对提升用户购买率具有相当重要的意义。虽然电商2.0可以进一步拓宽业务覆盖面，提升用户体验，但这些都局限于渠道和平台层面，对电商模式并没有本质性的颠覆。

### 3. 社交电商阶段

社交电商也称为电商3.0，该类电商以“场”为主导逻辑。这类电商平台认为场景是电商的变种，各行业开始了线上线下的融合。在某种程度上，新零售仍属于场景电商的范畴，从最初线上线下流量的融合到数据、营销、物流、渠道等更多维度的融合，消费信息场景成为社交电商平台的核心一环。同时，这也是一个商业模式爆发的时代，共享经济、知识付费等新模式层出不穷。这个阶段崛起的垂直电商，意识到了一个道理，标准化程度高、客单价低的产品似乎不太适合垂直电商，而摆脱“死亡魔咒”的方式便是商业模式吸纳更多新思维。

以标准化程度低、客单价高的家居市场为例，诸如“我在家”等类似平台的模式就是“新零售+共享经济”与酒店、民宿、书店、餐厅等场景进行体验共享，并以此颠覆传统家居市场的零售模式。更准确地说，将不同的商业模式吸收融合，场景电商的变种将成为垂直市场的主流，也是垂直电商下一步发展的新希望。

在这3种电商平台中，社交电商平台可算得上是对传统电商平台和移动电商平台在模式上的本质性颠覆，社交电商平台不仅继承了传统电商平台和移动电商平台的某些特性，最关键的是依托强大的生态体系，社交电商平台有望打通用户、需求、入口、线上线下渠道、企业和商家，使电商行业真正成为一个完善的整体。在未来，用户跨社交电商平台消费不会只是被动购买商品，而是也能主动参与到电商运营中，更直接反馈自己的需求和建议，帮助电商平台进行更为健康的运营，这也正是“人人电商”的内涵所在。

## 2.2 跨社交电商平台的内涵

### 2.2.1 跨社交电商平台概念

跨社交电商平台是指通过技术手段和合作机制，将多个社交电商平台的信息资源、用户数据、功能和服务进行整合与共享，从而实现更广泛的用户覆盖、更丰富的信息交流和更高效的购物体验。其核心在于打破平台之间的壁垒，促进信息的流通和用户的互动，形成一个更大规模的社交电商生态系统。用户在社交电商平台上的行为不仅限于购物，还包括社交互动、信息获取和娱乐等。跨社交电商平台能够整合不同平台的优势，为用户提供更全面的功能和服务。单一平台往往难以同时满足用户的所有需求。例如，用户可以在一个平台上获取个性化推荐，而在另一个平台上享受更优惠的价格或更优质的售后服务。这种整合能够显著提升用户购物体验，满足用户多样化的需求。跨社交电商平台打破了信息孤岛，促进了不同平台之间的数据共享和信息流通。通过整合多个平台的用户数据，商家能够更精准地了解用户需求，制定更有效的营销策略。同时，用户也可以更便捷地获取来自不同平台的商品信息、评价和推荐，从而做出更明智的购物决策。跨社交电商平台的出现有助于构建一个更加开放、协同的社交电商生态系统。通过平台之间的合作与资源共享，能够吸引更多用户和商家参与，形成规模效应。这种生态系统的健康发展不仅能够提升整个行业的竞争力，还能为用户和商家创造更多的价值。跨社交电商平台的发展需要解决数据整合、用户隐私保护、多平台协同等技术难题。这将推动相关技术的创新，如区块链技术用于数据安全和隐私保护，人工智能技术用于个性化推荐和用户体验优化。同时，跨社交电商平台也为商业模式创新提供了新的思路，例如通过跨平台的会员体系、积分共享等方式增强用户黏性。

### 2.2.2　跨社交电商平台动因

随着社交电商的迅速崛起，其市场规模不断扩大，但同时也面临着用户需求多样化、市场竞争激烈以及数据资源分散等问题。在此背景下，跨社交电商平台应运而生，成为解决这些问题的重要途径。本书从用户需求、市场竞争和技术发展三个方面论证跨社交电商平台的动因。用户在社交电商平台上的行为不仅局限于购物，还包括社交互动、信息获取和娱乐等。跨社交电商平台能够整合不同平台的优势，为用户提供更全面的功能和服务，从而更好地满足用户多样化的需求。

用户对于隐私保护和数据安全的重视程度日益提高。跨社交电商平台可以通过统一的隐私政策和技术手段，更好地保护用户数据，增强用户信任。例如，通过区块链技术，用户数据可以在跨平台传输中保持安全性和透明性，减少数据泄露的风险。社交互动是社交电商的核心功能之一。现如今，用户希望在平台上与朋友、家人和志同道合的人分享购物体验、推荐商品，并获得反馈和认可。跨社交电商平台能够打破平台壁垒，让用户在不同的社交圈子中自由分享和交流，从而增强用户的社交体验和平台的黏性。在激烈的市场竞争中，社交电商平台需要不断拓展用户群体和提升用户活跃度。跨社交电商平台能够通过整合多个平台的资源，实现更广泛的用户覆盖和更高效的用户引流。例如，通过跨平台的会员体系和积分共享机制，可以吸引用户在多个平台上进行消费，从而提高用户忠诚度和平台竞争力。跨社交电商平台可以通过共享数据和资源，帮助商家更精准地进行营销，提升转化率。例如，商家可以在多个平台上发布促销活动，扩大品牌影响力，同时通过数据分析更好地了解用户需求，优化产品和服务。例如，一些平台可能在内容创作方面具有优势，而另一些平台可能在用户数据和推荐算法方面更胜一筹。通过跨平台合作，可以实现优势互补，提升平台的整体竞争力。云计算技术能够实现大规模数据的存储和处理，为跨平台数据共享提供基础。

### 2.2.3 跨社交电商平台意义

在“全民社交”与“社交媒体多元化”的双重催化下，用户跨社交电商平台的消费信息行为具有普遍性和流行性。未来，学界也将社交电商平台相关研究的场景从单平台转向跨平台。跨社交电商平台消费是不可避免的，只要存在差异化的平台就会存在用户在不同社交电商平台切换的消费信息行为，这在本质上是一种消费生态化的趋势，也是生态化价值创造的必然结果。由此可见，用户跨社交电商平台消费的意义体现为内容曝光、关系引流和兴趣激发等方面，也体现为自我记录、自我表达和社交互动，还体现为同一用户在多个平台无缝切换，满足其生态化的消费信息获取欲望，进而实现跨社交电商平台的生态价值创造。（1）生态价值的创造。在跨社交媒体场景下，同一用户会在不同社交平台发布或接触到相似或相同的用户生成内容，给平台和用户带来了更大的价值，如用户引流、内容曝光、社交关系维系等。因此，分析用户跨社交媒体场景下的特征和主体关系，厘清用户跨社交媒体信息分享行为的影响因素具有重要意义。（2）生态需求的满足。针对用户跨社交媒体的动机，不同社交电商平台为用户提供了使用的便利性、娱乐性、打发时间、媒体吸引、信息共享等功能。研究表明，用户跨社交电商平台消费的意义在于其使用动机的差异性，如自我记录、自我表达和社交互动会让用户更多地选择使用不同平台，并在不同平台自如切换。（3）关联挖掘。用户跨社交电商平台数据的多源性体现在不同社交电商平台的内容上。从多源性的角度分析跨社交电商平台，可以将独立数据的价值通过整合其他来源和模态的数据，充分挖掘和释放出来，提高大数据的利用效率。用户跨社交电商平台的多源数据共享独立用户空间，提出以用户为桥梁对多源数据进行关联挖掘，将挖掘结果分别应用于跨社交电商平台用户人口属性建模和兴趣建模，并应用到用户跨社交电商平台的个性化服务中。

### 2.2.4　跨社交电商平台用户关联

近几年，面向跨社交电商平台识别同一用户可以解决商业应用、资源整合、好友推荐等方面的相关问题，而且是一个尚未解决的难题。现实中，一个用户可能同时具有多个社交电商平台账号，如果能够关联不同社交电商平台同一用户账号，不仅对于网络安全监管具有很大帮助，而且有助于提升其消费信息接受体验愉悦度。用户跨社交电商平台消费的结果是其会在多个平台注册账号，出于对用户隐私的保护，不同平台需要提供识别用户身份的途径和渠道，不同平台同一用户匹配逐渐成为一个热门研究领域。然而，不同社交网络之间用户身份信息完全孤立，如果要获得某个用户的完整的画像，最大的困难就在于将分散在不同的社交电商平台中的用户账号及其相应的信息行为进行分析。对用户在不同社交电商平台中的账号信息进行匹配，是实现用户完整画像构建的基础。由于位置服务和实时定位移动设备的出现，社交网络具备海量用户签到数据，这提高了基于签到数据匹配用户的可行性，并促进相关技术迅速发展。跨社交电商平台可以通过选择用户名、个人主页、地理位置和个人描述 4 个属性作为用户身份关联的特征，采用不同相似度匹配算法计算 4 个属性的相似度，并利用熵权法计算最终相似度，最后根据决策判定方法确定关联结果。现有研究中，用户跨社交电商平台身份识别是基于用户属性、生成内容或用户关系实现的。用户属性信息包括用户名、用户昵称、邮箱等，由于隐私保护越来越受重视，大部分用户属性信息难以获取，且存在伪造风险，使得用户身份识别效率不高。随着网站数据反爬意识的提高，用户生成内容的获取越来越难，对用户生成内容的识别带来极大挑战。

在信息化时代背景下，现代社交网络用户规模已经达到几十亿水平，同一个用户会在多个社交电商平台分享消费信息并留下个人独特的“数字印记”。从不同社交平台中识别同一用户对跨社交电商平台的场景化应用产生重要的影响，例如，好友推荐、社区检测、恶意用户识别和在线精确营销以及为研究人员提供更完整的用户数据等。基于 Web2.0 的社会化计算应用产生了大量用户生成内容，包括标注、评价和日志等显性与隐性交互信息。其中，有些信息显示了用户消费意图是购买某类产品内容。消费对象能更好地反映出用户的消费兴趣、真实的消费信息需求期望和消费类别。因此，从消费意图中挖掘消费对象能够帮助平台对消费意图处理分析，用于在线广告推送、社会需求分析等相关应用中。

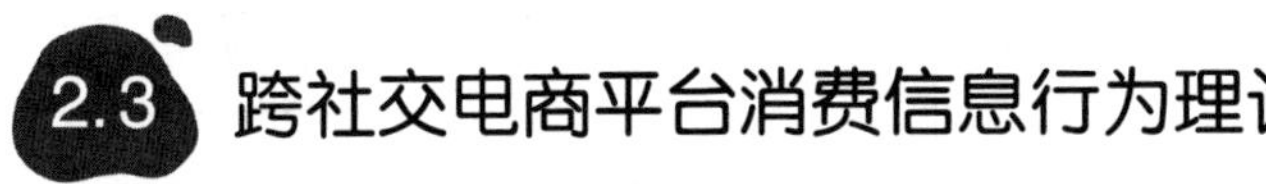

## 2.3 跨社交电商平台消费信息行为理论

### 2.3.1 跨社交电商平台社会认知理论

社会认知理论（social cognitive theory，SCT）认为，行为、人和环境三者间存在三元交互影响作用。在跨社交电商平台消费中，用户消费信息获取欲望、消费信息情境和消费信息场景之间也存在着三元交互的影响作用。本书正是基于行为、人和环境，探讨消费信息行为、用户身份和消费信息情境三个维度的相似性，探讨用户跨社交电商平台消费信息获取欲望的内在影响因素和外在影响因素。社会认知理论主要强调自我效能感和结果期望这两个作为人类自身认知因素对消费信息行为的影响。社会认知是一个广泛被接受，用来验证用户信息行为的理论，是社会心理学研究的重要领域，而跨社交电商平台消费离不开用户心理要素的参与和作用。社会认知运用到本书中，具体是指对消费信息情境整合和借助于消费信息情境在场景中被用户接受、感知和体验的过程。用户跨社交电商平台消费的社会认知包括消费的印象、态度、自我认知偏差，以及消费的偏见和归因等。自我效能则是用户跨社交电商平台消费社会认知的重要内容，体现为用户在特定场景消费预期结果的能力，是指用户基于自我消费能力的感觉，在不同平台切换进行消费的理论依据。用户跨社交电商平台消费信息行为认知理论如图2－1所示。

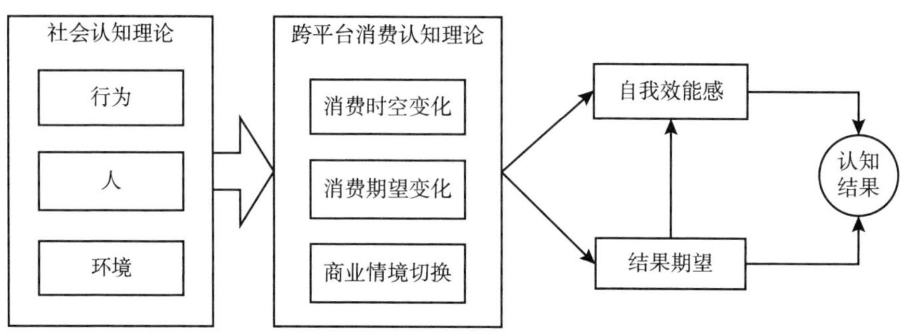


**图2－1　用户跨社交电商平台消费信息行为认知理论**

如图2－1所示，社会认知理论是用户跨社交电商平台消费信息行为认知理论的基础，社会认知理论可以影响社交电商平台的场景化消费。用户是指社交电商平台所处不同场景的消费者，而环境就是用户跨社交电商平台消费的环境。用户跨社交电商平台通过场景化消费信息获取欲望及其变化产生自我效能感，再由自我效能感和消费结果期望共同决定用户跨社交电商平台消费的认知。

### 2.3.2　跨社交电商平台用户满意度理论

跨社交电商平台用户满意度理论描述了用户在不同社交电商平台切换消费信息获取欲望、实际感知和二者综合作用的结果，可表达为 $S=f(E,P)$ 的函数关系，其中S为用户消费信息获取满意度，E为消费信息获取欲望，P为平台信息供给现实。在用户跨社交电商平台消费中，用户消费信息获取欲望与平台信息供给现实存在差异，这直接影响着用户消费信息需求期望、消费信息搜索习惯和消费信息接受偏好的感知。用户跨社交电商平台消费信息行为和心理学密切相关，其满意度体现为用户对不同社交电商平台消费信息获取欲望感知与不同社交电商平台消费信息供给实际的比较，比较的结果直接影响用户跨社交电商平台消费信息获取满意度的评判。用户跨社交电商平台消费满意度理论如图 2 –2 所示。

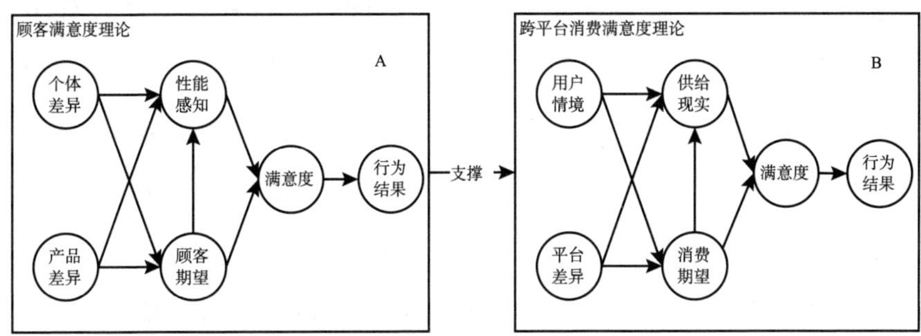


**图 2 –2　用户跨社交电商平台消费满意度理论**

如图 2 –2 所示，图 A 是顾客满意度理论架构，由此理论对用户跨社交电商平台消费信息行为进行支撑，形成图 B 所示的用户跨社交电商平台消费信息获取持续意愿体系。图 A 中顾客满意度理论与图 B 中的跨社交电商平台的用户满意度相对应，图 A 中的产品差异与图 B 中的平台差异相对应，性能感知与信息供给现实相对应，顾客期望与消费期望相对应，消费信息行为结果与跨社交电商平台消费信息行为结果相对应。

### 2.3.3　跨社交电商平台自我调节理论

用户跨社交电商平台自我调节是指给自己制定行为准则，加强、维护或改变自己行为的过程。同时，也是自我调节、自我强化的过程，即当用户在跨社交电商平台消费达到自己预期目标时能够自我激励，而当用户没有达到自己预期目标时则能够认识到，并且通过切换社交电商平台进行自我强化。用户跨社交电商平台消费的自我调节具有螺旋循环性，消费主要借助先前的反馈进行调控。用户跨社交电商平台消费自我调节是必要的，因为用户、消费和场景等因素在用户消费过程中不断发生变化。用户跨社交电商平台消费的自我调节是指通过自我观察和运用相关策略调控信息行为的过程。在此过程中，自我调节是观察和调控的条件或结果。用户跨社交电商平台消费自我控制的准确性和一致性会直接影响他们的策略调控的效果。用户跨社交电商平台消费时具有自身的消费信息需求期望、消费信息搜索习惯和消费信息接受偏好，也具有跨社交电商平台消费信息需求的实际满足能力、信息搜索习惯的调适能力和信息接受偏好的迎合能力。用户跨社交电商平台自我调节来源于用户本身、不同平台的切换和消费信息获取欲望 3 个方面形成的综合效用，用户之所以要跨平台消费是要满足其不断变化的消费信息获取欲望，需要通过场景不断调节予以实现。由此，用户跨社交电商平台消费自我调节理论如图 2－3 所示。

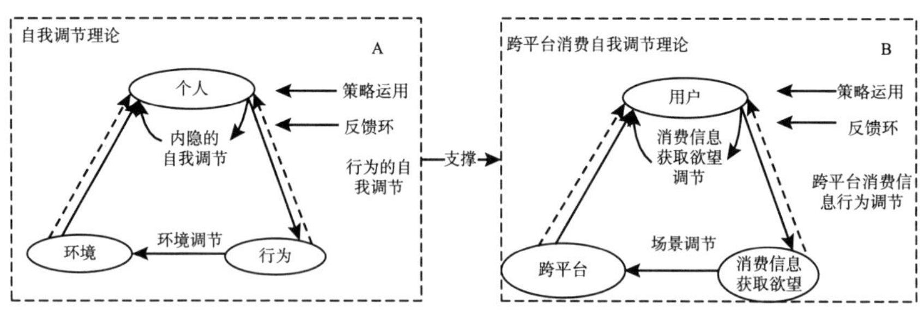


**图 2－3　用户跨社交电商平台消费自我调节理论**

由图 2－3 可知，用户跨社交电商平台消费是基于自我调节理论实现的。其中图 A 中的个人与图 B 中社交电商平台的用户所对应，环境与跨平台所对应，行为对应的是消费信息获取欲望，用户通过消费信息获取欲望与平台信息供给现实之间进行感知和调节，从而实现消费的调节和平台的切换，以最大限度满足用户跨平台消费信息获取欲望，从而强化用户的持续消费意愿。

### 2.3.4　跨社交电商平台期望确认理论

在跨社交电商平台消费中，基于期望和确认的动态磨合，用户消费信息获取欲望是指用户对消费预期描绘的一种认知蓝图，如果用户消费信息获取达到了其期望值，则会产生消费信息获取的持续意愿。根据期望确认理论的观点，用户跨社交电商平台消费时会有一定的期望，等到真正消费后则会对消费结果产生一定的认知，这种认知与先前的期望进行对比就产生了确认行为。用户跨社交电商平台消费信息获取欲望与平台信息供给现实会产生不同的结果。（1）正面的不确认。用户跨社交电商平台消费的正面不确认是平台信息供给现实超出了用户消费信息获取欲望。（2）负面的不确认。用户跨社交电商平台消费负面的不确认是指平台信息供给现实没有达到用户消费信息获取欲望。（3）确认。用户跨社交电商平台消费的确认则是前两者的调和状态。用户跨社交电商平台消费期望确认理论如图 2 –4 所示。

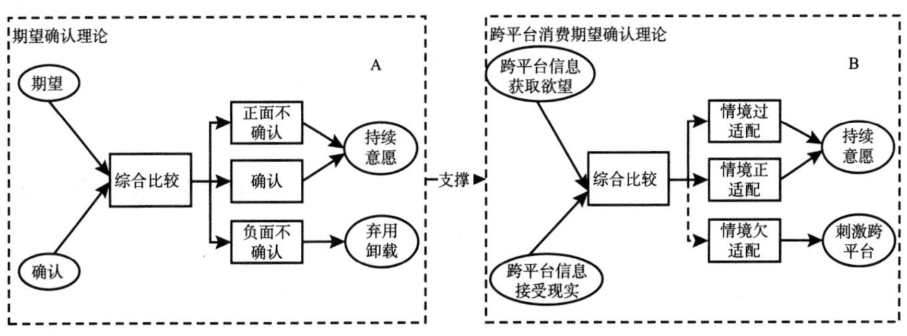


图 2 –4　用户跨社交电商平台消费期望确认理论

由图2－4可知，在用户跨社交电商平台消费期望确认理论中，图A是期望确认理论的阐释，图B是用户跨社交电商平台消费持续意愿的归总。图A的期望与图B的跨平台信息获取欲望相对应，确认与跨平台信息接受现实相对应，综合比较与综合比较相对应。期望确认理论的3种结果与跨社交电商平台消费的3种情境配置方式相对应，3类不同的结果分别激发用户产生持续消费意愿或者迫使用户跨平台消费，激发跨平台消费情境基于用户消费信息获取欲望改变，以寻求跨平台消费情境与跨平台消费信息获取欲望适配，提升用户跨平台消费体验的愉悦度。

### 2.3.5 跨社交电商平台畅体验理论

畅理论被学者们翻译为流畅、神迷、流动、沉浸、心流等，畅状态由米哈伊·契克森米哈伊（Csikszentmihalyi）在其1997年发表的文献中描述为“人们沉浸于一项活动当中以至于其他任何一切东西都看起来不重要了”。当用户处于畅状态时，其对所处场景外的其他一切事物都视而不见，且会迷失消费时间感。在用户跨社交电商平台消费中，由于切换平台形成的娱乐性和信息的丰富性，他们有可能会体验到畅的感觉。1998年，马西米尼和卡里（Massirni & Carli）提出了八向度畅体验模型，将任务挑战和用户技巧水平分成了3种程度，互相组合后形成了8个向度。8向度模型在原有的冷漠、焦虑、无聊和畅体验基础上，加入了激励、松懈、操控和担忧4个向度。用户跨社交电商平台消费畅体验理论如图2－5所示。

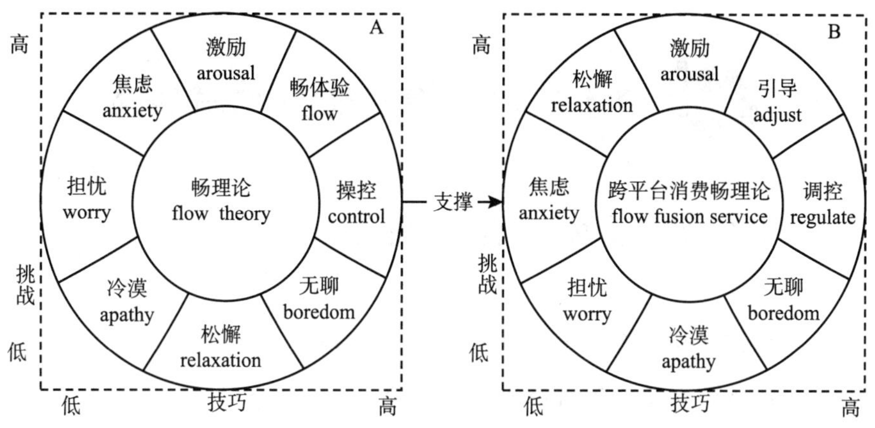


**图 2 -5　用户跨社交电商平台消费畅体验理论**

由图 2 -5A 所示，用户跨社交电商平台消费畅体验是指用户在特定时空消费时会有无聊、松懈、冷漠、担忧、焦虑等的体验。这些体验是用户跨社交电商平台消费信息获取欲望与平台信息供给能力比较而言的，当平台信息供给现实超过用户消费信息获取欲望时，会出现此类体验，反之会引导用户进行平台切换，进而形成用户跨社交电商平台消费的愉悦体验。通过对用户消费信息实际体验与其消费信息获取欲望进行对比，适时对用户消费信息获取欲望进行调节和引导，使用户的消费信息获取欲望在一定的阈值内形成畅体验。由图 2 -5B 所示，用户跨社交电商平台信息供给现实与用户消费信息获取欲望存在差距时，“消费信息场景—消费信息获取欲望—消费信息情境”的不适配使用户具有无聊、冷漠的体验。用户跨社交电商平台消费畅体验依据用户消费信息获取欲望与用户自身消费素养比较而言的，当用户消费信息获取欲望与其消费信息素养在某个场景中是适配的，则其体验和感知是松懈和愉悦的。用户跨社交电商平台信息供给现实与用户消费信息获取欲望的相互作用，引导和调节用户在不同社交电商平台切换，形成跨社交电商平台消费信息行为的畅体验。

## 2.4 跨社交电商平台消费商业模式理论

### 2.4.1 跨社交电商平台商业模式画布理论

用户跨社交电商平台商业模式画布是解决“创造什么样的价值，谁来创造价值和如何创造价值”的问题，包括3个界面的9个要素。3个界面分别为管理界面、客户界面和财务界面，9个要素分别为价值主张、客户细分、渠道通路、客户关系、收入来源、核心资源、关键业务、合作伙伴和成本结构。用户跨社交电商平台商业模式画布就是这3个界面9个要素之间的逻辑关系，是对各类资源的整合，是人力资源的配置，也是利润的再分配。用户跨社交电商平台商业模式画布确保找对目标用户和合理解决问题的工具，具体包括如下9个要素。(1) 价值主张。用户跨社交电商平台消费的价值主张是要确定创造什么样的价值，具体价值形态包括产品功能价值、服务效用价值和场景体验价值，且这3类价值是同时创造的，只不过对于不同用户在不同场景的主导程度不同。用户跨社交电商平台消费聚焦于传递什么样的价值主张，帮助客户解决哪一类难题，满足客户哪些需求，调节客户哪些习惯，迎合用户哪些偏好。(2) 客户细分。用户跨社交电商平台消费要将用户按照不同标准进行细分，如按照年龄、职业、性别、兴趣等。简言之，用户跨社交电商平台客户细分就是要回答哪类用户为什么要跨社交电商平台，跨社交电商平台消费要创造什么样的价值。(3) 渠道通路。用户跨社交电商平台消费的渠道通路是指通过广告、直播带货和知识付费等方式实现价值创造。具体而言，就是要回答哪些用户通过哪些渠道创造哪些价值。在这个过程中，要解决如何整合渠道、哪些渠道最为有效、哪些渠道的成本效益最好、如何把渠道与客户的例行程序进行整合等问题。(4) 客户关系。用户跨社交电商平台消费信息行为隐含了不同社交电商平台与细分客户群体之间的关系。具体而言，就是要回答到底什么样的价值主张才能够让客户细分群体真正愿意付款、客户现在付费买什么、客户是如何支付费用的、客户更愿意如何支付费用等问题。(5) 收入来源。用户跨社交电商平台消费是指商家通过满足用户特定时空的消费信息需求期望、消费信息搜索习惯和消费信息接受偏好所获得的收入。具体而言，就是要回答共有多少收入来源、每种收入来源占总收入的比例是多少等问题。(6) 核心资源。用户跨社交电商平台消费需要核心资源支持，这些核心资源的本质是形成总体效用的产品情境、技术情境、服务情境、移动情境、社交情境和终端情境。具体而言，就是要回答用户跨社交电商平台的价值主张需要什么样的核心资源、渠道通路需要什么样的核心资源、客户关系需要什么样的核心资源、收入来源又需要什么样的核心资源等问题。(7) 关键业务。用户跨社交电商平台的关键业务是指如何基于用户特定时空的消费信息获取欲望，通过场景化情境配置实现价值立体化共创。具体而言，就是要回答形成用户跨社交电商平台消费的价值主张需要哪些关键业务、渠道通路需要哪些关键业务、客户关系需要哪些关键业务、收入来源又需要哪些关键业务等问题。(8) 合作伙伴。用户跨社交电商平台消费信息行为需要不同的合作伙伴予以支持，这些合作伙伴借助平台切换创造价值。具体而言，就是要回答哪些合作伙伴助力用户跨平台消费、谁是自己的合作伙伴、从合作伙伴那里可以获取哪些核心资源、合作伙伴都执行了哪些关键业务等问题。(9) 成本结构。用户跨社交电商平台消费的成本结构是指用户在不同社交电商平台切换的成本，这些成本既包括场景化情境配置的成本，也包括“人货场”重构成本。具体而言，就是要回答用户跨社交电商平台消费中的固定成本是什么、哪些核心资源花费最多、哪些关键业务花费最多等问题。

### 2.4.2 跨社交电商平台价值共创逻辑

价值共创理论最早出现在管理学中，不同于传统的生产模式，跨社交电商平台的不同主体交互是其核心。2004 年，普拉哈拉德·雷马斯瓦米（Prahalad & Ramaswam，2004）首次提出“价值共创”的概念，认为价值必须是由企业、消费者和其他利益相关者多方共同参与创造的，“共同”是指整合双方或多方资源，企业为用户提供跨社交电商平台和情感体验的机会，而用户对于企业来说，不仅是产品的使用者和消费的体验者，更是建构社会价值体系的成员。瓦戈和勒斯克（Vargo & Lusch，2008）则从另一个角度提出了“服务主导逻辑”，以“服务是一切经济交换的根本基础”和“消费者是价值的共同创造者”这两个观点为核心。从服务主导逻辑的视角出发，共同创造出来的价值并不是“交换价值”，而是顾客在消费过程中实现的“使用价值”。由此，跨社交电商平台价值共创理论有两个不同分支，分别为“基于用户跨社交电商平台价值共创理论”和“基于服务主导逻辑的跨社交电商平台价值共创理论”两种观点。虽然两者在价值共创概念表达上存在差异，但其核心是基本一致的，即企业与利益相关者通过合作，整合彼此资源实施价值创造，共享价值创造的利益。用户跨社交电商平台价值共创包含生产领域的价值共创、消费领域的价值共创和场景领域的价值共创，这三种模式并没有严格的界限，反而是动态变化的。首先，在生产领域中，用户跨社交电商平台需要内部人完成的设计、生产、传递等活动交予一部分外部人或鼓励用户参与，将其引入生产领域。由于用户了解自身需求，在具备选择能力的情况下，社交电商平台可以激发创意、更高效地满足用户消费信息获取欲望，以此来提高创造价值的能力。其次，在消费领域的价值共创属于价值共创前沿问题，消费者是价值创造的主导者，消费者体验是核心内容。用户跨社交电商平台消费是以用户作为资源的整合者，通过不同平台提供的产品或服务与用户消费信息获取欲望相匹配，借助跨社交电商平台实现价值共创。用户在两个或多个社交电商平台切换获得自身需要的资源，以此来获取全新的价值创造体验。最后，场景领域的价值共创是指通过企业和消费者在社交电商平台互动激发用户在不同平台切换，如果消费者没有参与，不同社交电商平台无法与用户交互创造价值。消费者在不同社交电商平台切换，并且与企业直接接触，提出自身诉求，间接地参与产品生产研发等，将潜在价值转变为现实价值。在此过程中，不同平台与消费者直接接触和互动，场景是跨社交电商平台应用的渠道。

### 2.4.3　跨社交电商平台价值共创网络

用户跨社交电商平台价值共创网络是指供应链核心节点企业和其利益相关者通过各自优势互补共同创造价值和传递价值所形成的网络结构和网络关系。借助于用户跨社交电商平台价值共创网络，供应链各节点企业间达成合作契约和形成合作机制，最终组成价值创造和价值交换的网络系统。在此方面，有学者对用户跨社交电商平台价值共创网络的形成过程进行研究，认为价值模块是企业价值链形成的基本单元，用户跨社交电商平台价值共创网络是在价值链对价值模块重组整合的基础上形成的，企业价值共创网络包括了内部和外部两个部分。因此，用户跨社交电商平台价值共创网络的演变既包括企业内部价值共创网络的解构与整合和企业外部价值共创网络的形成与扩展，还包括了内部和外部两个价值共创网络的连接与融合。用户跨社交电商平台价值共创网络基于供应链思维，各节点摒弃单纯的个体利益，转而从供应链价值网络的整体利益出发制订和实施自身经营战略。因此，一些后发企业为了突破"瀑布效应"的困境，往往通过产业链、供应链和价值链的重构建立新的价值共创网络以推进深化分工进而获取竞争优势。目前，越来越多文献从供应链价值共创网络视角探讨商业模式，商业模式创新是企业改变其产品或服务与客户之间的活动以实现企业与合作伙伴互动、创造和分享价值的动态过程。用户跨社交电商平台价值共创网络的核心节点和其利益相关者通过各自优势互补共同创造价值和传递价值。伴随移动互联网技术的不断发展，用户跨社交电商平台价值共创网络结构逐渐呈现出多元化的特点，交易层级也更为复杂，不同行业的商业壁垒正逐步被打破，跨界竞争逐渐加剧。在此情形下，用户跨社交电商平台以价值链和供应链为导向，与扮演不同角色的网络节点基于跨平台实现不同主体资源能力的最优组合和共享协同，形成动态演化价值共创网络。

本书结合用户跨社交电商平台应用的现状，提出由供应方、流量携带方、平台、用户、替代平台和运营方及其竞争合作关系组成的社交电商平台的价值共创网络，即跨社交电商平台价值共创网络。其中，供应方是产品、服务以及知识等的供应者。流量携带方是指携带流量和人气的网络主播（网红、明星）以及拥有知名度后对某种成果拥有占有权的超级 IP。社交电商平台是充分利用信息技术打造的智能平台。社交电商平台运营方则是提供平台、技术和监管机构，从事平台经营的运营者，是供应链的主体企业和核心企业。用户是处于供应链、价值链终端的消费者。替代方是指与原社交电商平台相关的其他社交电商平台。用户在不同社交电商平台间的切换形成跨平台消费。由此，用户跨社交电商平台消费价值共创网络如图 2 - 6 所示。

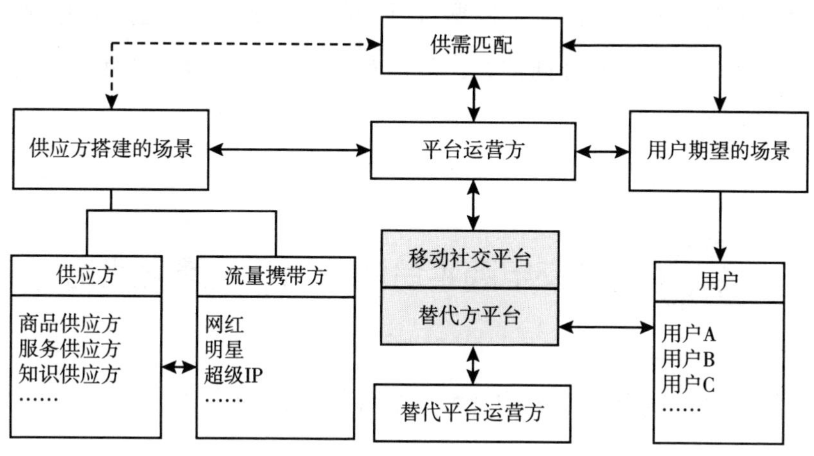


**图2-6 用户跨社交电商平台消费价值共创网络**

如图2-6所示，在用户跨社交电商平台消费价值共创网络中，供应方通过平台为用户提供产品、服务和知识。由于流量携带方往往在某一个或某几个垂直领域具有其独特之处，可以借助社交电商平台利用粉丝画像准确地进行设计，在垂直内容与服务领域变现的同时，连接供应方与用户进行价值创造。社交电商平台运营方提供技术与监管，负责社交电商平台内容的监管审查，致力于降低技术门槛，不断丰富消费信息情境，增强平台的易用性。社交电商平台替代方提供可替代的平台，社交电商平台与替代方之间互相竞争抢夺用户和市场。然而，在社交电商平台内容同质化的同时，替代方可以激励原平台提升整体质量，改善用户体验，刺激价值共创网络形成并创造价值，促进跨社交电商平台商业模式创新。本书基于供应方、流量携带方、平台、用户、替代方和运营方这6个要素之间的关系及其流动方向，从横向构建"供应方→流量携带方→社交电商平台→用户"的价值链的同时，在纵向形成了"供应方→流量携带方→平台运营方→社交电商平台→用户""供应方→流量携带方→替代平台运营方→替代社交电商平台→用户"两条竞争供应链，两条竞争供应链协同作用形成了跨社交电商平台价值共创网络。供应方根据自身产品和服务的定位选择用户画像和与其受众匹配的流量携带方，借助跨社交电商平台内容实现产品与服务的推广。

## 2.5 跨社交电商平台消费信息场景化理论

### 2.5.1 跨社交电商平台消费信息场景化过程

用户跨社交电商平台消费信息场景化的本质是利用场景解构不同的社交电商平台，通过将场景要素融入已解构的社交电商平台之中，借助场景化情境配置重构社交电商平台，实现场景价值的立体化共创。跨社交电商平台消费信息场景化中的“化”，体现为不同社交电商平台消费信息场景化情境配置的重构，是将不同电商平台视为一个平台网络，场景要素以网络的视角嵌入不同社交电商平台，体现为跨社交电商平台场景化的最终目标。用户跨社交电商平台场景化的本质体现在以下几个方面。首先，平台网络基于用户消费信息获取欲望及其演变，利用场景引导用户在不同社交电商平台切换，并与用户形成深层次的心理共振。用户跨社交电商平台应用以“短小轻快”“生产流程简单”“制作门槛低”“参与性强”“理解成本低”等特点，迎合场景时代下用户跨社交电商平台的消费信息获取欲望，加速了消费信息行为向“碎片化”“个性化”“时空化”演变。其次，用户跨社交电商平台消费最初依靠“娱乐性”和“社交性”的特点奠定了用户“逛”的心智，通过流量变现形成了商家“卖”的效用。用户跨社交电商平台场景化是将产品服务与用户日常生活场景连接和混搭，借助广告无缝植入、页面店铺链接、社交电商、IP 电商、直播带货和知识付费等方式创造价值。最后，用户跨社交电商平台的消费更趋感性化，表现为产品功能不再是用户跨社交电商平台消费“唯一”的和“理性”的决策要素，用户更容易被商家或达人“十八般武艺”和“七十二般变化”的个人魅力所感染。相比单一社交电商平台而言，用户跨社交电商平台消费可利用的“时空卖点更加直观”“展示场景更为丰富”“体验效用维度更为多元”。用户跨社交电商平台消费的“平台信息供给现实”与“消费信息获取欲望”的动态平衡是基于场景实现的，具体而言是基于场景化情境配置实现的。用户跨社交电商平台场景化的本质是通过场景解构不同社交电商平台，将场景要素融入已解构的不同社交电商平台之中，基于用户时空化消费信息获取欲望，通过“消费信息场景—消费信息需求期望—消费信息情境”“消费信息场景—消费信息搜索习惯—消费信息情境”“消费信息场景—消费信息接受偏好—消费信息情境”的三维一景适配实现价值创造。

### 2.5.2 跨社交电商平台消费信息场景化效用

场景时代，用户跨社交电商平台消费信息获取欲望体现为“产品功能—服务效用—场景体验”3类价值形态的演变。用户跨社交电商平台场景化正基于价值形态的演变，借助于社交电商平台“有故事”和“有温度”的感官体验、社交体验和情感体验，引导和调节用户消费信息获取欲望的变化，将场景化要素融入平台之中，借助跨社交电商平台重构“人货场”赋能价值创造。用户跨社交电商平台场景化体现为“货—人—场”向“人—货—场”再向“场—人—货”的转变，是实现附加价值创造的重要路径。用户跨社交电商平台场景化就是要借助场景将场景化要素和不同社交电商平台要素融合，使其具有感知用户特定时空的消费信息需求期望、消费信息搜索习惯和消费信息接受偏好，并基于用户特定时空的消费信息获取欲望，通过“人货场”的重构体现跨社交电商平台场景化效用。用户跨社交电商平台场景化的重点在于“化”，这个“化”是指用户在不同社交电商平台具有场景功能的特征，“化”也表示程度。用户跨社交电商平台场景化强调社交电商平台和消费者之间在特定时空的交易关系和连接方式。场景化时代，特别是在数字化、互联化、智能化和生态化环境的影响下，用户跨社交电商平台场景化形成了新的竞争格局和经营业态，由电商平台场景化向场景化电商平台转变。用户跨社交电商平台场景化对不同社交电商平台价值主张、价值创造主体、价值创造过程的内涵和外延进行重新定义，不仅体现为不同社交电商平台功能的价值和感官效用，更重要的是不同社交电商平台场景化功能实现和价值共创，形成社交电商平台切换的愉悦体验。

## 2.6 跨社交电商平台消费信息行为意愿

用户跨社交电商平台消费正是基于价值共创理论、价值共创供应链理论、价值共创网络理论、社会认知理论、用户满意度理论、自我调节理论、期望确认理论和畅体验理论形成。基于畅体验理论，用户跨社交电商平台的消费行为从以下 8 个方面展开。(1) 消费反馈。用户跨社交电商平台消费必须有清晰的消费信息获取欲望和实时感知反馈。用户跨社交电商平台应明晰自身消费信息获取欲望，而且在每个环节都会实时反馈，使用户形成消费畅体验。(2) 消费磨合。用户跨社交电商平台消费素养与消费信息获取欲望间的不断磨合，使二者由不适配向适配发展，或者由旧适配向新适配演进，从而实现用户消费畅体验。(3) 消费调控。当用户自身消费信息素养与其消费信息获取欲望间存在差距时，跨社交电商平台一方面会对用户消费信息获取欲望进行引导，另一方面用户也会通过多种渠道以提升用户消费信息素养。(4) 消费意识。当用户跨社交电商平台消费形成畅体验，其消费与意识将会协调适配，有一种高度愉悦的体验。(5) 消费沉浸。当用户跨社交电商平台畅体验形成，用户会自动将周围的干扰的信息过滤掉，将注意力全部集中在场景化消费过程中。(6) 丧失自我意识。当用户跨社交电商平台沉浸于场景化消费的畅体验中时会暂时性忘记自我，基于平台生态网络与场景融为一体。(7) 时间扭曲感。用户跨社交电商平台消费具有畅体验时，他们心理上感受的时间流逝与实际情况是不相符的，存在对时间扭曲的现象。(8) 有目的性体验。用户跨社交电商平台会从消费的体验过程中产生愉悦的感知和体验。在这方面，企业可以探索在不同社交电商平台切换，实现无缝购物体验。利用跨社交电商平台消费行为数据分析工具，精准定位目标消费群体，提高营销效率。在现实中，还可以通过以微信作为中介桥梁使用户穿梭于不同社交电商平台，以场景链为渠道刺激用户跨社交电商平台消费。由此，用户跨社交电商平台消费信息行为意愿如图 2-7 所示。

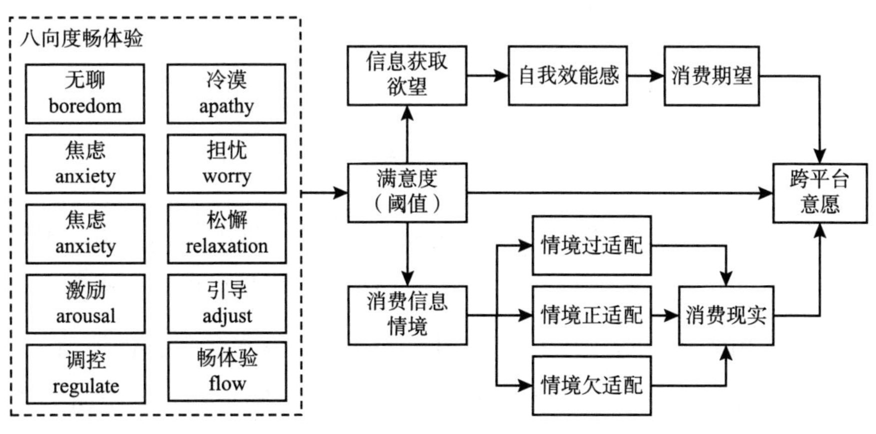


**图 2-7　用户跨社交电商平台消费信息行为意愿**

用户跨社交电商平台消费行为意愿的产生就是通过用户消费信息获取欲望和平台信息供给现实比较后，不同社交电商平台基于满意度阈值进行场景化消费信息情境配置，而配置的形式又分为以下几个方面。(1) 情境过适配。用户跨社交电商平台消费信息情境超越了用户消费信息获取欲望所需要的平台消费信息情境，此类适配很少能引起用户跨平台的应用。(2) 情境正适配。用户跨社交电商平台消费的消费信息情境与用户消费信息获取欲望所需要的消费信息情境是相匹配的，这类适配一般可以跨平台，也可以不跨平台。(3) 情境欠适配。用户跨社交电商平台消费信息情境配置尚未达到用户消费信息获取欲望所需的配置，这类适配一般会刺激用户跨平台消费。用户跨社交电商平台消费信息行为效用如图 2 – 8 所示。

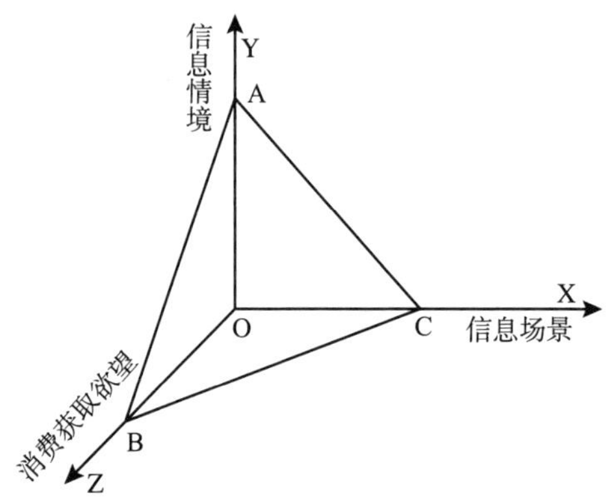


**图 2 – 8　用户跨社交电商平台消费信息行为效用**

如图 2 – 8 所示，用户跨社交电商平台信息场景用 X 轴表示，用户跨社交电商平台信息情境用 Y 轴表示，用户跨社交电商平台消费信息获取欲望用 Z 轴表示。其中 A 为用户跨社交电商平台信息情境值，B 为用户跨社交电商平台消费信息获取欲望值，C 为用户跨社交电商平台消费信息场景值，则三角形 ABC 的形状和面积大小形成了跨社交电商平台消费信息行为效用类型和数值。由于 A、B、C 的取值不同，所形成的面积大小和形状也不同，代表了用户跨社交电商平台实际体验值。用户跨社交电商平台消费体验可以发挥这 3 类要素的融合功效，在“消费信息场景—消费信息获取欲望—消费信息情境”的标准化适配和个性化适配间实现柔性、动态的切换，使用户跨社交电商平台消费畅体验，强化用户跨社交电商平台消费的持续意愿。

## 2.7 本章小结

用户跨社交电商平台消费作为平台化商业模式的生态引擎，实现了“产品功能—服务效用—场景体验”3 类价值的立体化创造。在数字化转型升级过程中，越来越多的品牌商通过“跨社交电商平台 + 场景 + 行业”将整个电商业在线化、数字化、智能化，不仅是人、货、场数字化，而且在供应链、场景链和价值链等所有方面发生了重构和再造。在跨社交电商平台的驱动下，品牌的竞争力与创新力得以全方位提升。平台化商业模式生态的持续拓展，使得消费场景不断细分与融合，满足了消费者多元化、个性化的需求。品牌商借助跨社交电商平台，能够精准洞察消费者在不同场景下的需求偏好，从而实现精准营销与个性化场景推荐。

# 第3章

# 用户跨社交电商平台消费机制

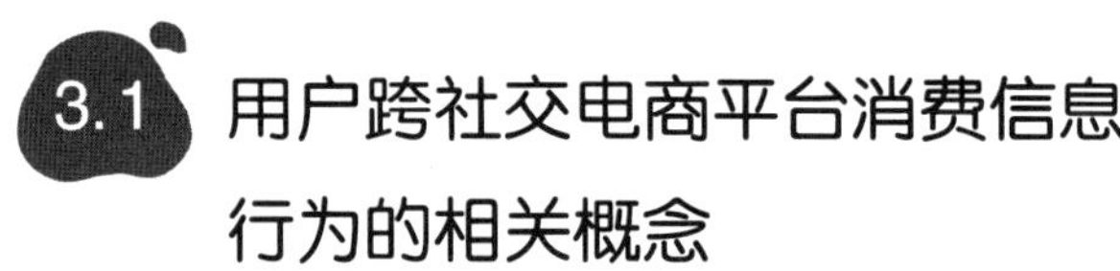

## 3.1 用户跨社交电商平台消费信息行为的相关概念

### 3.1.1 用户跨社交电商平台消费信息行为内涵

用户消费行为主要来自消费期望的驱动，消费期望主要受消费信息期望的影响，而消费信息期望主要源于消费信息获取欲望。消费期望可以细分为消费需求、消费习惯和消费偏好，且通过消费场景和消费情境支撑，经“消费场景—消费期望—消费情境”三维一景适配实现。消费信息期望主要包括消费信息需求、消费信息搜索和消费信息接受，受消费信息场景和消费信息情境支撑，通过“消费信息场景—消费信息期望—消费信息情境”的三维一景适配实现。消费信息获取欲望主要包括消费信息需求期望、消费信息搜索习惯和消费信息接受偏好，由消费信息获取场景和消费信息获取情境支撑，通过“消费信息获取场景—消费信息获取欲望—消费信息获取情境”的三维一景适配实现。由此，形成不同概念之间的相关关系如图 3 – 1 所示。

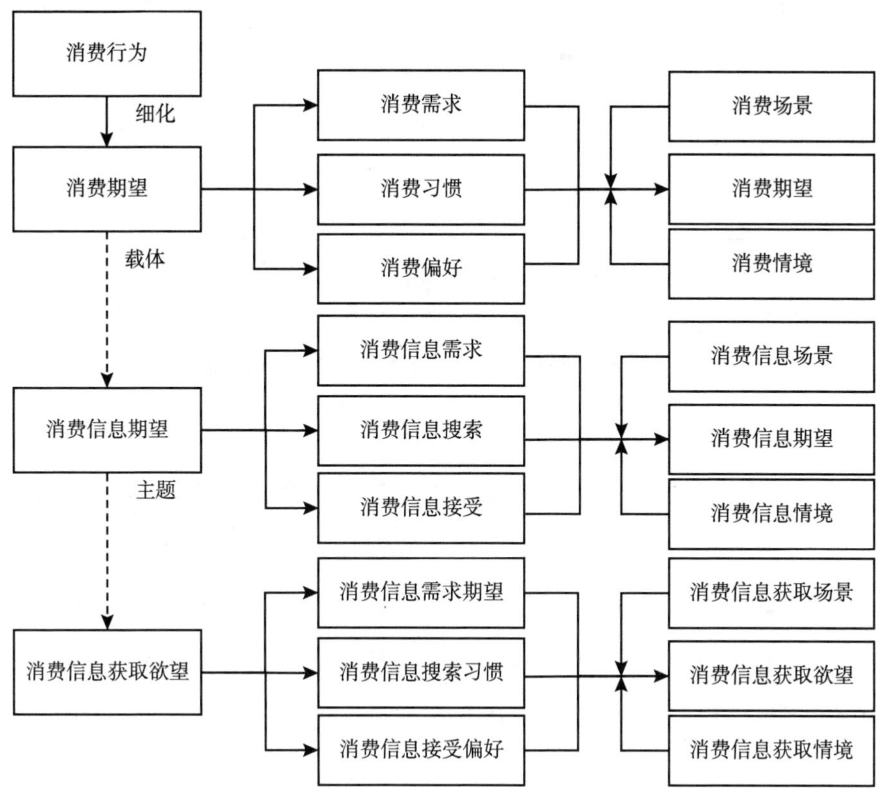


**图 3 – 1　用户消费行为相关概念关系**

传统的单一社交电商平台由于功能单一或者目标市场单一，难以满足用户不同时空的消费期望，导致用户从单一社交平台逐渐向跨社交电商平台迁移，并形成跨社交电商平台消费。用户跨社交电商平台消费主要源于消费欲望的满足，通过“跨社交电商平台消费场景—跨社交电商平台消费欲望—跨社交电商平台消费情境”的适配得以实现。本书基于此背景，深入研究用户跨社交电商平台消费信息行为特征和规律，进而形成用户跨社交电商平台消费元宇宙，并通过创新跨社交电商平台元宇宙商业模式，实现价值共创。用户跨社交电商平台消费信息行为研究框架如图3－2所示。

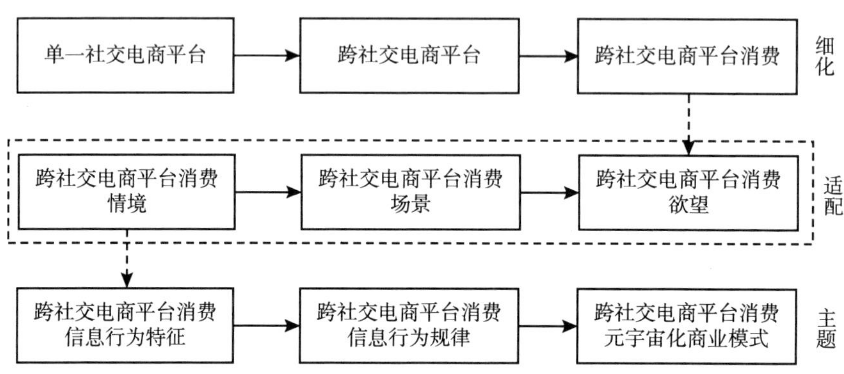


图3－2　用户跨社交电商平台消费信息行为研究框架

用户跨社交电商平台消费信息需求是由“消费信息需求节点—消费信息需求节点集群—消费信息需求优势—消费信息需求链”的逻辑实现。用户跨社交电商平台消费信息搜索是由“消费信息搜索拓展—消费信息搜索收缩—消费信息搜索自由度—消费信息搜索域”的逻辑实现。用户跨社交电商平台消费信息接受是由“消费信息接受期望—消费信息接受现实—消费信息接受调和场—消费信息接受场”的逻辑实现。用户跨社交电商平台消费信息行为度量概念如图3－3所示。

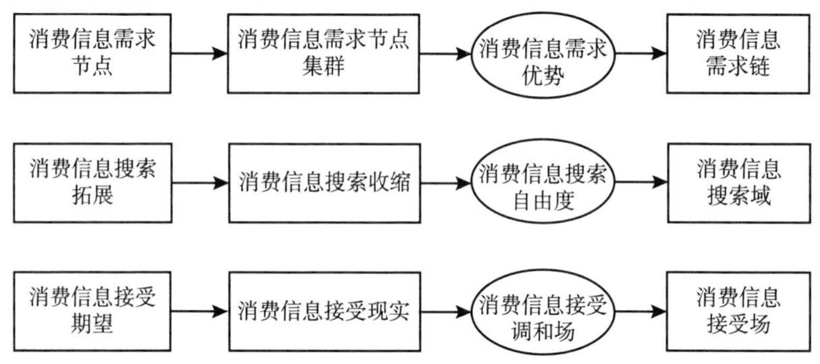


图3－3　用户跨社交电商平台消费信息行为度量概念

用户跨社交电商平台消费是用户基于不同场景在不同社交电商平台进行切换，形成用户跨社交电商平台消费的元宇宙。用户跨社交电商平台消费元宇宙是借助链网式场景关联不同社交电商平台实现的，如图3－4所示。

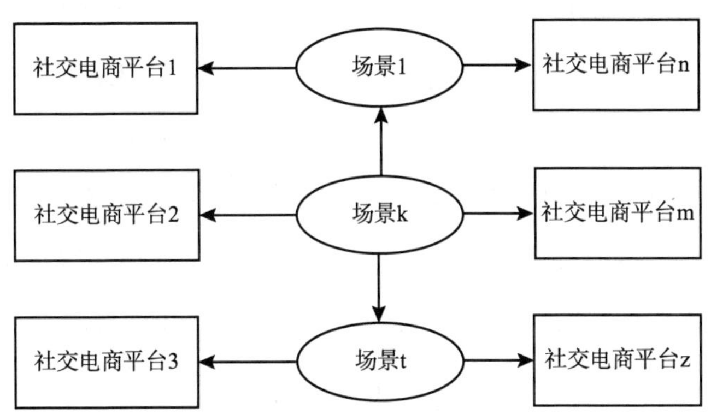


**图3－4　用户跨社交电商平台消费元宇宙的雏形**

### 3.1.2　用户跨社交电商平台消费信息获取欲望

用户之所以要跨社交电商平台消费，是因为单一社交电商平台满足不了其消费信息获取欲望，使其不得不向外求助。用户跨社交电商平台消费的本质是寻求其期望的产品、服务或体验的信息，这种“跨”可以是从原有社交电商平台切换至新的社交电商平台，也可以是从新的社交电商平台切换到原有社交电商平台，切换的动力是社交电商平台对用户的吸引程度。用户跨社交电商平台消费信息获取欲望是指用户在某个特定时间和特定空间对电商平台功能信息需求的满足、服务信息习惯的调节和体验信息偏好的迎合。用户跨社交电商平台消费信息需求在一定程度上符合马斯洛需要层次理论。随着消费信息需求的不断提升，用户从一个消费信息需求节点向另一个消费信息需求节点转变，在此过程中形成了揭示用户消费信息需求演变的趋势，这种趋势可以称为用户消费信息需求优势。用户跨社交电商平台消费信息搜索习惯在某个时间段内具有一定的稳定性，体现为消费信息搜索的惯性。然而，由于用户所处信息环境不断变化，特别是技术环境的改变，使得用户跨社交电商平台消费信息搜索习惯发生变化，这种变化体现了用户在跨与不跨之间的不断调整，一方面体现为用户从原有社交电商平台向新电商平台的切换，另一方面体现为用户从新电商平台向原有电商平台收缩，正是在跨多跨少的不断拓展和收缩过程中，用户在某个特定时间段内形成较为稳定的消费信息搜索习惯域。用户跨社交电商平台消费信息接受偏好在某个场景内是一定的，随着所处场景的变化，用户消费信息接受偏好具有一定的时空性，本书把这种时空性称为场。用户跨社交电商平台消费信息接受偏好的形成源于两个方面，一方面是用户对某个社交电商平台消费信息获取欲望，另一方面是某个社交电商平台消费信息供给现实，当社交电商平台能够满足用户消费信息获取欲望时，用户不会进行不同社交电商平台的切换，反之，用户会在不同社交电商平台切换，形成跨社交电商平台的实际效用。用户跨社交电商平台消费逐渐形成，成为电商行业消费的新现象，引发了业界的关注，也引发了学界的深入研究。

### 3.1.3 用户跨社交电商平台消费信息场景

用户跨社交电商平台消费信息场景是指用户会在什么时间和什么地点基于什么消费信息获取欲望进行社交电商平台的切换，是特定时间和特定空间以及特定时空消费信息情境配置所形成的综合效用。在用户跨社交电商平台消费过程中，有可能是基于时间变化进行的，也有可能是基于空间变化进行的，还有可能是时空共同变化的跨平台消费。然而，无论哪种方式都遵循“此前场景—此时场景—此后场景”

的逻辑进行跨社交电商平台的场景化应用。对于时间变化而言，由于用户在不同时间段消费信息获取欲望不同，而不同社交电商平台的价值主张不同，使其满足用户不同时间段的消费信息获取欲望的能力不同，导致用户不得不在不同社交电商平台切换，形成跨社交电商平台的消费信息行为。对于空间变化而言，由于不同空间内用户消费信息获取欲望不同，而不同社交电商平台价值主张不同，使得其满足用户不同空间消费信息获取欲望能力不同，导致用户不得不在不同社交电商平台切换，形成跨社交电商平台的消费信息行为。由于用户会在不同时空切换，导致其消费信息获取欲望不断变化。然而，某一个社交电商平台只能满足用户的某一种信息获取欲望，为了满足不同时空的消费信息获取欲望，用户不得不在不同社交电商平台之间切换，进而形成跨社交电商平台消费行为。另外，对于不同场景而言，不仅是时间和空间，还包括不同社交电商平台的各类消费信息情境配置能满足用户时空化消费信息获取欲望的程度，这种程度决定了用户是否会在不同社交电商平台之间切换，以及为何切换和如何切换等。

### 3.1.4　用户跨社交电商平台消费信息情境

用户跨社交电商平台消费信息情境是指在一定时空内各种消费信息情况。消费信息情境被定义为与某一信息行为相关的整个情景、背景或环境，它是由一定物质因素和精神因素构成的外部环境，即活动所需要的氛围，对个体消费信息行为变化有直接的刺激作用，包括各种环境相对结合的境况。用户跨社交电商平台消费信息情境主要包括产品情境、服务情境、技术情境、移动情境、社交情境和终端情境。产品情境是指用户跨社交电商平台所售卖的产品类型、产品功能、产品价格等信息，这些因素从产品这一角度决定用户对其需求程度。技术情境是指用户跨平台所采用的各种技术总和，包括系统的稳定性、流畅性、有用性、易用性和可用性等，其决定了用户对系统的接受程度。服务情境是指用户跨社交电商平台所能获得的服务，包括服务的准时性、保证性、有形性、移情性和响应性。移动情境是指可能影响用户跨社交电商平台网络速度、网络灵敏度、网络信号强度等所有要素的总称。此外，移动情境还包括与用户、应用、资源间交互或各自交互相关的个人、设备、地点等信息，例如地理位置、物理环境以及可能影响用户与平台应用进行交互的事物。这些信息是用户跨社交电商平台交互状态下的时空情况与应用情况的结合。社交情境是指用户跨社交电商平台的点赞、转发、评论、分享、关注、收藏等功能，这些功能交互作用的总和构成了社交情境的总和。终端情境是指用户跨社交电商平台所使用设备的电池续航时间、屏幕尺寸、传感器、定位系统、蓝牙功能、分辨率、VR（虚拟现实）、AR（增强现实）等功能。在这 6 种情境中，产品情境、技术情境和服务情境是用户跨社交电商平台的基本情境，而移动情境、社交情境和终端情境是从基本情境延伸出来的辅助情境。未来，随着信息技术的不断发展，以及用户消费信息获取欲望的不断提升，还会细分和衍生出其他众多情境。

## 3.2 用户跨社交电商平台消费的触发机理

用户跨社交电商平台消费的触发离不开 3 个方面的要素，分别是消费信息获取欲望、消费信息情境和消费信息场景，这 3 个要素之间通过“消费信息场景—消费信息获取欲望—消费信息情境” 3 个维度适配实现整体效用。消费信息场景主要是特定时间、特定空间与特定时间和空间内的消费信息情境及其关系的总和，在实际中体现为“此前场景—此时场景—此后场景”的逻辑关系。消费信息情境是用户跨平台消费所需要的各种情境总和，包括产品情境、技术情境、服务情境、移动情境、社交情境和终端情境及其关系的总和。消费信息获取欲望主要包括消费信息需求期望、消费信息搜索习惯和消费信息接受偏好。用户跨社交电商平台消费通过这3个方面的适配形成“产品功能价值—服务效用价值—场景体验价值”3类价值的立体化创造。正是由于不同社交电商平台的价值主张分别是以产品功能、服务效用和场景体验为主，使得用户基于其所处场景在不同社交电商平台切换，形成用户跨社交电商平台消费的触发机理。用户跨社交电商平台消费离不开不同平台的连接，而不同平台之间是通过场景连接的，其连接形式主要是以链网的方式进行。由此，如何打破客户满意度与效率之间的平衡，以低成本提供卓越的客户体验？如何创建连接战略下的客户关系，将偶发性互动转化为高频的个性化互动？如何创建连接战略下的交付模型，通过连接战略矩阵创造企业的竞争优势？用户跨社交电商平台消费触发机理如图3－5所示。

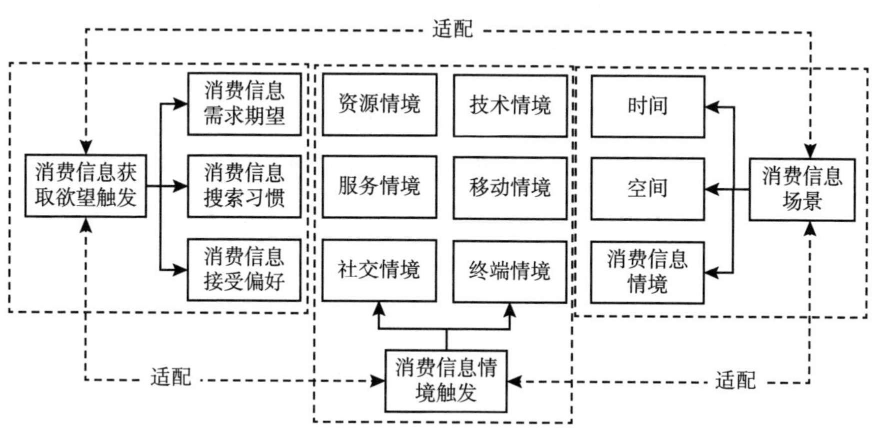


图3－5　用户跨社交电商平台消费触发机理

用户跨社交电商平台消费是在消费信息情境和消费信息场景交互作用下满足用户时空化消费信息获取欲望，并创造“产品功能”“服务效用”“场景体验”的立体化价值。立体化价值的创造离不开“消费信息场景—消费信息获取欲望—消费信息情境”的适配实现。

### 3.2.1 用户跨社交电商平台消费信息获取欲望触发

用户在特定时间和特定空间的消费信息需求期望、消费信息搜索习惯和消费信息接受偏好，如果在某一个社交电商平台得不到满足，就会通过跨平台寻求能够满足其消费信息获取欲望的其他平台。原有的社交电商平台和替代的社交电商平台构成了两条竞争供应链，这两条供应链被用户在不同时空选择和切换。现实中，用户不仅会在两个平台间切换，而且会在多个平台间切换，这使得不同平台围绕用户的时空化消费信息需求期望、消费信息搜索习惯和消费信息接受偏好，形成了用户跨社交电商平台生态。

目前，各个社交电商平台的价值主张不同，如拼多多的价值主张是实惠价格、社交分享、品质保障和用户体验；京东重视客户价值，以客户满意度为基础，以满足客户需求为最高目标。京东持续跟踪和应用各种信息技术，确保服务质量始终超越客户的消费信息获取欲望。同时，京东坚持可持续发展和诚实守信，以赢得客户及合作伙伴的信任，并通过诚实、感恩、包容、激励的价值观，创造积极的工作环境，提高员工效能，发挥团队合作的最大潜力；淘宝网的价值主张是为消费者提供一个简单、快速、安全的购物平台；美团作为一家社交电商平台，以“零售+科技”的战略践行“帮大家吃得更好，生活更好”的公司使命。

用户跨社交电商平台的行为正是在这些不同价值主张的社交电商

平台切换，从不同角度满足其在不同时空的消费信息获取欲望，使其需求得到充分满足。此外，随着外部环境和行业环境的不断变化，用户消费信息获取欲望通过平台间无缝连接得以满足。现实中，用户跨社交电商平台行为以链式场景为基础，借助多条平台竞争供应链满足其消费信息获取欲望，创造了“产品功能—服务效用—场景体验”的立体化价值。

### 3.2.2　用户跨社交电商平台消费信息场景触发

用户跨社交电商平台消费信息场景的触发，来源于用户时空化消费信息获取欲望及其变化，也来源于不同消费信息情境的丰富和功能的不断强大。对于前者而言，随着社会生产力和生产关系的不断改善，人们消费能力越来越强，原有的以产品功能为主导逻辑的消费信息获取欲望向以服务效用为主导逻辑的消费信息获取欲望转变，再进一步向以场景体验为主导逻辑的消费信息获取欲望演变，这也反映了用户消费获取欲望按照马斯洛需求层次不断升级。当原有社交电商平台难以满足用户消费信息获取欲望时，用户不得不切换到其他社交电商平台寻求满足。此外，用户跨社交电商平台消费信息获取欲望侧重点不同，而某一个社交电商平台只能满足用户某一个或某几个维度的消费信息获取欲望，用户为了满足其他维度的消费信息获取欲望不得不在不同社交电商平台进行切换，进而形成跨社交电商平台的场景化应用。

另外，随着社交电商平台消费信息情境的不断丰富，用户消费信息获取欲望也在不断改变，当某一社交电商平台的消费信息情境越来越丰富，其功能越来越强大时，用户消费信息获取欲望会被进一步强化，刺激用户向该平台切换。在这种情形下，原有的平台为了保持竞争力，会不断丰富消费信息情境并强化其功能，以提升整体吸引力，从而将用户重新吸引回来，这样就使得用户在不同社交电商平台切换并消费。最后，用户消费信息获取欲望和消费信息情境同时改变，也会刺激用户在不同社交电商平台间切换。

### 3.2.3 用户跨社交电商平台消费信息情境触发

用户跨社交电商平台消费信息情境触发来源于外部环境变化。外部环境主要是指政治环境、经济环境、社会环境和技术环境等，每一种环境变化对用户跨电商平台消费信息情境的触发作用各不相同。近年来，随着大数据、移动设备、定位系统、传感器、社交媒体、人工智能、虚拟现实、增强现实、混合现实等技术的不断丰富，社交电商平台的消费信息情境也在不断丰富。ChatGPT 等大模型的出现及其在社交电商平台的应用，进一步触发了用户跨社交电商平台的消费信息情境。

随着消费信息情境的不断强大，用户消费信息获取欲望也在不断变革，从最初只“关注产品”逐渐转向“关注服务”，再进一步向“关注体验”转变。与此同时，场景要素的不断丰富及其功能的持续强大，使电商平台由传统的“卖产品”向“卖服务”再向“卖体验”转变。随着用户跨社交电商平台场景要素的逐步丰富和功能的不断强大，不同场景的情境化配置形成了一定的氛围，这种氛围不仅促进了产品销售，还提供了服务效用和场景体验，并最终形成立体化的价值创造效用。

此外，近年来，国家在社交电商平台方面也陆续出台了相关政策，推动经济向高质量发展方向迈进，同时社会逐渐向虚拟社区的形态演变，这些综合效用对用户跨社交电商平台消费信息行为形成了有效的触发。

## 3.3 用户跨社交电商平台消费的强化机理

用户跨社交电商平台消费行为的强化可以借助强化理论来实现。强化理论是美国心理学家和行为科学家斯金纳提出的。斯金纳是新行为主义心理学的创始人之一，他认为人或动物为了达到某种目的，会采取一定的行为作用于环境。当这种行为的结果对其有利时，这种行为就会在以后重复出现；反之，当结果不利时，这种行为就会减弱或消失。人们可以用这种正强化或负强化的方式来影响行为的后果，从而修正其行为，这就是强化理论，也称为行为修正理论。强化这一观点在巴甫洛夫的经典条件反射理论、桑代克的试误理论中都曾提及，但真正对“强化”进行全面系统研究的则是斯金纳。用户跨社交电商平台消费的强化机理如图3－6所示。

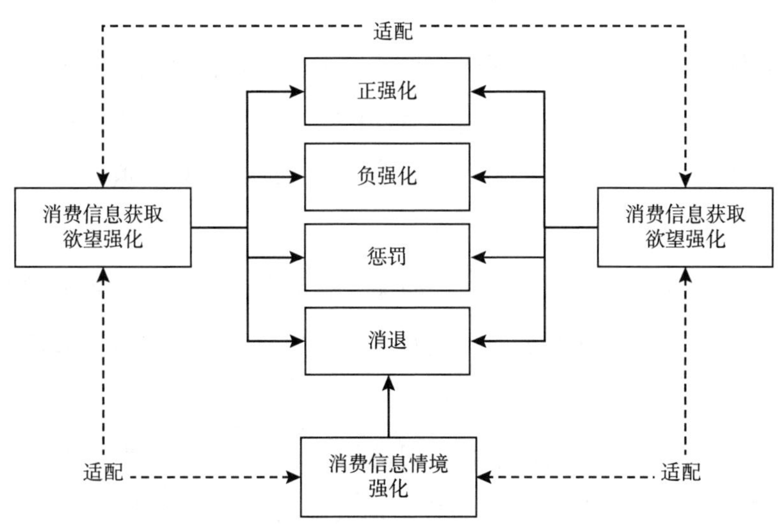


**图3－6 用户跨社交电商平台消费强化机理**

用户跨社交电商平台消费的频发程度离不开对其行为的强化，也离不开以下几个环节。（1）操作性行为的建立。利用斯金纳箱对白鼠的操作性行为进行研究，从中得出操作性行为建立的规律，即“如果一个操作行为发生后，接着给予一个强化刺激，那么其强度就增加”。操作性行为的关键在于操作及其强化依随。（2）操作性行为的维持。维持就是行为的保持。操作性条件作用形成后，为了永久保持所获得的行为，应当逐渐减少强化的频次，或者使强化变得不可预测。（3）操作性行为的消退。一个已经通过条件化而增强的操作性行为发生之后，如果没有强化刺激物出现，它的力量就会减弱，行为消退的关键也在于强化。（4）操作性行为的分化。分化是指通过安排强化动物条件反应的某个特征，如速度、持续时间等，动物可逐渐形成有选择性的反应。分化的关键因素也是强化。

### 3.3.1　用户跨社交电商平台消费信息获取欲望强化

用户跨社交电商平台消费信息获取欲望的强化是通过价值链实现的。这种强化基于价值主导逻辑的演变，即价值从“产品功能”向“服务效用”再向“场景体验”演变。用户消费信息获取欲望的强化可以是正强化，也可以是负强化。

当用户跨社交电商平台时，如果现有消费信息情境配置能够充分满足用户消费信息获取欲望，此时体现为用户消费信息素养和消费信息获取欲望不足。在这种情况下，用户如果具有消费能力，社交电商平台应该刺激用户不断提升其消费信息获取欲望。用户跨社交电商平台消费的形成必须具备三个条件：购买能力、购买欲望和用户主体。在这种情形下，用户与社交电商平台黏性较强，不会轻易地在平台间切换，跨平台现象较少，这种情形称为对用户消费信息获取欲望的正强化。

当现有情境配置远远不能满足用户跨社交电商平台消费信息获取欲望时，此时用户消费信息素养要高于现有社交电商平台对其消费信息获取欲望的支持能力。在这种情形下，需要对用户消费信息获取欲望进行调节和引导，使其欲望降低，从而被现有消费信息情境配置所满足。此时，需要对用户购买力和购买欲望进行抑制，通过负强化的方式减少用户与社交电商平台的交互，使其尽可能不切换或者少切换平台。

对跨社交电商平台消费而言，其本质是用户在不同平台消费的切换行为。在实际研究中，可以将用户可能切换的所有平台视为一个整体。用户消费信息获取欲望的不断变化刺激用户在不同社交平台切换，这些社交电商平台价值主张细分化的程度较高，充分满足了用户的消费信息获取欲望。但是，过于细化的消费信息获取欲望并不现实，必须与用户所处的外部环境，特别是和当初所处的技术环境相适应。

### 3.3.2　用户跨社交电商平台消费信息场景强化

用户跨社交电商平台消费信息获取欲望的强化是通过场景链实现的。用户跨社交电商平台消费信息场景的形成，促进了“产品功能—服务效用—场景体验”立体化价值的创造，用户在不同场景中消费信息获取欲望的满足，需要借助跨社交电商平台实现。然而，目前用户跨社交电商平台消费信息场景大多是分散的，表现为一个个离散的场景节点。因此，需要对用户消费信息场景从时间维度、空间维度或时空维度进行引导，按照“场景节点—场景节点集群—场景链—场景树—场景网”的方式对用户跨社交电商平台消费信息场景不断强化。这种强化既可以是线上的强化，也可以是线下的强化，还可以是线上和线下并行的强化。

用户跨社交电商平台消费信息场景的强化包括正强化和负强化，正强化是指从分散的场景节点向场景链网，再向元宇宙方向发展。负强化则是指从跨社交电商平台的元宇宙向单一平台的单一场景倒退，这种发展并不现实，因为一旦场景发展到某个阶段一般不会向后倒退，除非遇到自然灾害或其他不可预见的突发事件。在单个社交电商平台向社交电商平台网络发展过程中，主要依据场景链网的引导和调节，具体可以通过场景编辑、场景修改、场景删除和场景嫁接等的方式进行。

### 3.3.3 用户跨社交电商平台消费信息情境强化

用户跨社交电商平台消费信息获取欲望的强化是通过供应链实现的。用户跨社交电商平台消费信息情境包括产品情境、技术情境、服务情境、移动情境、社交情境和终端情境等。这些不同的消费信息情境支撑着用户以产品为主、以服务为主和以体验为主的跨社交电商平台消费的形成。

在现实生活中，用户会根据自己不同时间的消费信息获取欲望及其变化，在不同社交电商平台切换，以满足其动态变化的消费信息获取欲望。对于用户跨社交电商平台而言，每一个平台都是其他平台的替代平台或互补平台，不同平台与其替代平台以及互补平台之间构成了竞争供应链或互补供应链，未来这些平台之间的竞争和合作形成生态化的平台体系，这些不同的社交电商平台基于场景节点进行关联，形成平台集群，这些平台集群最后会形成供应链生态。

用户跨社交电商平台消费情境的强化，需要根据用户特定时空的消费信息获取欲望及其变化，通过供应链的互补形成正强化，通过供应链的竞争形成负强化。无论人们是否愿意接受，用户跨社交电商平台正基于场景链逐渐形成一种商业生态。一开始这种商业生态会满足用户消费信息获取欲望，但一旦用户消费信息获取欲望发生变化，必然会刺激并打破不同社交电商平台的生态平衡。这种打破是为了重新形成满足用户特定时空消费信息获取欲望及其变化的生态体系。

## 3.4 用户跨社交电商平台消费的机理模型

用户跨社交电商平台消费的实现离不开供应链嫁接、价值链调节和场景链搭建3个方面的协同作用，通过“供应链嫁接—价值链调节—场景链搭建”的协调完成。供应链嫁接包括网络拓扑结构的复杂性、链式关联的逻辑性和链式耦合的结构性。价值链调节主要是通过价值链的引导、价值链的指挥和价值链的耦合。场景链的搭建主要通过“此前场景—此时场景—此后场景”的逻辑进行。用户跨社交电商平台消费机理模型如图3－7所示。

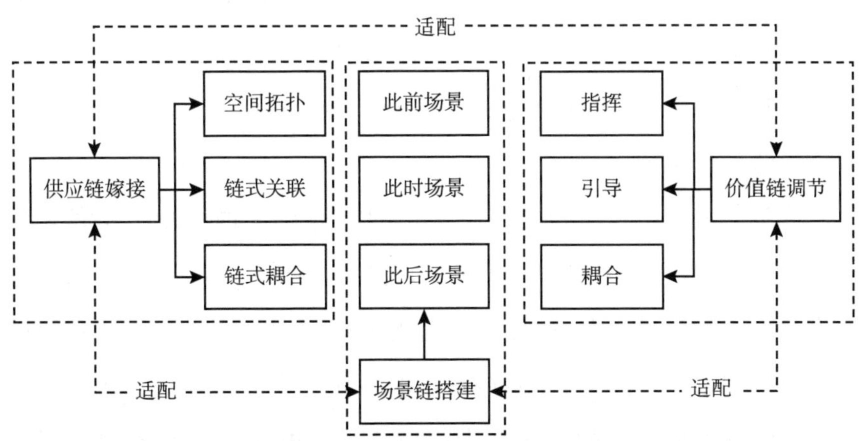


图3－7 用户跨社交电商平台消费机理模型

供应链嫁接是指以主供应链为基础，在其上生长出支供应链，进一步形成供应链网络。价值链调节是基于用户消费信息获取欲望，通过价值链的指挥和引导以及耦合来实现。场景链耦合是通过前一场景、后一场景以及本场景的关联形成特定的逻辑。

### 3.4.1 用户跨社交电商平台供应链嫁接

不同社交电商平台之间的供应链具有竞争与合作关系。在现实生活中，用户跨社交电商平台消费的原因之一在于不同平台供应链能满足其消费信息获取欲望的能力不同。因此，用户跨社交电商平台消费信息获取欲望的满足是基于日常生活中“此前场景—此时场景—此后场景”的场景切换逻辑，通过供应链嫁接实现的。这种供应链嫁接反过来又作用于用户跨社交电商平台切换行为，形成跨社交电商平台效用。在现实生活中，供应链嫁接是基于用户所处场景形成的。一旦用户不再进入某个场景，或者某个场景被删除、修改或编辑，供应链间的嫁接也会跟着改变，从而形成整体的供应链生态效用。此外，当某一个场景被搭建后，不同社交电商平台需要基于该场景进行供应链的嫁接，以满足用户从原有社交电商平台跨越至该社交电商平台，或者使用户从该社交电商平台向替代或互补的社交电商平台跨越。

总而言之，用户跨社交电商平台的行为在某种程度上是基于用户所处场景的供应链嫁接，而这种嫁接是动态的。随着用户消费信息获取欲望的变化，原来用户频繁光顾的场景可能会变得不频繁，甚至可能被取消。这使得不同社交电商平台借助供应链嫁接发生变化，形成供应链嫁接的生态，为用户跨社交电商平台消费提供了最优路径。

### 3.4.2　用户跨社交电商平台场景链搭建

单一和分散的场景难以满足用户跨社交电商平台的消费信息获取欲望，为提升用户消费的愉悦度，不同社交电商平台基于用户的日常生活场景，借助“此前场景—此时场景—此后场景”的逻辑切换，形成较为有序的跨社交电商平台的消费信息行为。为此，不同社交电商平台按照用户日常生活逻辑，预测其在不同时空的消费信息获取欲望及其变化，并通过“场景节点—场景节点集群—场景链—场景树—场景网”的演变逻辑进行场景链网的动态搭建，可以随时搭建场景，也可以根据用户消费信息获取欲望的变化随时删除场景，还可以对场景进行修改、编辑等操作。

用户基于场景在不同社交电商平台切换和交互，从而提升用户和社交电商平台的黏性。在实际应用中，有些场景节点由于退出历史舞台而不得不从场景链中删除，而有些场景是用户消费信息获取欲望的新型场景和新建场景，也需要在场景链中插入新节点。正是这些新场景节点的插入和删除，使得场景链的生态得以形成和完善，从而使整条场景链条更为生态和有效。未来，随着场景要素的不断丰富，用户不再仅满足于场景链和场景网的跨社交电商平台消费模式，而且使得用户跨社交电商平台商业模式向生态化发展，进而基于场景链形成跨社交电商平台的元宇宙。

### 3.4.3　用户跨社交电商平台价值链调节

用户跨社交电商平台消费的动力来自价值链对用户消费信息获取欲望的引导和调节。价值链是指企业内部价值创造的各个环节，波特强调了企业价值链包括基本活动价值链（内部后勤、生产作业、外部后勤、市场和销售、服务）和辅助活动价值链（采购、技术开发、人力资源管理、企业基础设施）。在某种程度上讲，价值链会按照用户的时空化消费信息获取欲望及其变化，通过产品功能价值链、服务效用价值链和场景体验价值链不断进行调节，以满足用户日益变化的消费信息获取欲望。

产品功能价值链是满足用户对产品功能消费信息获取欲望的价值链，其本质是实现产品功能价值的创造。服务效用价值链是满足用户对服务效用消费信息获取欲望的价值链，其本质是实现服务效用价值的创造。场景体验价值链是满足用户对场景体验消费信息获取欲望的价值链，其本质是实现场景体验价值创造。近年来，用户跨社交电商平台的行为是针对不同平台价值主张，创造不同类型的价值。例如，在某个平台追求产品功能价值，在另一个平台追求服务效用价值，在其他平台追求场景体验价值。用户跨社交电商平台消费的本质，是根据用户所处时空的切换创造生态化的价值。

## 3.5 本章小结

用户跨社交电商平台消费离不开用户消费信息获取欲望、消费信息场景和消费信息情境 3 个方面的交互作用。为此，本章重点关注用户跨社交电商平台消费的相关概念、用户跨社交电商平台消费的触发机理、用户跨社交电商平台消费的强化机理和用户跨社交电商平台消费的机理模型的构建。用户跨社交电商平台消费信息行为主要包括消费信息获取欲望、消费信息场景和消费信息情境。对于用户跨社交电商平台消费信息行为的触发包括了消费信息获取欲望的触发、消费信息场景的触发和消费信息情境的触发。对于用户跨社交电商平台消费行为的强化包括了消费信息获取欲望的强化、消费信息场景的强化和消费信息情境的强化，进而从“供应链—价值链—场景链”3 个维度适配角度触发和强化。

# 第4章

# 用户跨社交电商平台消费信息行为特征

## 4.1 用户跨社交电商平台消费信息获取欲望内涵

### 4.1.1 用户跨社交电商平台消费信息需求期望内涵

用户跨社交电商平台消费信息需求期望的本质，是指在特定时空驱动下，用户切换平台的欲望，并为其提供一种有条件的、可行的，又是最优选择的且能使其欲望达到最大满足的平台切换方式。用户跨社交电商平台消费信息需求期望可以从以下几个维度理解。(1) 需求的替代性。从信息需求的替代性维度可以将用户跨社交电商平台消费信息需求期望划分为刚性消费信息需求期望与柔性消费信息需求期望。刚性消费信息需求期望是指用户在特定场景下对某个或某类消费信息需求是不可替代的，只有在特定的社交电商平台才可能切实解决其所面临的实际问题，也只有通过此类社交电商平台才可以真正满足用户消费信息需求期望。所谓柔性消费信息需求期望是指用户跨社交电商平台在特定场景下对某个或某类消费信息需求的期望是可以被替代的，可通过类似的、相关的社交电商平台有效解决其信息需求。（2）需求的全面性。从需求的全面性维度可将用户跨社交电商平台消费信息需求期望划分为粗略性消费信息需求期望与精准性消费信息需求期望。所谓粗略性消费信息需求期望是指用户面对某个需要解决的问题时，只需要通过某个替代社交电商平台模糊查找相关数据就可以满足。所谓精准性消费信息需求期望是指用户在特定场景下面临问题解决时需要获取替代社交电商平台的数据和事实，这些数据和事实来源必须准确可靠。（3）需求的表象性。从需求的表象性维度可将用户跨社交电商平台消费信息需求期望划分为显性消费信息需求期望与隐性消费信息需求期望。显性消费信息需求期望是指用户跨社交电商平台消费信息获取欲望是按照正常逻辑思维展开的，是可见且可触摸的。隐性消费信息需求期望则是指用户跨社交电商平台的消费信息获取欲望是通过非常规思维开展的，是可感知但不可触摸的隐性需求在一定条件下可以转化为显性需求。（4）需求的偶发性。从需求的偶发性维度可将用户跨社交电商平台消费信息需求期望划分为常规性消费信息需求期望与突发性消费信息需求期望。所谓常规性消费信息需求期望是指用户日常习惯性消费信息需求期望，这些消费信息需求期望的场景惯性较大，一般固定在某些领域和某些兴趣偏好中，而突发性消费信息需求期望是指此类消费信息需求与社交电商平台用户日常生活信息需求的相关性较弱。常规性消费信息需求期望是用户跨社交电商平台消费中方向固定的消费信息需求期望，而突发性消费信息需求期望则是方向不固定的偶发性消费信息需求期望，突发性消费信息需求期望可能会刺激、改变或优化常规性消费信息需求期望。

上述从4个维度对用户跨社交电商平台消费信息需求期望的内涵进行了揭示，但无论哪一层次的消费信息需求期望皆具有共同的本质属性，包括消费信息情境的依赖性、动态性、阶段性和突发性等。用户跨社交电商平台消费信息需求期望的内涵如图4－1所示。

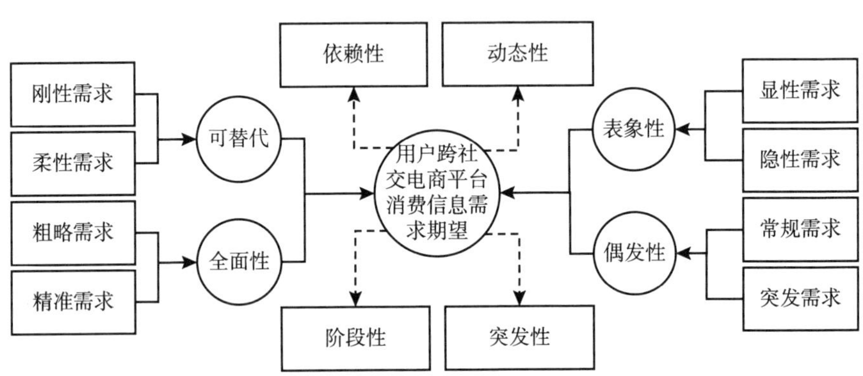


**图4－1 用户跨社交电商平台消费信息需求期望的内涵**

如图4－1所示，用户跨社交电商平台消费信息需求期望的实质是对不同维度、不同层次消费信息需求的整合，整合后的用户消费信息需求期望具有情境依赖性、需求动态性、需求阶段性和需求偶发性等属性。通过场景化消费信息需求的激发，社交电商平台可以借助消费信息场景动态地适配消费信息情境，从而满足用户消费信息需求期望，并促进消费信息情境再造和价值增值。

用户跨社交电商平台消费信息需求期望具有阶段性、动态性和突发性。不同社交电商平台应能动态地感知用户消费信息需求期望及其变化，并基于这些需求期望迭代平台消费情境，以满足用户对产品、服务和体验的消费信息需求期望。同时，社交电商平台应根据现有消费信息场景和消费信息情境配置的情况，对用户跨社交电商平台消费信息需求期望进行引导、激发和调控，从而实现用户跨社交电商平台消费信息需求期望的生态性演进。

### 4.1.2　用户跨社交电商平台消费信息搜索习惯内涵

用户跨社交电商平台消费信息搜索习惯对消费信息情境要素的丰富和功能的强大具有驱动作用，其内涵可以从以下不同维度进行揭示。(1) 理性与感性。理性与感性是从认知视觉维度划分用户跨社交电商平台消费信息搜索习惯。用户初期消费信息搜索习惯大多是感性的，是在摸索中不断体验和感知的。随着用户跨社交电商平台消费信息场景和消费信息情境的不断丰富及其功能的不断强大，用户消费信息搜索习惯的形成能力不断提升，其属性从感性向理性转变。(2) 求全与求准。求全与求准是从消费目的维度划分用户跨社交电商平台消费信息搜索习惯。对于求全消费而言，更多的是用户对某一主题发展脉络的把握，抑或基于娱乐化的广泛涉猎性需求所形成的消费信息搜索习惯。对于求准消费而言，更多的则是用户对某一兴趣的消费信息需求期望所激发，抑或基于兴趣的定向消费。在用户跨社交电商平台消费的实际中，消费信息求准是消费信息求全的归宿，而消费信息求全则是消费信息求准的基础。(3) 简单与组合。简单与组合是从用户跨社交电商平台消费行为策略出发而形成的消费信息搜索习惯。简单消费信息搜索习惯实际是对某一个产品或服务从单一维度粗略了解其功能。组合信息消费搜索习惯则是多维度限定后获取所需目标产品或服务并形成消费信息搜索习惯。在用户跨社交电商平台消费的实际中，需要将简单消费和组合消费互补使用，不断提升消费功效。(4) 常态与突发。常态与突发是从用户跨社交电商平台信息搜索方式出发划分消费信息搜索习惯。对于常态性消费信息搜索习惯，更多是用户在长期跨社交电商平台消费信息搜索中形成的适合自己性格特征和所处场景的消费形式。对于突发性消费信息搜索习惯，则更多的是用户跨社交电商平台消费信息情境丰富后所形成的另外一种消费信息搜索习惯。由于移动情境和社交情境的出现，用户的突发性消费信息搜索习惯逐渐常态化。

上述从用户对常态化消费信息搜索习惯的认知、目的、偏好和变化 4 个维度出发，表明用户跨社交电商平台消费信息搜索习惯具有突发性、探索性、拓展性、收缩性和策略性等属性。用户跨社交电商平台消费信息搜索习惯的内涵如图 4 -2 所示。

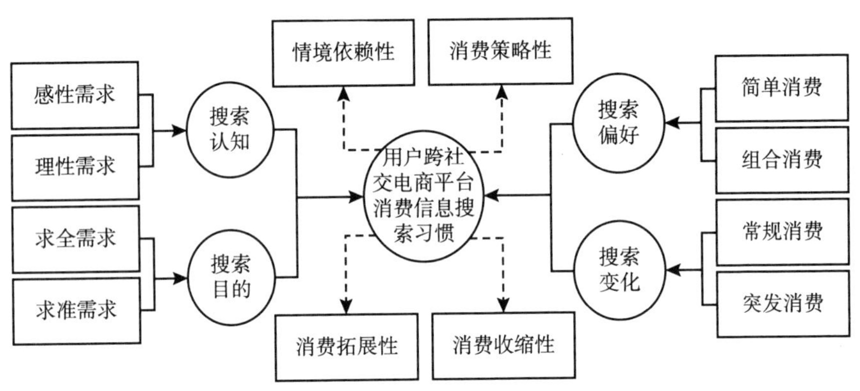


**图 4 -2　用户跨社交电商平台消费信息搜索习惯的内涵**

由图 4 -2 可知，用户跨社交电商平台消费信息搜索习惯是集不同层次、不同维度消费信息情境的整合。用户跨社交电商平台消费信息搜索习惯具有情境依赖性、消费拓展性、消费收缩性和消费策略性。用户跨社交电商平台消费信息搜索习惯的实质是多维度的有机融合，是用户跨社交电商平台消费信息搜索习惯效用的整体性发挥，突出了用户跨社交电商平台消费信息搜索习惯的协调性。通过用户跨社交电商平台消费信息搜索习惯的拓展与收缩，可以对用户跨社交电商平台消费搜索习惯进行引导、调控和激发，从而实现用户在新零售场景中消费信息搜索习惯功效的最大化。

用户跨社交电商平台消费信息搜索习惯既受消费信息情境制约，又对消费信息情境产生刺激作用，二者相互促进和彼此相长，在协调中实现适配。

### 4.1.3　用户跨社交电商平台消费信息接受偏好内涵

用户跨社交电商平台消费信息接受偏好是在特定场景中形成的，既受空间与环境、用户实时状态、消费信息接受偏好惯性和社交氛围等的影响，又对消费信息情境要素施以驱动和刺激，两者间的相互作用促进了彼此相长、动态适配。随着大数据、移动设备、社交媒体、传感器和定位系统在社交电商平台中的成熟应用，用户跨社交电商平台消费信息接受偏好按照不同维度对其内涵进行如下理解。

（1）消费模式维度。从此维度可将用户跨社交电商平台消费信息接受偏好分为主动消费信息接受和被动消费信息接受。所谓主动消费信息接受，是指用户跨社交电商平台在特定场景下出于对问题解决的需求，主动利用消费信息情境，形成用户消费信息接受偏好。被动消费信息接受则是在特定场景下的一种产品或服务偶遇，有助于培育用户消费信息接受偏好。（2）消费意愿维度。从此维度可将用户跨社交电商平台消费信息接受偏好分为间断性消费信息接受偏好和持续性消费信息接受偏好。所谓间断性消费信息接受偏好，是指用户跨社交电商平台消费中对某一产品连续消费意愿较差，表现为消费信息接受的断续性。这种消费方式隐含了用户跨社交电商平台消费兴趣和消费领域的转移。所谓持续性消费信息接受偏好，是指用户跨社交电商平台消费中对某类产品的惯性消费信息接受意愿较强，这种消费方式隐含了用户跨社交电商平台消费信息情境的易用性和有用性程度，表现为用户跨社交电商平台消费信息接受偏好的循序渐进。（3）消费表象维度。从此维度可将用户跨社交电商平台消费信息接受偏好分为显性消费信息接受偏好和隐性消费信息接受偏好。显性消费信息接受偏好是指一种机械性的表象消费信息接受方式。隐性消费信息接受偏好是指用户摆脱机械束缚，借助情感交流获取对其有用的产品。（4）消费信息场景维度。从此维度可将用户跨社交电商平台消费信息接受偏好分为静态消费信息接受偏好和动态消费信息接受偏好。所谓静态消费信息接受偏好，是指用户消费信息接受一般处于固定的场景，也就是用户消费信息接受的空间与环境、实时状态、消费信息搜索习惯和社交氛围较为固定。动态消费信息接受偏好则是指用户消费信息场景是移动的，此前场景和此时场景，以及此时场景和此后场景具有一定的关联和耦合映射关系。动态消费信息接受偏好更适合于休闲娱乐时的消费信息接受。

上述从用户消费信息接受期望、接受意愿、接受表象及消费信息场景多个维度出发，论述了用户跨社交电商平台消费信息接受偏好的内涵。用户跨社交电商平台消费信息接受偏好的内涵，如图 4 – 3 所示。

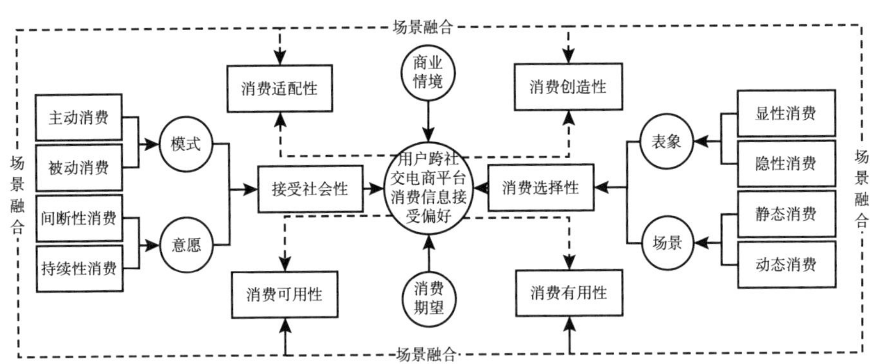


**图 4 – 3　用户跨社交电商平台消费信息接受偏好的内涵**

图 4 – 3 显示了用户跨社交电商平台消费信息接受偏好的内涵。用户跨社交电商平台消费信息接受偏好是借助于场景实现消费信息情境和消费信息接受偏好适配的。在用户跨社交电商平台消费信息接受偏好的融合过程中，表现为消费信息接受的社会性、选择性、可用性、

有用性、适配性和创造性的属性，具体如下。

（1）社会性。用户跨社交电商平台消费信息接受的社会性体现在消费群体之间错综复杂的场景化社会网络性。（2）选择性。用户跨社交电商平台消费信息接受的选择性是指并非个体对所有产品都感兴趣，其大多时间只关注或感兴趣于某一场景或某几类场景信息。（3）可用性。用户跨社交电商平台消费信息接受的可用性是指虽然用户对某些产品需求度较高，但由于其可用性较差，会限制或阻碍用户消费。（4）有用性。用户跨社交电商平台消费信息接受的有用性是指用户消费应该对其解决实际问题有帮助或能指导其问题的解决，否则消费的持续性会下降。（5）适配性。用户跨社交电商平台消费的适配性是从消费的标准化适配和个性化场景适配两个维度而言的。前者指的是用户跨社交电商平台可在任何时间、任何地点进行消费信息的接受，后者则是指用户只在适合的时间、适合的地点进行消费信息接受。（6）创造性。用户跨社交电商平台消费信息接受的创造性是指商业情境对用户消费信息接受的影响，用户可在适当的消费信息情境下选择独创的信息接受方式消费。

这些属性会促进社交电商平台消费信息情境的改造和价值的增值，对用户跨社交电商平台消费信息接受偏好进行引导、调控和激发，实现用户跨社交电商平台消费信息接受效用的最大化。

## 4.2 用户跨社交电商平台消费信息获取欲望要素

### 4.2.1　用户跨社交电商平台消费信息需求期望要素

用户跨社交电商平台消费信息需求期望有助于缓解疲劳、获得快乐、满足情感体验。尤其在充满压力的生活和工作中，人们会向外界寻求解压方式，而跨社交电商平台信息需求期望正是满足人们这一需求的有效体现。用户跨社交电商平台消费信息需求期望不仅能刺激和满足用户物质信息需求，还能刺激和满足用户精神信息需求。

物质信息需求表现为一种以注重商品的实际使用价值为主要特征的心理。具有这种心理信息需求的用户，在购买商品时比较注重商品的实际效用和质量，讲求经济实惠、经久耐用、使用方便等，希望能得到优惠、物超所值。认知理论是研究由经验引起的变化是如何发生的一种学习理论，它强调机体对当前情境的理解，然而不同用户具有不同的理解力。期望确认理论是研究消费者满意度的基本理论，主要概念为消费者以购前期望与购后绩效表现的比较结果，判断是否对产品或服务满意，而满意度成为再度购买的参考。马斯洛的需求层次理论将人类需求像阶梯一样从低到高按层次分为5种，分别是生理需求、安全需求、社交需求、尊重需求和自我实现需求。借助于此理论，结合社交电商平台场景化运行实际可知，用户跨社交电商平台消费信息需求期望的要素如下。

（1）场景化消费信息需求势。所谓场景化消费信息需求势是马斯洛需求层次理论在用户跨社交电商平台消费信息需求期望的体现和延展。用户跨社交电商平台消费信息需求来源于解决目标问题与自身能力差距而激发的信息需求欲望，欲望又来源于动机，动机激发了用户跨社交电商平台消费信息需求期望的产生。在这一路径的驱动下，形成用户跨社交电商平台消费信息需求优势，简称为消费信息需求势。

具体而言，场景化消费信息需求势是指特定场景下的社交电商平台对用户消费信息需求的刺激和激发而形成的一种优势，这种势不仅与用户跨社交电商平台消费信息情境有关，也与用户跨社交电商平台消费信息素养有关。用户场景化消费信息需求势并非静态的。随着用户跨社交电商平台消费信息情境的变化以及用户综合消费信息素养的提升，用户跨社交电商平台消费信息需求优势也会动态变化和生态演进。

（2）场景化消费信息需求能。用户跨社交电商平台消费信息需求能是指用户消费信息需求与社交电商平台集群消费信息情境适配所应具有的综合消费信息素养，包括特定场景下的消费信息查询、消费信息获取、消费信息接受和消费信息利用的能力。用户跨社交电商平台消费信息需求来源于用户在特定场景对某个或某类消费信息需求所具有的能，用户场景化消费信息需求能是对其所需消费信息全面精准获取所具有的实力。用户跨社交电商平台消费信息需求能不仅包括势能，也包括动能。势能来源于用户自身消费信息需求所具有的势，而动能来源于用户消费信息获取过程中其能力的不断提升。

（3）场景化消费信息需求力。场景化消费信息需求力是指用户跨社交电商平台激发自身消费信息需求的能力，其实质是用户基于其自身消费信息需求对场景化情境的作用与反作用效能。场景化消费信息需求除凭借用户跨社交电商消费信息需求势和消费信息需求能外，还需要凭借用户跨社交电商平台消费信息需求力。虽然用户跨社交电商平台消费信息需求力在情境与场景的配置间具有摩擦，但通过用户跨社交电商平台消费信息需求力使情境与场景间相互调适，可以起到两者之间在场景中的润滑作用。用户跨社交电商平台消费信息需求期望组成要素如图 4－4 所示。

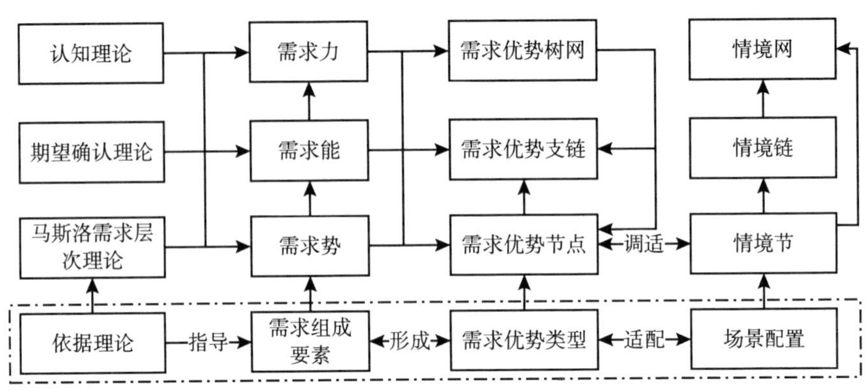


图 4-4　用户跨社交电商平台消费信息需求期望组成要素

如图 4-4 所示，在用户跨社交电商平台消费信息需求势的作用下，用户跨社交电商平台消费信息需求首先形成一个需求，称为需求节点。随着用户跨社交电商平台消费信息需求被激发，接着形成另外一个需求节点，节点和节点之间具有需求递进的关系，这种递进关系称为消费信息需求优势。

在用户跨社交电商平台消费信息需求能的作用下，用户跨社交电商平台消费信息需求不再局限于某一个主题或某一个领域，而是呈现为离散性的消费信息需求节点，但是这些消费信息需求节点之间具有信息需求递进优势，消费信息需求节点间沿着需求优势形成了消费信息需求优势链和支链。

用户跨社交电商平台消费信息需求力呈现为多元化，从而在支链上进一步生长，形成消费信息需求期望优势树和消费信息需求期望优势网。为了满足用户跨社交电商平台消费信息需求优势的变化，用户跨社交电商平台消费信息以场景节点、场景链和场景网的形式，通过场景化情境配置赋能用户跨社交电商平台场景化应用，最大限度地满足用户跨社交电商平台消费信息需求期望，并实现用户场景化消费信息需求期望要素与消费信息情境的生态化适配，同时对用户跨社交电商平台消费信息情境进行动态改造和优化。

### 4.2.2　用户跨社交电商平台消费信息搜索习惯要素

用户跨社交电商平台消费信息搜索习惯的实质就是通过线上消费信息搜索，借助物流获取自己需要的产品，享受其需要的服务，形成用户消费信息搜索习惯和消费信息情境的匹配机制。这种机制能够把消费信息搜索习惯与消费信息情境依据某种关联性标准进行比较与判断，进而为用户跨社交电商平台消费信息搜索习惯提供针对性的消费信息情境。以此为基础，用户跨社交电商平台消费信息搜索习惯的组成要素包括以下几个方面。

（1）消费信息搜索自由度。用户跨社交电商平台消费信息搜索自由度体现了社交电商平台消费信息搜索习惯形成的张弛程度，既能感性搜索消费信息又能理性搜索消费信息、既能全面搜索消费信息又能准确搜索消费信息、既能简单搜索消费信息又能组合搜索消费信息、既能常态搜索消费信息又能突发搜索消费信息。根据不同的消费信息搜索习惯，采取不同消费信息搜索组合，实现消费搜索习惯效用的最大化。用户跨社交电商平台消费搜索自由度内化于用户日常消费，最终形成用户消费搜索习惯域。

（2）消费信息搜索拓展度。用户跨社交电商平台消费搜索拓展度是用户消费搜索习惯养成初期对于消费信息搜索的求全性。在用户跨社交电商平台消费信息搜索习惯的养成过程中，应能确保用户跨社交电商平台消费信息情境的全面性。用户跨社交电商平台消费信息搜索的拓展度体现了用户对同类消费或相似消费的理解把握和应用能力。用户跨社交电商平台消费信息搜索拓展度内化形成用户消费信息素养，并外在表现于消费信息搜索策略的运用，动态调整形成用户跨社交电商平台消费信息搜索的拓展域。

（3）消费信息搜索收缩度。用户跨社交电商平台消费信息搜索收缩度是随着用户消费信息搜索经验的不断丰富，出于自身对消费信息需求期望搜索的不断深入，在资源全面性满足的基础上筛选和接受与主题最为相关的商品信息。用户跨社交电商平台消费信息搜索习惯组成要素如图 4－5 所示。

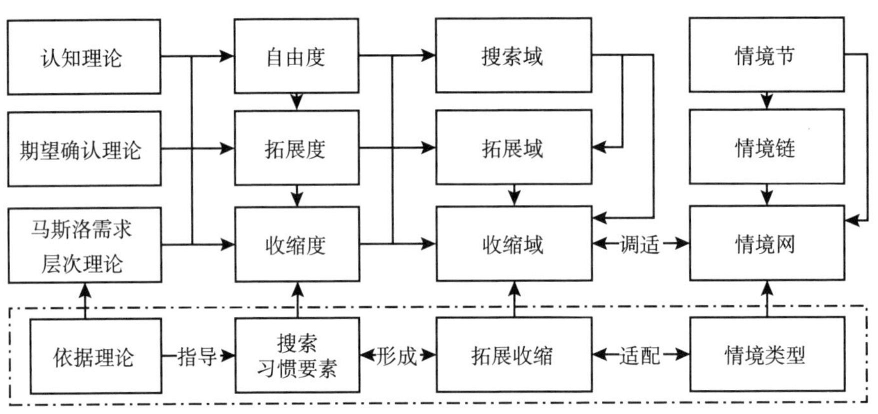


**图 4－5　用户跨社交电商平台消费信息搜索习惯组成要素**

由图 4－5 可知，用户跨社交电商平台消费借助于消费信息搜索自由度、消费信息搜索拓展度和消费信息搜索收缩度等形成消费信息搜索拓展域和收缩域。在用户跨社交电商平台消费信息搜索习惯的形成过程中，通过消费信息搜索策略的不断调整，形成不同层次、不同维度的消费信息搜索域。用户跨社交电商平台消费信息情境亦是如此，通过消费信息情境节、情境链和情境网实现消费信息搜索习惯要素与消费信息情境的生态性适配，从两个视角促进彼此不断改造和优化。用户跨社交电商平台消费信息搜索收缩性从某种程度体现了消费的精准性。用户跨社交电商平台消费信息搜索习惯借助于消费信息搜索收缩度不断调整消费搜索策略后形成消费信息搜索收缩域。用户跨社交电商平台消费信息搜索习惯是通过消费信息情境节、情境链和情境网的支撑所形成的。

### 4.2.3　用户跨社交电商平台消费信息接受偏好要素

用户跨社交电商平台消费信息接受偏好是通过在消费信息获取欲望与消费信息供给现实的矛盾运动中动态调和形成的，使用户快速获取其所需产品和服务信息而形成消费信息接受的满意度阈值。用户跨社交电商平台消费信息接受偏好的实质是实现用户跨社交电商消费信息情境的有序化、关联化和重组化。以此出发，用户跨社交电商平台消费信息接受偏好要素主要包括以下 3 个方面。

（1）信息接受期望度。所谓信息接受期望度是指用户对跨社交电商平台消费信息接受的预期程度，这一程度隐含了其能解决用户面临实际问题的期望效用性。信息接受期望度体现了用户自身消费信息接受的张弛程度，既有主动消费信息接受又有被动消费信息接受、既有间断消费信息接受又有持续消费信息接受、既有显性消费信息接受又有隐性消费信息接受、既有静态消费信息接受又有动态消费信息接受。根据用户所处不同场景的消费信息接受期望配置用户跨社交电商消费信息情境，实现消费信息接受效用的最大化。

（2）信息接受现实度。所谓信息接受现实度是指用户跨社交电商平台消费信息接受的效用程度，这一程度隐含了其能解决用户面临实际问题的效用性。在用户跨社交电商平台消费信息接受过程中，消费信息接受现实度应能确保消费信息接受的全面性、准确性，实现多元化一站式消费信息接受和精准的个性化消费信息接受。

（3）信息接受满意度。随着用户跨社交电商平台消费信息接受经验的不断丰富，在情境全面性满足的基础上筛选出目标产品和服务。消费信息接受期望与消费信息接受现实的矛盾运动的调和可确保最大限度地满足用户跨社交电商平台消费信息接受期望，既考虑了消费信息接受的全面性，又考虑了消费信息接受的准确性。在用户跨社交电商平台消费信息接受中，应充分把握用户跨社交电商消费信息情境的有效适配，形成用户跨社交电商平台消费信息接受的满意度。用户跨社交电商平台消费信息接受通过跨社交电商消费信息情境节、情境链和情境网来支撑，实现消费信息接受期望与消费信息接受现实的矛盾运动调和。用户跨社交电商平台消费信息接受偏好要素如图 4－6 所示。

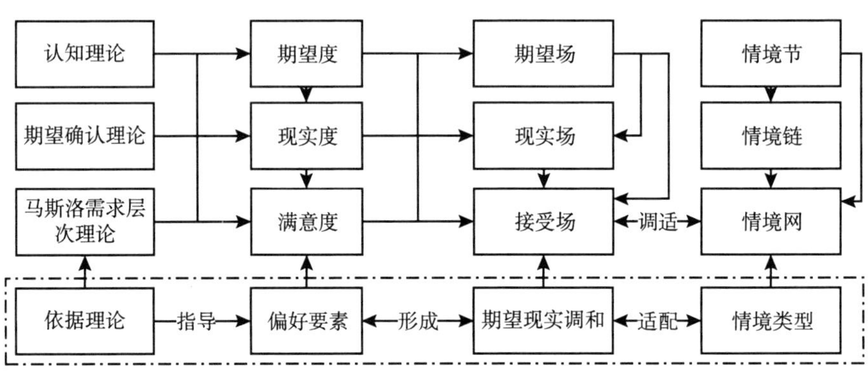


**图 4－6　用户跨社交电商平台消费信息接受偏好要素**

由图 4－6 可知，用户跨社交电商平台消费信息接受偏好是通过消费信息接受期望与消费信息供给现实矛盾运动调和所形成的。用户跨社交电商平台消费信息接受偏好是通过消费策略的不断调整形成的不同层次、不同维度的消费场。消费场实则是用户跨社交电商消费信息情境与用户消费信息场景化反映，在消费信息场景中用户通过不断调整消费信息接受期望场景与消费信息供给现实场景的空间形态，最终形成用户跨社交电商平台消费信息场景。在用户跨社交电商平台场景中，跨消费信息情境通过情境节、情境链和情境网实现消费信息接受偏好要素与消费信息情境的场景化生态适配，从两个视角促进彼此不断改造、重组和优化。

## 4.3 用户跨社交电商平台消费信息获取欲望形成

### 4.3.1　用户跨社交电商平台消费信息需求期望形成

以认知理论、用户满意度理论、自我调节理论为基础，用户跨社交电商平台消费信息需求形成通过以下几个方面实现。

（1）跨社交电商平台用户。跨社交电商平台用户是最为能动的因素，其对场景体验和感知决定了消费绩效。（2）消费信息需求期望通道。消费信息需求期望通道是指用户跨社交电商平台消费信息需求期望得以满足的渠道，其实质是平台消费信息情境相互作用形成消费信息情境通道。（3）场景化商流。场景化商流是基于用户跨社交电商平台消费信息需求的场景化要素与消费信息情境要素作用的商流形式，有效的场景化商流可以实现用户跨社交电商平台消费信息需求与消费信息场景的良好适配。（4）消费信息需求期望效用。消费信息需求期望效用是指用户跨社交电商平台消费信息需求形成的实际功能。（5）消费信息需求期望价值。用户跨社交电商平台消费信息需求通过用户消费信息需求期望与消费信息情境之间的关联，进而促进用户消费信息需求的调适和平台消费信息情境的优化。用户跨社交电商平台消费信息需求期望形成如图 4－7 所示。

如图 4－7 所示，用户跨社交电商平台在不同场景的消费信息需求期望不同。在认知理论、用户满意度理论、自我调节理论的支撑下，用户跨社交电商平台消费信息需求期望的满足是通过消费欲望的产生、实际应用体验的感知，以及掌握场景功能效用的实际反馈来实现的，并由横向消费信息需求期望向纵向消费信息需求期望转变，进而促进用户跨社交电商消费信息情境的替代和优化，经过反复迭代提升用户消费信息需求期望，形成良好体验。

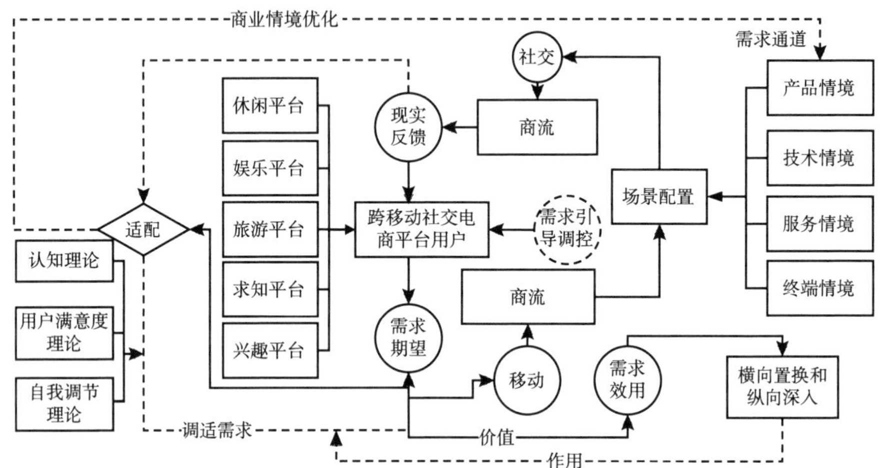


**图 4－7　用户跨社交电商平台消费信息需求期望的形成**

通过动态调整消费信息情境与消费信息场景的配置关系，用户跨社交电商平台消费信息期望得以实现。经由消费信息场景和消费信息情境的“不匹配—匹配—不匹配”的螺旋式迭代，提升用户消费信息需求期望的效用，实现用户跨社交电商平台价值共创。

### 4.3.2　用户跨社交电商平台消费信息搜索习惯形成

用户跨社交电商平台消费信息搜索习惯的形成离不开环境影响、消费信息情境、消费需求激发、消费功能和消费价值。

（1）环境影响。用户跨社交电商平台在不同外部环境和消费信息情境的作用下产生不同消费信息需求期望。（2）消费信息情境。用户跨社交电商平台消费信息搜索习惯得以养成的支撑，包括产品情境、技术情境、服务情境、社交情境、移动情境和终端情境。(3)消费需求激发。用户跨社交电商平台消费信息搜索习惯的实质是借助于平台消费信息情境的综合效用形成的，并对用户消费信息搜索习惯进行调节和引导。(4)消费功能。用户跨社交电商平台消费中，消费功能主要包括激发消费信息情境的改变，对环境产生作用，对用户消费信息搜索习惯进行引导和调节。(5)消费价值。用户跨社交电商平台消费价值是通过消费信息搜索习惯产生效用的实际表现。具体是指用户跨社交电商平台通过信息搜索的“拓展—收缩—拓展—收缩”的动态调适方式形成其消费信息搜索习惯的效用。用户跨社交电商平台消费信息搜索习惯的形成如图4－8所示。

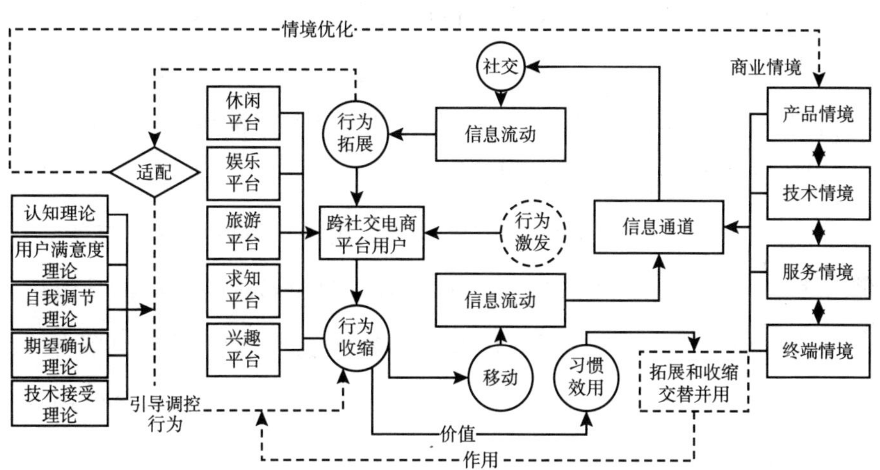


**图4－8 用户跨社交电商平台消费信息搜索习惯形成**

由图4－8可知，用户跨社交电商平台消费信息搜索习惯的形成需要借助于认知理论、用户满意度理论、期望确认理论、自我调节理论和技术接受理论实现消费信息搜索习惯与消费信息情境的动态调整过程，其最终通过消费信息搜索习惯与消费信息情境的“不匹配—匹配—不匹配”的螺旋式迭代实现其消费信息搜索习惯的价值。通过对二者的调适，促进对用户消费信息搜索习惯的调节和引导创造价值。

### 4.3.3 用户跨社交电商平台消费信息接受偏好形成

由于用户不同时空的兴趣不同，使得其不得不通过跨社交电商平台满足不同的消费信息接受偏好。用户跨社交电商平台消费信息接受偏好的形成涉及以下几个环节。(1) 消费信息接受偏好。用户跨社交电商平台消费信息接受偏好是通过对替代或互补社交电商平台消费信息获取欲望或替代社交电商平台信息接受期望与信息供给现实矛盾运动的调和所形成的消费信息接受喜好，其实质是借助于用户跨社交电商平台场景化消费信息接受偏好得以满足的比较。(2) 消费信息情境。用户跨社交电商平台消费信息接受偏好的迎合是通过平台消费信息情境配置实现的，平台消费信息情境主要包括产品情境、技术情境、服务情境、移动情境、社交情境和终端情境。(3) 消费信息接受效用。用户跨社交电商平台消费信息接受效用是指场景化消费信息接受期望与社交电商平台供给现实的矛盾运动调和形成的信息接受效用，如社交电商平台的信息接受效用体现在多个方面，包括购物决策支持、社交互动满足、知识获取、娱乐体验、信任与安全感以及经济效用等。(4) 消费信息接受效用评价。用户跨社交电商平台消费信息接受偏好效用是指在特定消费信息场景消费，满足自己消费情感倾向的程度。这一效用具体通过“消费信息接受期望—消费信息接受现实—消费信息接受调和”的动态调适方式实现。用户跨社交电商平台消费信息接受偏好的形成如图 4 - 9 所示。

由图 4 - 9 可知，用户跨社交电商平台消费信息接受偏好的形成是借助于认知理论、用户满意度理论、期望确认理论、自我调节理论和技术接受理论实现消费信息接受期望与消费信息接受现实矛盾运动调和适配的过程。用户通过点赞、评论、转发、分享和原创体现其消费信息接受偏好，最终通过“消费信息场景—消费信息接受期望—消费信息情境”的“不匹配—匹配—不匹配”的螺旋式迭代，实现其消费信息接受偏好的效用和价值。

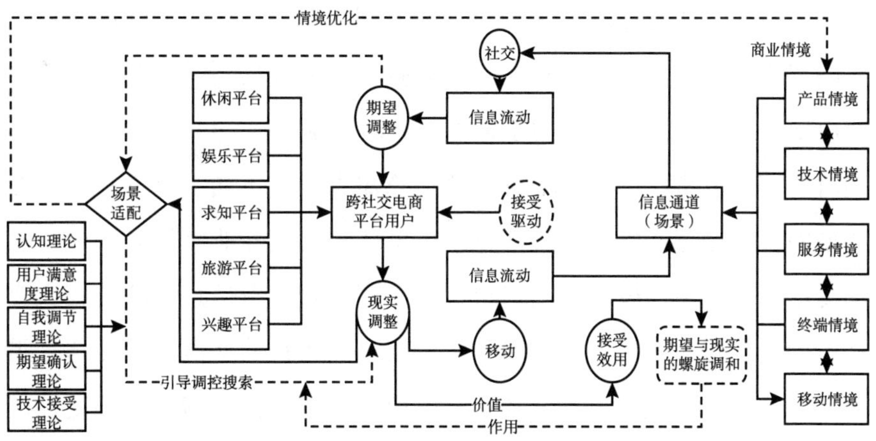


图 4－9　用户跨社交电商平台消费信息接受偏好形成

## 4.4 用户跨社交电商平台消费信息获取欲望特征

### 4.4.1　用户跨社交电商平台消费信息需求期望特征

用户跨社交电商平台消费信息需求期望的本质是利用消费信息情境刺激和激发用户特定时空的消费信息需求期望的形成，同时利用场景要素对用户消费信息需求期望进行引导和调节。结合现有研究及实际应用，用户跨社交电商平台消费信息需求期望具有以下特征。

（1）多样性。用户跨社交电商平台消费信息需求的多样性体现在用户类型的多样性和用户层次的多样性。不同层次、不同类型用户的消费信息需求期望不同，体现为其消费信息需求所需跨社交电商消费信息情境的不同。不同用户在不同消费信息情境下的消费信息需求期望会存在一些细微的差异。（2）动态性。用户跨社交电商平台消费信息需求期望具有不同层次和不同类型，且具有动态性的特征。用户跨社交电商平台消费信息需求期望是在不同专业领域、职业性质关系的纵向变化和延伸，特别是随着用户消费信息素养的不断提升，其跨社交电商平台消费信息需求期望也会不断动态延伸。（3）阶段性。在不同时期，用户跨社交电商平台消费信息需求期望不同，体现在其专业领域的横向变化和职业性质变化，更多体现为其专业领域和职业生涯的变迁。阶段性还体现在用户跨社交电商平台消费信息兴趣的较大变迁或彻底的转向，用户在不同阶段具有不同的跨社交电商消费信息需求期望。（4）多变性。用户跨社交电商平台消费信息需求的多变性体现在其消费信息情境的变化性。在社交电商平台消费信息情境的变化中既有缓慢的生命周期的变化，也有消费信息情境突变。前者会影响用户消费信息需求期望的持续性变化，后者则会引起用户消费信息需求优势的突变，体现了消费信息情境的量变和质变对用户跨社交电商平台消费信息需求期望的影响。（5）演进性。用户跨社交电商平台消费信息需求的演进性是消费信息情境演进的结果。消费信息情境的变化使用户跨社交电商平台消费信息需求也依从此趋势产生相应的变化，在实际变化中体现了用户跨社交电商平台消费信息需求的不断演进。（6）生态性。用户跨社交电商平台消费信息需求的生态性体现在其对消费信息情境的取舍及适应的矛盾运动变化。一方面，用户会对不同社交电商平台取舍，使用户跨社交电商平台消费信息需求所依据的消费信息情境更具有针对性，另一方面，用户会对不同社交电商平台消费信息情境改造和优化，对原本不适合其消费信息需求的社交电商平台予以切换，或进一步强化适配平台的情境优势，从而更高效地满足其跨平台消费需求。用户跨社交电商平台消费信息需求期望特征如图 4 - 10 所示。

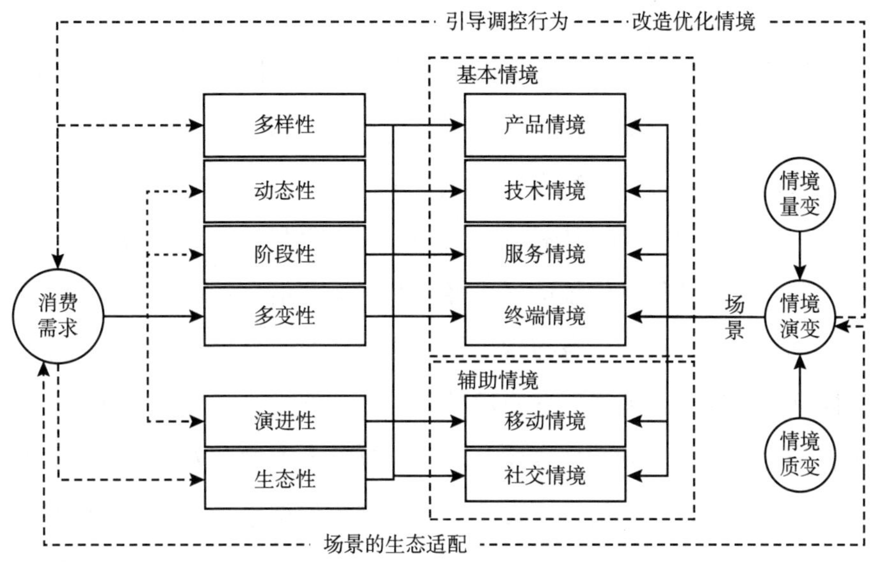


**图 4 - 10　用户跨社交电商平台消费信息需求期望特征**

如图 4 - 10 所示，用户跨社交电商平台消费信息需求期望特征是在用户与社交电商平台的交互作用中不断形成的。随着场景时代的到来，用户跨社交电商平台消费信息需求期望变化激发平台消费信息情境发生变革，且这种变革将或缓或急地进行着生态性的演进。用户跨社交电商平台基本消费信息情境包括产品情境、技术情境、服务情境和终端情境，辅助消费信息情境包括移动情境和社交情境。这两个维度的消费信息情境要素与消费信息场景要素关联、耦合，发挥引导和调控用户消费信息需求期望的作用。这使得原有社交电商平台消费信息情境不断迭代，由量变到质变，以便更好地适配用户特定场景的消费信息需求期望。用户跨社交电商平台消费信息情境的场景化配置不是静止的而是动态变化的，体现为用户跨社交电商平台“消费信息场景—消费信息获取欲望—消费信息情境”相互作用的生态性和演进性。

### 4.4.2 用户跨社交电商平台消费信息搜索习惯特征

用户跨社交电商平台消费信息搜索习惯从不同维度和不同视角分析可以得出不同特征，结合现有研究及实际应用，用户跨社交电商平台消费信息搜索习惯一般应具有以下特征。

（1）习惯性。用户跨社交电商平台消费信息获取欲望的演变，不断提升其与消费信息情境的适应性，并对消费信息情境产生依赖，形成了比较稳定的消费信息搜索习惯。这种消费信息搜索习惯满足了用户跨社交电商平台消费信息搜索习惯。（2）突发性。用户跨社交电商平台的移动情境和社交情境使其消费信息搜索习惯具有突发性。用户跨社交电商平台消费信息搜索习惯的突发性促使平台消费信息情境不断丰富和功能不断强大。（3）探索性。用户跨社交电商平台的行为，使用户消费信息搜索习惯和消费信息情境之间产生磨合，最终实现两者匹配。因此，消费信息搜索习惯是通过用户在跨社交电商平台消费中，不断探索与之相匹配或者相适应的消费信息情境而形成和发展的，同理，用户消费信息搜索习惯也作用于消费信息情境，促进消费信息情境的改进和优化。（4）拓展性。用户跨社交电商平台要适应消费信息搜索方式的不断拓展，满足用户对产品和服务的求全性。用户跨社交电商平台消费信息搜索习惯在不断拓展中，实现对情境的感知和体验，最终适应新的消费信息情境。（5）收缩性。用户跨社交电商平台消费信息搜索习惯对社交电商平台消费信息情境不断适应，使用户消费信息获取欲望能充分利用消费信息情境，实现对产品和服务的求准性信息需求。用户跨社交电商平台消费信息搜索习惯正是在对产品和服务求全的基础上充分利用消费信息情境实现消费的求准，动态调整消费信息搜索习惯实现其功效。（6）策略性。用户跨社交电商平台消费信息搜索习惯的策略性体现在其信息搜索的拓展与收缩。用户跨社交电商平台消费信息搜索习惯特征如图 4－11 所示。

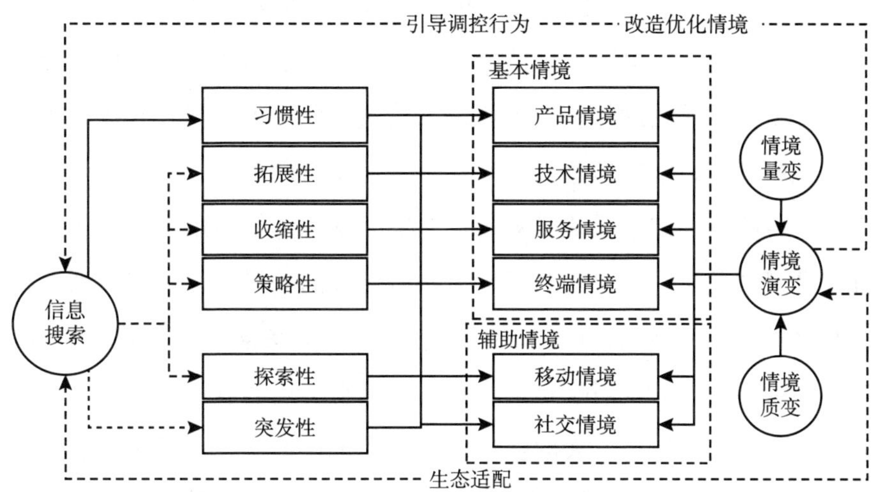


**图 4－11　用户跨社交电商平台消费信息搜索习惯特征**

由图 4－11 可知，用户跨社交电商平台消费信息搜索习惯特征是在用户消费信息行为与消费信息情境的相互作用过程中不断演化形成的。用户跨社交电商平台消费信息搜索习惯是消费信息情境量变和质变的交替，使消费信息情境向生态性变化，从而使消费信息搜索习惯与平台消费信息情境形成生态性适配。

### 4.4.3　用户跨社交电商平台消费信息接受偏好特征

用户跨社交电商平台消费信息接受偏好从不同维度和不同视角分析可以得出其具有不同特征。结合现有研究及实际应用，用户跨社交电商平台消费信息接受偏好应具有以下特征。

（1）可用性。用户跨社交电商平台消费信息接受偏好来源于消费信息情境的可用性，也是其能满足用户消费信息接受偏好的基础性保障。如果社交电商平台赋能跨平台消费信息情境的可用性下降，将会使用户消费信息接受的忠诚度下降，导致用户消费信息接受的持续性意愿变弱，最终使用户消费信息接受效用低下而被用户弃用。(2) 易用性。用户跨社交电商平台消费中，平台消费信息情境的易用性影响用户消费信息接受的体验，也体现了其人性化程度。场景时代，用户跨社交电商平台消费信息接受需要综合运用移动设备、社交媒体、大数据、传感器和定位系统感知用户的实时状态，挖掘用户此前场景与此时场景的关系，以及此时场景与此后场景的关系，并在用户消费信息接受偏好与平台消费信息情境间进行关联耦合，增强其易用性。(3) 有用性。用户跨社交电商平台消费信息情境的有用性是通过融合移动设备、社交媒体、大数据、传感器和定位系统，形成多维度、立体化的智能零售系统，最大限度地满足用户消费信息接受偏好。(4) 经济性。用户跨社交电商平台消费信息接受偏好是在一定场景下形成的。在实际消费信息接受中要综合考量不同社交电商平台切换成本，实现以最经济的场景满足用户最合适的消费信息接受偏好，既不造成平台消费信息情境的浪费，也不会形成平台消费信息情境的不足。(5) 选择性。用户跨社交电商平台的依据是不同消费信息情境场景化配置的程度，进而选择性地切换社交电商平台，接受特定场景的特定产品和服务信息。(6) 策略性。用户跨社交电商平台消费信息接受的策略性体现为用户消费信息获取欲望与平台信息供给现实之间的不断调和。用户跨社交电商平台消费信息接受偏好特征如图 4－12 所示。

由图 4－12 可知，用户跨社交电商平台消费信息接受偏好特征是在特定场景下用户消费信息接受偏好与不同社交电商平台消费信息情境的相互作用过程中不断形成的。随着不同社交电商平台消费信息情境的量变和质变的交替作用，使不同社交电商平台满足用户消费信息接受期望的能力不同。用户跨社交电商平台消费信息接受驱动着不同社交电商消费信息情境的生态性演进，使场景化消费信息接受偏好与平台消费信息情境适配。

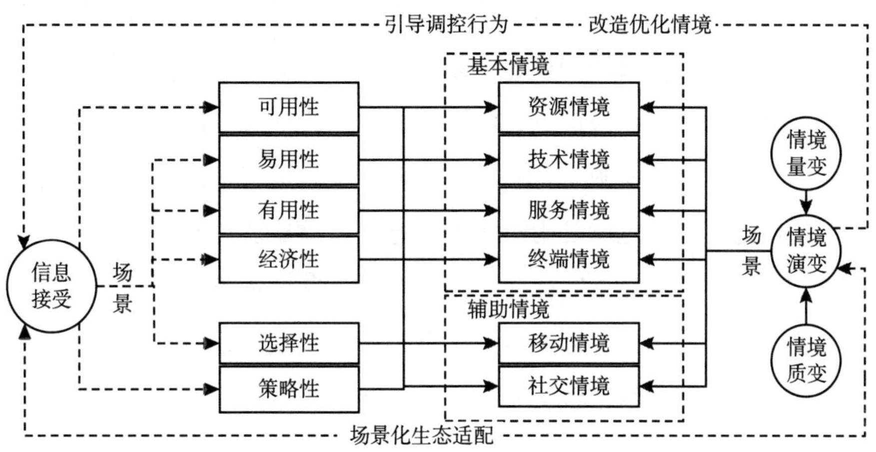


图 4－12　用户跨社交电商平台消费信息接受偏好特征

## 4.5 用户跨社交电商平台价值共创

### 4.5.1　用户跨社交电商平台价值创造原则

用户跨社交电商平台消费信息获取欲望的特征较传统媒体发生了深刻而长远的变化，消费信息获取欲望作为消费信息行为的驱动，也必然会影响用户消费信息行为的变革。在用户消费信息获取欲望的变革中体现了跨平台商业模式创新取向。具体表现为以下 4 个原则。

（1）最小努力原则。用户跨社交电商平台消费信息获取欲望的满足寄希望于通过最小努力原则实现，也就是希望通过不同社交电商平台实时感知其所处的位置，通过移动终端切实感知用户情境，包括用户的运动方式、体位等，运用大数据挖掘其历史场景的消费信息获取欲望并进行聚类，通过对用户消费信息获取欲望进行预测，从而在历史场景化情境配置的基础上优化其配置方式，实现“消费信息场景—消费信息需求期望—消费信息情境”的精细化和个性化适配，使用户在消费过程中具有良好的体验，感到通过最小努力就可以获得其所需要的产品、服务和体验信息，从而强化用户跨社交电商平台消费的意愿。（2）层次递进原则。用户跨社交电商平台消费信息获取欲望的满足是层次递进的，也就是用户消费信息获取欲望能被不同社交电商平台感知，用户通过对不同社交电商平台信息获取情境的比较而决定是否切换平台。当用户跨社交电商平台消费信息获取素养提升后，其跨平台消费信息获取欲望也会发生变化，而用户希望这种变化能通过跨社交电商平台予以满足。（3）生态演进原则。用户跨社交电商平台消费信息获取欲望的满足经历了从机械式交互到生态化协同的演进。在Web1.0时代，用户只能浏览平台信息，无法实现与系统的交互。Web2.0时代，平台消费信息情境不断丰富，用户可以和系统进行交互，但这种交互的方式是机械性的，系统对用户的消费信息获取欲望的感知较差。Web3.0时代，不同社交电商平台基于链式场景形成社交电商平台生态系统。（4）场景化融合增值。用户跨社交电商平台消费信息获取欲望的满足是在不同社交电商平台对用户所处场景定位以及对用户情境感知的前提下，将不同维度的平台消费信息情境按需为其配置，其配置的过程是根据用户消费信息需求期望、消费信息搜索习惯和消费信息接受偏好进行场景的链式关联，使用户情境、消费信息情境以及用户所处场景以用户消费信息需求期望为中心，通过纵向语义聚合延伸和横向数据关联拓展进行双路径的有机融合，从而实现场景、情境和消费信息需求期望融合的价值增值。这也是用户跨社交电商平台为满足其消费信息需求期望变化而实现的价值共创。

### 4.5.2　用户跨社交电商平台价值创造逻辑

用户跨社交电商平台消费信息获取欲望的满足是通过供应链、价值链和场景链 3 链适配实现的。

（1）基于供应链价值创造。用户跨社交电商平台消费以供应链的逻辑将不同类型的场景，不同的消费信息需求期望、消费信息搜索习惯和消费信息接受偏好，以及不同平台的消费信息情境进行解构，解构后形成了以场景为逻辑的价值创造自由基。分别是平台消费信息情境自由基、用户消费信息获取欲望自由基和场景自由基，这些自由基根据企业供应、制造和分销的场景逻辑最终流转到消费者手中，供应、制造和分销的连续过程通过场景映射为特定时空的离散化节点自由基，这些节点自由基通过场景要素关联，形成了供应、制造和分销逻辑的价值创造优势链、优势支链、优势树和优势网。正是这些不同的价值创造优势形式将那些解构后的消费信息场景、消费信息获取欲望和平台消费信息情境进行适配性重构，重构成上述优势中的任何一种。随着消费信息获取优势的发展，最终会通过消费信息获取优势网实现“消费信息场景—消费信息获取欲望—消费信息情境”的多维度适配。

（2）基于场景链的价值创造。用户跨社交电商平台消费基于场景链的价值创造是通过在“此前场景—此时场景—此后场景”的切换过程中形成链式场景的消费信息情境的动态配置予以体现。首先由场景要素之一的大数据挖掘用户历史场景的社交电商平台消费信息需求期望、消费信息搜索习惯和消费信息接受偏好，并根据历史场景选择要切换的社交电商平台，借助特定价值主张、价值创造主体和价值创造过程创造价值。在此基础上，结合用户此时场景的消费信息需求期望、消费信息搜索习惯和消费信息接受偏好，利用传感器及时感知用户所处场景并选择接入的社交电商平台进行信息接受，以满足其在特定时空的某种身体状态下的消费信息获取欲望。以用户此前场景的消费信息行为数据为基础，结合用户此时场景的消费信息行为数据，预测用户此后场景的消费信息需求期望、消费信息搜索习惯和消费信息接受偏好，并为其针对性地配置跨平台消费信息情境，使消费者基于自身所处场景在不同社交电商平台切换，感受到平台消费信息情境的动态配置下的无缝切换消费体验，具体体现为用户跨社交电商平台商业模式场景化创新。不同社交电商平台可以对用户消费信息获取欲望智能感知和智慧服务，针对用户消费信息获取欲望的变化，动态地配置平台消费信息情境，引导、调节和控制用户在不同社交电商平台切换，使得不同平台消费信息情境更懂用户，用户可以享受跨社交电商平台的私人订制服务。

（3）基于价值链的价值创造。用户跨社交电商平台消费按照价值动因分为3类，分别是基于基本价值链跨社交电商平台创造价值、基于辅助价值链跨社交电商平台创造价值、基于全价值链跨社交电商平台创造价值。用户跨社交电商平台基于价值链的创新主要为功能性价值创造和体验性价值创造，前者是产品本身所具有的功能，后者是指某产品在其使用过程中能给消费者带来的体验程度，体现为消费者体验价值。用户跨社交电商平台消费表明一个产品即使其功能较多，但是如果使用较为复杂和不便，消费者的支付意愿也不会很高。用户跨社交电商平台消费从供给侧的角度关注产品的功能价值，从需求侧的角度关注场景体验价值。为了更好地捕捉跨社交电商平台应用的场景价值，遵循价值感知，并由价值感知驱动消费者支付意愿，进而形成实质性的购买，甚至有可能推荐。这就需要对跨平台消费价值创造，使其更多关注用户场景化消费体验价值。目前，由于场景要素在用户跨社交电商平台应用的嵌入，使得其效用并不能充分发挥，致使现有研究还停留在宏观层面。由此，将用户跨社交电商平台场景化价值创造意愿细分为关注意愿、交互意愿、消费意愿和推荐意愿进行研究。其中，关注意愿是指某个场景下跨平台消费用户与总社交电商平台消费用户的比值。

### 4.5.3　用户跨社交电商平台价值创造取向

用户跨社交电商平台消费价值创造取向由社交电商平台消费信息情境及消费信息场景的变化决定，这些变化引发用户消费信息获取欲望也发生了一系列变化。用户跨社交电商平台消费价值创造取向体现为以下几个方面。

（1）多元化融合。用户跨社交电商平台消费信息获取欲望多元化不仅体现在产品信息多元化，还包括服务信息和体验信息多元化。用户跨社交电商平台消费的多元化涵盖了信息需求、信息粒度、信息语种以及信息主题的多元化。用户跨社交电商平台消费既要丰富消费信息情境，又要分层次和分粒度组织消费信息情境，使不同类型的消费信息情境基于用户消费信息获取欲望进行聚合，从而增加用户跨社交电商平台消费体验的愉悦度，提升跨社交电商平台服务的核心竞争力。用户跨社交电商平台消费不仅需要传统服务技术，更需要将不同维度新型技术基于用户跨社交电商平台消费获取期望进行有机融合，为用户跨社交电商平台应用提供个性化、碎片化、泛在化的服务，同时为用户提供信息交互的入口，使其能够发布自己跨社交电商平台的原创信息，拓宽销售渠道。用户跨社交电商平台消费信息获取欲望的满足不再局限于固定的场景，而是可以在任何时间、任何地点享受到任何场景的服务。为此，需要不同社交电商平台通过定位系统确定用户所处的时空，借助传感器感知用户情境，挖掘用户消费信息需求期望，为其动态配置适当的平台电商情境，提供附加值高的信息服务。

（2）个性化挖掘。用户跨社交电商平台消费使得场景要素不断丰富，且应用不断深入，为跨社交电商平台消费信息获取欲望的满足提供了可能。对用户消费信息接受偏好的挖掘主要体现在消费信息需求的个性化、用户信息搜索的个性化和信息接受偏好的兴趣化。消费信息需求个性化主要通过日志分析、用户情境聚类等方法挖掘用户历史场景消费信息需求，掌握用户个性化消费信息需求期望，并进行反复迭代，掌握用户消费信息需求的变化，从根本上挖掘用户消费信息需求的个性。个性化消费信息需求反映在其消费信息搜索方面，通过对用户消费信息搜索的历史数据进行挖掘，可以获得用户消费信息搜索的习惯，掌握用户信息素养的具体情况。个性化消费信息接受反映了用户跨社交电商平台消费信息接受偏好，体现了用户消费信息接受信息域，通过把握用户消费信息接受的信息域，可以精准地为其提供域内的相关信息，以强化其体验和感知效果，从而提升服务的综合绩效。

（3）针对性保障。用户跨社交电商平台消费存在着信息迷航和信息缺失的矛盾。一方面，用户跨社交电商平台各类信息源源不断；另一方面，用户跨社交电商平台切实需要的信息却很难获取，垃圾信息、信息污染时时刻刻充斥在用户跨社交电商平台应用的周围，使用户感到无所适从。用户跨社交电商平台旨在为用户过滤掉无关信息、无效信息和污染信息，推送针对性的产品和服务。

（4）交互性演进。用户跨社交电商平台消费信息获取欲望的满足是通过多维度交互实现的。一方面，用户与系统的交互可以让系统感知用户在不同场景下的消费信息需求期望，另一方面，用户间的交互可以实现信息的互通有无，增强情感交流，实现线下交互的无缝连接。在社交电商平台生态下，用户跨社交电商平台消费信息需求不断演进，形成了跨社交电商平台消费信息需求链。消费信息需求链的形成过程也代表了用户与社交电商平台以及用户间信息交互过程。用户跨社交电商平台消费信息需求是多元化的，这意味着消费信息需求链的形成并不一定是单链的形式。随着链条的生长，会生长出许多分支，形成消费信息需求支链，再随着支链的进一步生长，彼此之间盘根错节，会形成消费信息需求树。同理，消费信息需求树的形成过程也正是用户与社交电商平台以及用户间复杂交互的结果。随着用户跨社交电商平台消费的不断演进，由最初的交互结点逐渐演变为交互链，再从交互链演变为交互树，直至交互网的形成。用户跨社交电商平台交互网体现了用户消费信息需求期望的多维度、立体化的生态演进过程。

## 4.6 本章小结

本章在对价值主导逻辑理论、竞争战略管理理论和企业动态能力理论进行概述的基础上，试图基于“供应链”“场景链”“价值链”3 个维度实现用户跨社交电商平台消费的场景化创新，以获取产品功能价值、服务效用价值和场景体验价值 3 类价值的时空化价值共创。

# 第5章

# 用户跨社交电商平台消费信息行为规律

## 5.1 用户跨社交电商平台消费信息获取欲望演进

### 5.1.1 用户跨社交电商平台消费信息需求期望演进

用户跨社交电商平台消费信息需求期望是基于需求优势的演进性和生态性形成的。从这个角度来看，用户跨社交电商平台消费信息需求期望具有一定的生命周期，会经历孕育、生长、成熟和衰退4个阶段，如此螺旋往复达到新的消费信息需求期望。借助于生命周期理论，用户跨社交电商平台消费信息需求期望离不开以下4种要素。（1）消费信息需求节。所谓消费信息需求节，是指用户跨社交电商平台场景化消费信息需求是动态变化的，每一个消费信息需求称为一个消费信息需求节点，简称为消费信息需求节。用户跨社交电商平台消费信息需求节是基于用户自身专业领域、职业特质和业余兴趣等的变迁，不断提升自身消费信息需求期望素养形成一个个节点，后一个节点以前一个节点为基础，体现了用户跨社交电商平台消费信息需求期望优势。在用户跨社交电商平台消费信息需求优势节点中，前一节点有可能仍然是用户的消费信息需求期望，也可能成为用户永久的历史消费信息需求期望，节点和节点之间具有一定演变的逻辑关联关系，形成了消费信息需求期望优势。（2）消费信息需求链。所谓消费信息需求链，是指以用户跨社交电商平台消费信息需求节点为基础，以消费信息需求节点之间形成的信息需求优势视为逻辑形成节点间的有向链条。由于平台消费信息情境要素的不断丰富以及消费信息场景功能的不断细化，用户跨社交电商平台消费信息需求优势不仅体现在某一个方向上，而且形成了某一方向优势的支链和主链，呈现为用户消费信息需求优势的变化，这为挖掘用户跨社交电商平台消费信息需求优势和预测用户此后场景的消费信息需求链的形成提供了理论依据。（3）消费信息需求树。所谓消费信息需求树，是指用户跨社交电商平台消费信息需求越来越呈现为多领域和不均衡的状态，于是在消费信息需求优势链和支链的基础上生长为消费信息需求优势树。用户跨社交电商平台在不同主题、不同领域和不同兴趣的消费信息需求具有不同的优势，生长不均衡，使得消费信息需求优势链与链之间盘根错节，枝叶相交，形成了消费信息需求优势树。（4）消费信息需求网。所谓消费信息需求网是指随着消费信息情境要素的不断丰富及其功能不断强大，用户跨社交电商平台消费信息需求呈现为多领域、多主题和多兴趣的细化，在原有的树上生长出毛细分支，分支之间相互关联作用，体现为用户消费信息需求由简单到复杂、从隐性到显性，从横向到纵向不断演进的消费信息需求网。场景化消费信息需求网见证了消费信息环境变迁、消费信息情境变革以及消费信息场景功能演变。用户跨社交电商平台消费信息需求期望演进如图5－1所示。

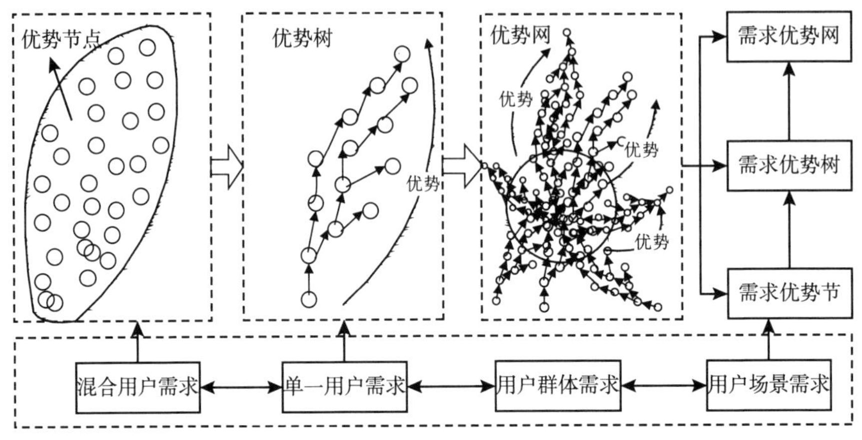


**图5－1　用户跨社交电商平台消费信息需求期望演进**

如图5－1所示，用户跨社交电商平台消费信息需求期望是由消费信息需求节点、消费信息需求优势树、消费信息需求优势节、消费信息需求优势树和消费信息需求优势网构成，前一种模式是后一种模式的基础。用户跨社交电商平台消费信息需求模式的产生和变迁是消费信息场景与消费信息情境基于用户消费信息需求期望作用演化的结果。4种模式层层递进，逐渐深入，体现了用户跨社交电商平台消费信息需求期望的单个消费信息需求模式和总体消费信息需求模式的演变，在不同消费信息需求模式的演进中，体现了用户跨社交电商平台消费信息需求期望是基于场景要素和情境要素之间的“磨合—啮合—磨合”的螺旋式生态演进。

### 5.1.2　用户跨社交电商平台消费信息搜索习惯演进

社交电商平台的快速发展，改变了人们的消费信息搜索习惯，传统中心化电商平台的红利逐渐消退。用户跨社交电商平台的崛起，推动了新的消费信息搜索习惯的演进。用户跨社交电商平台消费信息搜索习惯体现在其演进性和生态性方面，其形成过程包含以下几个方面。

（1）消费信息搜索拓展域。在用户跨社交电商平台消费信息行为的影响下，用户在自身专业领域、职业特质和业余兴趣等的影响下，不断提升自身知识领域，形成若干个消费信息搜索习惯域，使消费信息搜索习惯域呈现为拓展状态，体现了消费信息搜索的求全取向。在消费信息搜索习惯域中，已形成的信息搜索域是正在形成的信息搜索域的基础，正在形成的信息搜索域是借助于已形成的搜索域所形成。（2）消费信息搜索收缩域。以用户跨社交电商平台消费信息搜索习惯拓展域为基础，借助其消费信息需求的求准目的，在拓展的基础上进行消费信息搜索的收缩，实现消费信息搜索习惯的收缩。（3）消费信息搜索混沌域。用户跨社交电商平台消费信息搜索习惯既有拓展的趋势又有收缩的趋势，在消费信息搜索拓展与收缩的渐变过程中，消费信息搜索习惯域体现出一种混沌的现象。（4）消费信息搜索域。消费信息搜索域是用户跨社交电商平台消费信息搜索习惯域形成过程的体现，消费信息搜索习惯以搜索自由度决定其消费信息搜索的拓展与收缩，并形成稳定的消费信息搜索习惯域。用户跨社交电商平台消费信息搜索习惯演进如图 5－2 所示。

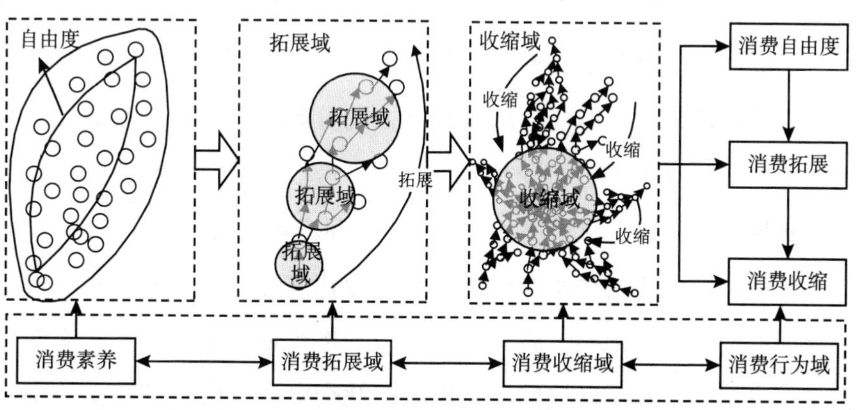


**图 5－2　用户跨社交电商平台消费信息搜索习惯演进**

由图 5 – 2 可知，用户跨社交电商平台消费信息搜索习惯是基于消费信息行为与消费信息情境的相互作用而不断演进的。用户跨社交电商平台消费信息情境对用户消费信息搜索习惯产生影响，消费信息情境通过消费信息搜索习惯自由度形成了消费信息搜索的拓展域、收缩域，并相对稳定于消费信息搜索域。3 种消费信息搜索习惯模式层层深入、渐近渐深，体现了用户跨社交电商平台消费信息搜索习惯的单个模式和总体模式，使用户跨社交电商平台消费信息搜索习惯与平台消费信息情境向啮合性适配演进，最终体现为适配的生态性。

### 5.1.3　用户跨社交电商平台消费信息接受偏好演进

受消费信息情境影响，用户跨社交电商平台消费信息接受偏好的形成过程具有演进性和生态性。实际上，用户跨社交电商平台消费信息接受偏好的形成包含以下几个方面。

（1）消费信息接受期望场。在用户跨社交电商平台消费信息情境的影响下，用户受自身专业领域、职业特质和业余兴趣等的影响，不断提升自身信息搜索素养，形成若干个消费信息接受的期望场。消费信息接受期望场是不断调整和动态变化的。在消费信息接受期望场中，此前形成的场是此后形成的场的基础，此后形成的场是此前形成的场的演进。（2）消费信息接受现实场。用户跨社交电商平台消费信息接受现实场是由消费信息情境和用户消费信息获取欲望交互作用的结果。实际的消费信息接受现实场也是在动态变化和迁移的。前面的消费场是后面的消费场的基础，后面的消费信息接受现实场是借助于前面的消费信息接受现实场形成的，是用户跨社交电商平台信息接受的现实场。（3）消费信息接受混沌场。消费信息接受混沌场是在消费信息接受场的形成过程中体现的。消费信息接受期望与消费信息接受现实的矛盾运动中出现了消费信息接受的混沌现象。用户跨社交电商平台消费信息接受场是动态变化的，并呈现为混沌形态。（4）消费信息接受场。用户跨社交电商平台消费信息接受偏好既有消费信息接受期望的形态，又有消费信息接受现实的形态。在实际消费信息接受中，是通过调和期望与现实形成消费信息接受场。用户跨社交电商平台消费信息接受偏好的演进如图5-3所示。

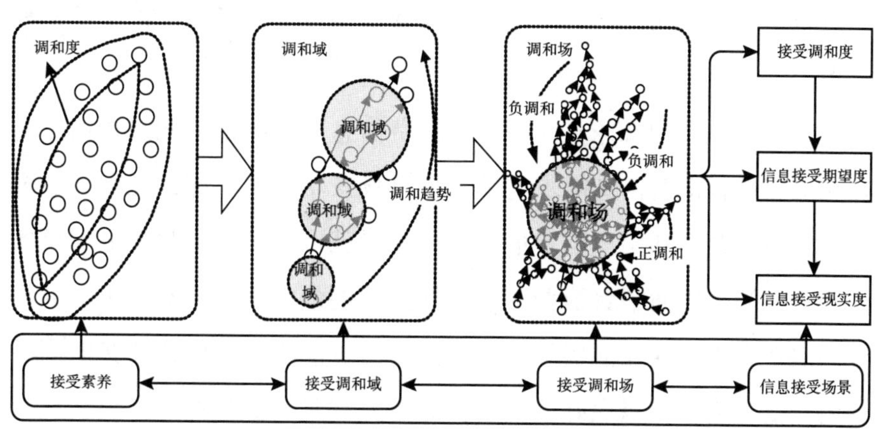


**图5-3 用户跨社交电商平台消费信息接受偏好演进**

由图5-3可知，用户跨社交电商平台消费信息接受偏好是由消费信息场景与消费信息情境的交互作用演进的。用户跨社交电商平台消费信息情境对用户消费信息接受产生影响，用户消费信息接受通过消费信息接受情境演变。在二者的不断交互作用的调和过程中形成了消费信息接受偏好的调和域，并动态稳定于消费信息接受调和域。用户跨社交电商平台消费信息接受偏好层层深入、渐近渐深，体现了用户消费信息接受偏好的单个模式和总体模式。用户跨社交电商平台消费信息接受与消费信息情境适配演进，最终体现为消费信息接受偏好与消费信息情境的生态性适配。

## 5.2 用户跨社交电商平台消费信息获取欲望适配

### 5.2.1 用户跨社交电商平台消费信息需求期望适配

在用户跨社交电商平台消费信息需求期望形成的实际中，“消费信息场景—消费信息需求—消费信息情境”的适配存在以下 3 种类型。

（1）消费信息需求的正适配。消费信息需求的正适配是指用户跨社交电商平台消费信息需求与消费信息场景功能相匹配，无须通过消费信息情境改造和用户消费信息需求引导就可以满足。此类适配可实现用户跨社交电商平台消费信息情境效用的最大化，既不至于造成情境的浪费，也不存在情境的不足，消费信息情境和用户跨社交电商平台消费信息需求可以很好地实现彼此有效满足。从某种意义讲，此类用户消费信息需求正适配实现了跨社交电商平台消费信息情境边际效益最大化。（2）消费信息需求的欠适配。消费信息需求的欠适配是指用户跨社交电商平台消费信息需求期望高于平台信息实际供给，其消费信息需求不能被很好地满足，即用户消费信息需求为负适配需求。此类消费信息需求表现为用户跨社交电商平台消费信息情境的不足，需要对用户跨社交电商平台消费信息情境进行重组和整合，实现不同社交平台消费信息情境的补充、再造和优化后才可以满足。（3）消费信息需求过适配。消费信息需求过适配是指用户跨社交电商平台消费信息需求期望低于不同社交电商平台消费信息供给的实际功能，亦即现实的信息供给能力还可以满足其更高层次的消费信息需求，用户消费信息需求体现为过适配。此类消费信息需求是用户跨社交电商平台消费信息情境配置较高，而用户的消费信息需求还没有达到与之相匹配的程度，需要通过对用户消费信息行为的引导、调控和规范实现消费信息行为与平台消费信息情境的有效匹配。用户跨社交电商平台消费信息需求适配如图5－4所示。

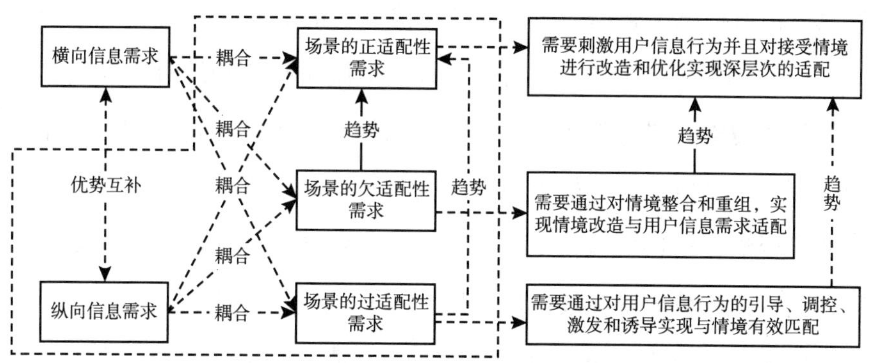


图5－4　用户跨社交电商平台消费信息需求适配

如图5－4所示，用户跨社交电商平台在某一个领域或某一个空间的消费信息需求称为横向消费信息需求，其消费信息需求与平台消费信息情境可能是正适配、欠适配和过适配3种中的某一种，通过平台消费信息情境改造或对用户消费信息行为引导和调控最终趋于正适配的形态。用户跨社交电商平台由某一个领域或某一个空间向不同领域和不同空间拓展的过程中形成的消费信息需求，包括此前场景的消费信息需求、此时场景的消费信息需求和此后场景的消费信息需求，其场景化配置可能是正适配、欠适配和过适配3种中的某一种，通过对过适配性消费信息需求、欠适配性消费信息需求的反复调适，最终形成生态性适配，从引导、规范和调控用户消费信息行为或者从组织、再造和优化消费信息情境两个角度出发，实现二者的动态螺旋式适配和用户跨社交电商平台消费信息需求的激发以及平台消费信息情境的再造。

### 5.2.2 用户跨社交电商平台消费信息搜索习惯适配

在用户跨社交电商平台消费信息搜索习惯的实际中，“消费信息场景—消费信息搜索习惯—消费信息情境”的适配存在以下3种类型。

（1）消费信息搜索正适配。所谓正适配是指用户跨社交电商平台消费信息搜索习惯与其所处消费信息情境是适配的，这种配置关系表明了消费信息情境恰到好处地对消费信息搜索习惯的有效支撑，既不浪费平台消费信息情境，也不会造成平台消费信息情境不足，实现了平台消费信息情境边际效益最大化。（2）消费信息搜索欠适配。所谓欠适配是指用户跨社交电商平台消费信息情境对用户消费信息搜索习惯支持不足，不能完全满足用户消费信息搜索习惯。用户跨社交电商平台消费信息搜索习惯难以满足，就需要对平台消费信息情境重组和再组织，进而激发平台消费信息情境改造和优化。（3）消费信息搜索过适配。所谓过适配则是用户跨社交电商平台消费信息情境超越了其对用户消费信息搜索习惯的支撑。此种消费信息情境配置虽能支持用户消费信息搜索习惯的形成，但也造成了社交电商消费信息情境的严重浪费。用户跨社交电商平台消费信息搜索习惯适配如图5-5所示。

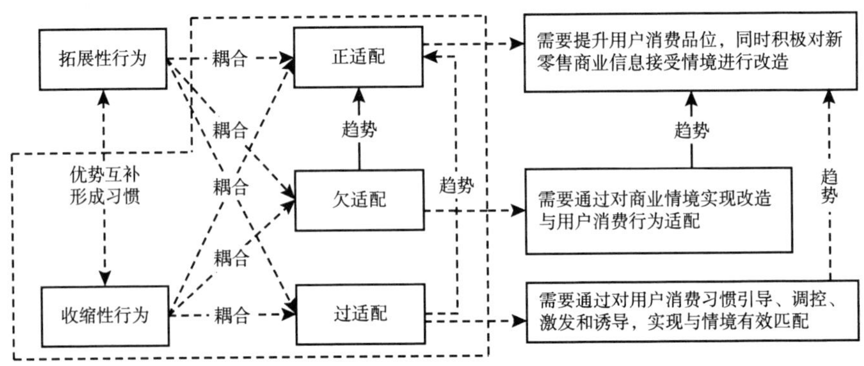


图5-5 用户跨社交电商平台消费信息搜索习惯适配

由图 5－5 可知，用户跨社交电商平台消费信息搜索习惯适配可从两个层次体现其实际意义，其一是消费领域的拓展和收缩相互补充；其二是消费信息搜索习惯与平台消费信息情境的适配类型。这两个角度的有效耦合与关联匹配实现了用户跨社交电商平台消费信息情境与消费信息搜索习惯的动态匹配，无论过适配还是欠适配，最终目标都实现新零售用户消费信息搜索习惯与社交电商平台消费信息情境的生态性适配。从引导、规范和调控用户消费搜索习惯或者从组织、再造和优化消费信息情境两个角度出发，促进对用户消费信息搜索习惯的引导和调控以及对消费信息情境的再造。

以上论述了用户跨社交电商平台消费信息情境对用户消费信息搜索习惯的支撑程度。在用户跨社交电商平台消费的实际中，这三种适配形式会按需互补出现。其中，正适配处于常态，而欠适配则是商业环境变化的产物，至于过适配，这种情形非常少见。

### 5.2.3　用户跨社交电商平台消费信息接受偏好适配

在用户跨社交电商平台消费信息接受偏好的实际中，“消费信息场景—消费信息接受偏好—消费信息情境”的适配存在以下 3 种类型。

（1）信息接受正适配。所谓信息接受正适配是指用户跨平台消费信息情境与用户消费信息接受偏好是适配的，用户跨平台消费信息情境能恰到好处地支撑用户消费信息接受偏好，既不浪费平台消费信息情境，也不会造成平台消费信息情境不足，实现了平台消费信息情境边际效益最大化。（2）信息接受欠适配。信息接受欠适配是指用户跨社交电商平台消费信息情境对用户消费信息接受偏好支撑不足，不能满足用户消费信息接受偏好。用户要实现其消费信息接受偏好就需要对平台消费信息情境进行有效的改造、配置和优化。

(3) 信息接受过适配。信息接受过适配则是指用户跨社交电商平台消费信息情境配置超越了其对用户消费信息接受偏好的支撑能力。这种配置虽能满足用户消费信息接受偏好，但造成了社交电商平台消费信息情境严重浪费。用户跨社交电商平台消费信息接受偏好适配如图 5-6 所示。

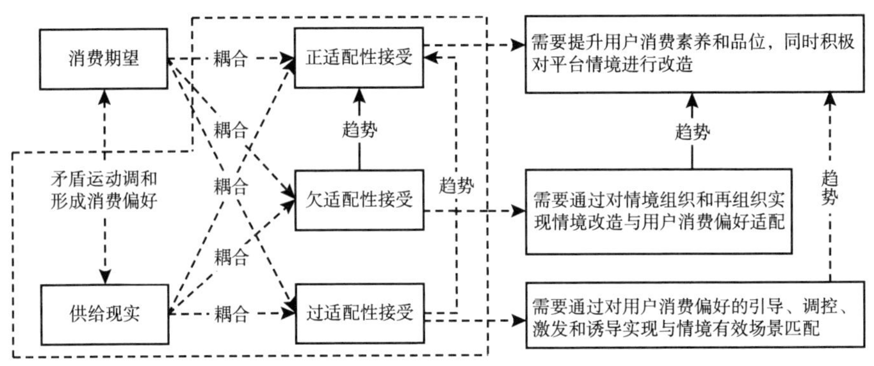


**图 5-6 用户跨社交电商平台消费信息接受偏好适配**

由图 5-6 可知，用户跨社交电商平台消费信息接受偏好适配可以从两个层次体现其实际意义，其一是消费信息接受偏好与平台信息供给现实的矛盾运动调和；其二是消费信息场景与平台消费信息情境适配。这两个角度的有效耦合与关联匹配体现了用户跨社交电商平台的“消费信息场景—消费信息接受偏好—消费信息情境”的动态匹配，无论是过适配性消费信息接受还是欠适配性消费信息接受，其最终目标都是驱动用户跨社交电商平台消费信息情境的生态配置，引导、规范和调控用户消费信息接受偏好，并从组织、再造和优化消费信息情境的角度出发，实现对用户消费信息接受偏好的引导和调控以及消费信息情境再造和消费信息情境的有效配置。

## 5.3 用户跨社交电商平台消费信息行为规律

### 5. 3. 1　用户跨社交电商平台消费信息需求规律

用户跨社交电商平台的消费信息需求具有不同优势。在某一时间段内，有的用户消费信息需求集中于某一个领域的微观优势，有的集中于某一领域的宏观优势。由于信息时代不断变化及社交电商平台消费信息情境变迁，用户消费信息需求分散在不同的领域和专业中。用户跨社交电商平台消费信息需求集中在以下几个方面。

（1）产品信息方面。用户希望看到丰富详细的产品文字介绍、图片展示、视频演示等，以便全面了解产品特点、功能、规格和材质等。例如，在购买电子产品时，会通过不同社交电商平台查看产品的外观、性能参数、使用教程等信息。对于食品、护肤品、保健品等产品，用户关注其成分构成及质量安全性。例如在购买护肤品时，会通过社交电商平台查找产品成分表，了解是否含有过敏原或有害物质，还会参考其他用户对产品质量的评价和反馈。

（2）价格信息方面。用户会在不同的社交电商平台以及传统电商平台之间进行价格比较，以寻找最优惠的价格。比如在购买服装时，会同时查看拼多多、抖音、淘宝等平台上的价格，选择性价比最高的平台购买。用户关注各平台的优惠券、满减、折扣、限时秒杀等促销活动信息。例如，在京东的“618”、淘宝的“双 11”等大型促销活动期间，用户会跨平台对比不同平台的优惠力度和活动规则。部分用户还会关注产品价格的历史走势和未来趋势，以判断是否是购买的最佳时机。如在购买电子产品时，会通过一些平台的比价工具或历史价格查询功能，了解产品价格的波动情况。

（3）用户评价方面。用户渴望阅读其他消费者的真实使用评价和晒单，包括对产品质量、效果、服务等方面的反馈。例如，在购买家居用品时，会参考小红书、抖音等平台上用户发布的使用心得和晒单图片。用户不仅关注好评，也会仔细查看差评内容，以了解产品可能存在的问题和不足。比如在购买食品时，会对差评中提到的食品口感不好、变质等问题予以重视，进而影响购买决策。一些用户会参考网红、博主、专家等对产品的评价和推荐，认为他们的专业意见具有较高的可信度和参考价值。例如在购买健身器材时，会参考健身领域KOL 的评测和推荐。

（4）售后服务方面。用户会了解不同平台的退换货流程、条件和时间限制等政策，以确保购买后能够享受到便捷的退换货服务。例如，在购买服装时，会对比唯品会、淘宝等平台的退换货政策，选择退换货更方便的平台。用户关注平台和商家提供的售后保障，如质保期限、维修服务、客服响应速度等。比如在购买家电时，会考虑品牌官方旗舰店的售后保障是否完善，以及平台对售后服务的支持力度。用户会了解平台对投诉的处理方式和效率，以便在遇到问题时能够及时得到解决。例如在购买到有问题的商品后，会查看平台对类似投诉的处理案例和解决时间。

（5）社交互动方面。用户往往更愿意相信朋友的推荐，会通过社交网络获取朋友对产品的使用感受和推荐意见。例如，在微信朋友圈中，朋友分享的餐厅推荐、旅游攻略等可能会直接影响用户的消费决策。用户加入与自己兴趣相关的社群，在群内与其他成员交流分享购物经验和心得。比如在豆瓣的读书小组中，书友们会交流不同版本书籍的购买渠道和价格优惠情况。用户通过社交电商平台与卖家进行直接沟通，询问产品细节、定制需求等。例如在淘宝的直播带货中，用户可以实时与主播互动，询问产品相关问题，主播的解答会影响用户的购买意愿。

（6）个性化推荐方面。用户希望平台能够根据自己的兴趣爱好和浏览历史，推送符合个人需求的产品信息。比如在抖音上，用户经常浏览健身相关视频后，平台会为其推荐健身器材、运动服装等产品。电商平台根据用户的消费习惯和购买历史，推荐相关联的产品或服务。例如在拼多多上，用户购买过婴儿用品后，平台会继续推荐其他适合婴儿成长阶段的产品。用户关注社交电商平台上的热门产品和消费趋势，以便及时跟上潮流。比如在小红书上，当某一类型的美容仪成为热门话题后，相关产品推荐会大量出现在用户首页。

由上述内容可知，用户消费信息需求优势产生于用户原有知识积累与现有消费信息需求之间的差距，以及构建两者不同高度信息量和信息质的差异，表现为一种趋向，故称之为优势。社交电商平台用户消费信息需求大多集中在决策的科学化、可供决策支持的消费信息、可行性论证支撑的消费信息等方面。随着用户阅历的不断丰富和综合消费信息素养的渐进提升，用户消费经验理论格局逐步充实，用户消费信息量上的需要将会不断递进。消费信息需求的质与量的递进性表明，消费信息需求的量变引起质变，而消费信息需求质变以后又在新质的基础上开始新的量变，如此循环往复，推动着用户跨社交电商平台消费信息需求不断地由低级向高级阶段递进，从而使整个社会的消费信息需求充满生生灭灭，生灭相继的生动创造景象。

上述从消费信息需求优势、消费信息需求层次递进性两个方面，阐述了消费信息需求的优势递进规律。在此，我们可以将这一规律概括地表述为：用户跨社交电商平台消费信息需求目标在量上的逐步扩展和在质上的逐步递进。用户跨社交电商平台消费信息需求要注意发挥优势，分层次地分析选择信息，逐步提高信息需求标准。用户跨社交电商平台消费信息需求优势递进规律如图 5 –7 所示。

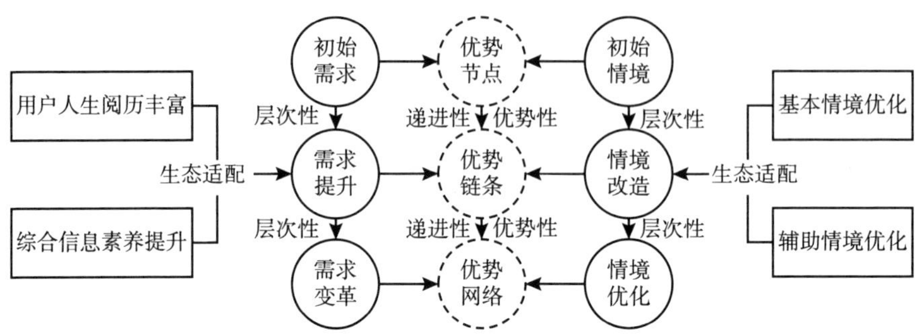


**图 5 –7　用户跨社交电商平台消费信息需求优势递进规律**

由图 5 –7 可知，社交电商平台用户在初始的消费信息需求与初始平台消费信息情境之间进行适配，形成一个个的消费信息需求优势节点。随着用户消费信息品位和消费信息素养的不断提升以及人生阅历的不断丰富，其消费信息需求逐渐提升。同时，随着社交电商平台基本情境及辅助情境的优化使消费信息情境不断改造，从而激发用户消费信息需求优势节点逐渐形成消费信息需求优势链。以此方向逐渐深入，使用户消费信息需求产生变革，同时使社交电商平台消费信息情境不断优化，两者动态适配形成了用户消费信息需求优势网络，使用户消费信息需求与消费信息情境形成生态性适配。

### 5.3.2　用户跨社交电商平台消费信息搜索规律

不同类型和不同层次的社交电商平台用户消费信息搜索的自由度不同，显示了其消费信息搜索能力的张弛有度。在某一时间段内，有的用户消费信息搜索趋于拓展，实现消费信息求全需求的满足；有的用户消费信息搜索趋于收缩，实现消费信息搜索求准的需求的满足。用户跨社交电商平台消费信息搜索的自由度拓展与收缩性体现在以下几个方面。(1) 搜索自由度的弹性。用户跨社交电商平台消费信息搜索自由度的变化，使消费信息接受域不断变化，实现了用户消费信息搜索期望与消费信息搜索的渐变式匹配。(2) 搜索拓展收缩矛盾。搜索拓展收缩矛盾运动的实质是用户跨社交电商平台消费信息搜索自由度的拓展和收缩两个方向的矛盾，实现消费信息搜索求全和求准目标的模糊化渐变。(3) 搜索拓展收缩交替。用户跨社交电商平台消费信息搜索的拓展与收缩是不规则地交替轮流出现的，二者优势互补，从而实现消费信息搜索择优接受。(4) 搜索拓展收缩适配。用户跨社交电商平台消费信息搜索的拓展与收缩互为条件且相辅相成。消费信息搜索自由度的拓展和收缩的目的是接受最优信息接受对象。用户跨社交电商平台消费信息搜索域在不断拓展，随着经验的不断丰富，其消费信息搜索域又呈现为收缩态，最终在消费信息搜索的拓展与收缩中不断磨合后呈现为适配性的运动特性。

上述内容对用户跨社交电商平台消费信息搜索自由度、拓展度和收缩度进行论述，阐述了用户跨社交电商平台消费信息搜索自由度拓展与收缩。用户跨社交电商平台消费信息搜索规律如图5-8所示。

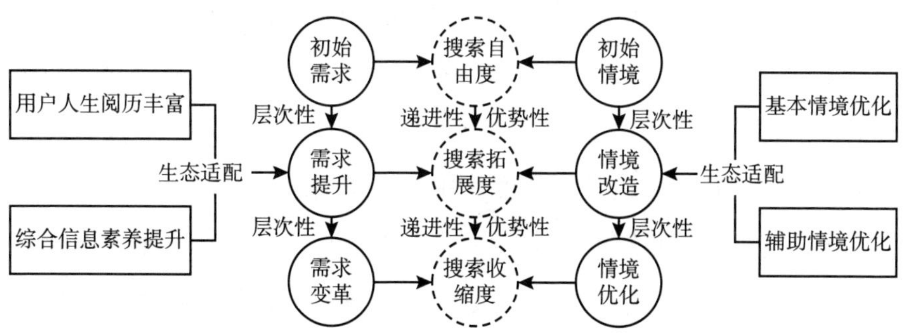


图5-8　用户跨社交电商平台消费信息搜索规律

由图5-8所示，用户跨社交电商平台消费信息搜索与初始情境磨合，形成自身特有的消费信息搜索自由度。随着用户消费信息品位和消费信息素养不断提升以及人生阅历的不断丰富，用户消费信息搜索自由度不断提升，其消费信息搜索域不断拓展，促进其跨平台消费。随着用户跨社交电商平台基本情境及辅助情境的优化，消费信息情境不断改造，从而激发用户消费信息搜索自由度向收缩态势转变，使用户消费信息搜索呈现为收缩态势，最终实现用户消费信息搜索呈现为搜索自由度的拓展与收缩规律。

### 5.3.3 用户跨社交电商平台消费信息接受规律

用户跨社交电商平台消费信息接受的调和度不同，显示了其消费信息接受张弛有度的能力，满足用户不同的消费信息接受偏好，也是用户在不同社交电商平台消费信息接受期望与消费信息接受现实之间的矛盾运动调和。其具体表现如下。

（1）消费信息接受期望度演进。用户跨社交电商平台消费信息接受度的实质是用户消费信息接受期望与平台信息供给现实的调和，实现消费信息接受求全和消费信息接受求准目标的模糊化渐变。在消费信息接受现实和平台信息供给能力的不断调和中，体现为消费信息接受期望度的演变。（2）消费信息接受现实度调整。用户跨社交电商平台消费信息接受与企业平台供给现实互为条件并相辅相成。用户跨社交电商平台消费信息接受调和度使用户消费信息接受期望与现实的调和趋于最优。在用户跨社交电商平台消费信息接受现实与平台企业信息供给现实的矛盾运动调和中不断演进，致使消费信息接受现实度不断调整。（3）消费信息接受现实和接受期望的矛盾运动调和使得消费信息接受的调和度也在不断变化，最终作用是用户跨社交电商平台消费信息接受期望与消费信息接受现实的矛盾运动的不断调和的渐变式匹配。用户跨社交电商平台消费信息接受偏好规律如图 5 -9 所示。

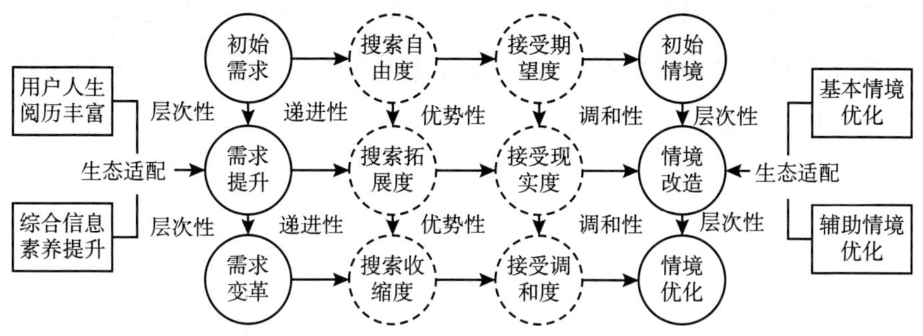


**图 5-9　用户跨社交电商平台消费信息接受偏好规律**

由图 5-9 可知，用户跨社交电商平台初始消费信息需求与初始平台消费信息情境之间进行磨合，形成自身特有的消费信息接受调和场。随着用户消费信息接受品位和消费信息接受素养的不断提升以及人生阅历的不断丰富，用户消费信息接受调和度不断提升和拓展。同时，随着社交电商平台基本情境及辅助情境的优化，用户消费信息情境不断改造，从而激发用户跨社交电商平台消费信息接受调和度向收缩态势转变，使用户消费信息接受呈现为收缩态势。用户跨社交电商平台消费信息接受现实和期望的矛盾运动调和的衡量尺度为消费信息接受的调和度。通过对用户跨社交电商平台消费信息接受调和度的螺旋式调整，最终使用户消费信息接受呈现为消费信息接受期望与消费信息接受现实的矛盾运动规律。

## 5.4　本章小结

本章通过对用户跨社交电商平台消费信息需求期望形成、消费信息搜索习惯形成和消费信息接受偏好形成进行研究，探索用户跨社交电商平台信息需求期望、信息搜索习惯和信息接受偏好的适配，进而揭示用户跨社交电商平台消费信息需求期望规律、消费信息搜索习惯规律和消费信息接受偏好规律，为后续用户跨社交电商平台消费场景的推荐提供基础。

# 第6章

# 用户跨社交电商平台消费信息场景推荐

## 6.1 用户跨社交电商平台消费信息相似度场景推荐

### 6.1.1 用户跨社交电商平台消费信息相似度场景推荐基础

不同社交电商平台满足着人们消费信息获取欲望的不同维度，使得用户不得不在平台间切换，促成用户跨社交电商平台消费。在现实生活中，百度连接人与信息、京东连接人与商品、美团连接人与生活，用户为了满足各种消费信息获取欲望，借助场景连接人与平台。随着场景要素在不同社交电商平台嵌入的逐渐深入，使得用户与不同社交电商平台关联耦合，形成用户跨社交电商平台消费。用户跨社交电商平台消费需要借助于以下 3 个方面的要素。

（1）场景要素。场景是用户跨社交电商平台消费的驱动力，根据用户消费信息相似度进行场景推荐是实现价值共创的关键。在用户基于场景的跨社交电商平台消费中，体现为产品即场景、技术即个性、服务即连接、渠道即分享、终端即感知的效用。

（2）情境要素。用户跨社交电商平台消费的主要原因是不同平台消费情境不同所致，社交电商平台消费信息情境主要包括产品情境、技术情境、服务情境、移动情境、社交情境和终端情境。在此情形下，对不同消费信息情境及其配置能力的比较是决定用户跨社交电商平台消费的关键。

（3）用户要素。用户跨社交电商平台消费的本质是不同社交电商平台基于用户所处时空的消费信息获取欲望，以便通过平台集群最大限度地对其满足。用户跨社交电商平台消费信息相似度场景推荐就是各个社交平台对用户历史场景的消费信息数据进行挖掘，以便快速地掌握用户背景资料、个性特点、消费信息获取欲望，进而将用户消费信息获取欲望与平台信息供给现实相匹配，这种匹配的原则是用户消费信息的相似度。基于消费信息相似度场景推荐的本质是“消费信息场景—消费信息获取欲望—消费信息情境”的多维适配模型完成。用户跨社交电商平台消费信息相似度场景推荐的本质是对具有相似消费信息获取欲望的用户进行场景推荐，其目的是增强用户消费信息获取欲望的愉悦度。假设用户在居家、办公室、商场、图书馆和餐厅等不同场景所需社交电商平台的产品情境、技术情境、服务情境、移动情境、社交情境和终端情境基于用户消费信息获取欲望的场景化配置。用户跨社交电商平台消费信息相似度场景推荐如表6－1所示。

**表6－1　用户跨社交电商平台消费信息相似度场景推荐**

| 场景 | 居家 | 办公室 | 商场 | 图书馆 | 餐厅 |
| --- | --- | --- | --- | --- | --- |
| 产品情境 | 产品资源 | 休闲娱乐 | 音乐及社交 | 休闲及专业 | 休闲及社交 |
| 技术情境 | 导航、搜索 | 导航、搜索 | 导航 | 搜索 | 导航 |

续表

| 场景 | 居家 | 办公室 | 商场 | 图书馆 | 餐厅 |
|---|---|---|---|---|---|
| 服务情境 | 一站式 | 个性化 | 多元化 | 精准化 | 个性化 |
| 移动情境 | 移动定位 | 实时状态 | 移动定位 | 实时状态 | 移动定位 |
| 社交情境 | 交互功能 | 交互功能 | 交互功能 | 交互功能 | 交互功能 |
| 终端情境 | 传感器 | 传感器 | 传感器 | 传感器 | 传感器 |

拼多多 App 专注于客对商拼团购物，它的主要特点是利用拼团机制，让用户能够以较低的价格购买到优质的商品，同时享受到更多的实惠和乐趣。快手是一款国民级短视频 App。在快手了解真实的世界，认识有趣的人，也可以记录真实而有趣的自己。快手主要通过“发现连接内容”“朋友加持社交”“关注聚焦兴趣”实现价值创造。本书以拼多多和快手为例说明用户跨社交电商平台消费信息相似度场景推荐的过程。

假设用户在居家、办公室、商场、图书馆、餐厅等不同场景进行消费信息获取，以 $C_i$ 表示某一个社交电商平台消费信息情境，以 $B_i$ 表示用户在某一个社交电商平台的消费信息行为，以 $U_i$ 表示不同用户 $(i=1,2,3,\cdots,n,n\in N)$。假设 $U_1$ 和 $U_2$ 针对 $C_1$ 的消费信息行为均是 $B_1$，针对 $C_2$ 的消费信息行为均是 $B_2$，则认为 $U_1$ 和 $U_2$ 具有消费信息获取欲望相似性，称为相似用户。对于用户 $U_i$ 跨社交电商平台消费信息行为 $B_i$ 的测度，通过用户历史消费信息行为数据挖掘用户消费信息获取欲望，通过对用户的点击、滑动、导航和搜索等信息行为挖掘用户消费信息搜索习惯，通过对用户浏览和搜索等消费信息挖掘用户消费信息接受偏好。由此，形成用户跨社交电商平台消费信息相似度场景推荐过程如图 6-1 所示。

| | $C_1$ | $C_2$ | $C_3$ | $C_4$ | $C_5$ | $C_6$ |
|---|---|---|---|---|---|---|
| $U_1$ | $B_1$ Scene1 | $B_2$ | | | | |
| $U_2$ | Scene? $B_1$ | $B_2$ | | | | |
| $U_3$ | | $B_2$ Scene2 | $B_3$ | $B_4$ | | |
| $U_4$ | | Scene? $B_2$ | $B_3$ | $B_4$ | | |
| $U_5$ | | | | | | |
| $U_6$ | $B_1$ Scene3 | | $B_3$ | | $B_5$ | $B_6$ |
| $U_7$ | Scene? $B_1$ | | $B_3$ | | $B_5$ | $B_6$ |

**图 6－1　用户跨社交电商平台消费相似度场景推荐过程**

图 6－1 中的 $U_1$ 和 $U_2$ 具有相同的情境 $C_1$ 和 $C_2$，如 $U_1$ 在 Scene1 进行信息接受时具有较高的体验愉悦度，则可以依据 $U_1$ 为具有相同场景的用户 $U_2$ 推荐 Scene1；又如 $U_3$、$U_4$ 具有相同的情境 $C_2$、$C_3$ 和 $C_4$，且 $U_3$ 在 Scene2 进行信息接受时具有强烈的持续使用意愿，由此可为 $U_4$ 推荐 Scene2；再如 $U_6$、$U_7$ 具有相同的情境 $C_2$、$C_3$、$C_5$ 和 $C_6$，并且若 $U_6$ 在 Scene3 既有较高的体验愉悦度又具有强烈的持续使用意愿，由此可为 $U_7$ 推荐 Scene3。由此，在用户跨社交电商平台消费相似度场景推荐中，可以使用 UCB（user-context-behavior）矩阵，运用随机游走模型进行不同社交电商平台消费信息情境的挖掘，而消费信息场景推荐就是要针对不同社交电商平台消费信息情境的挖掘结果，运用协同过滤算法对相同场景下的消费信息相似用户的消费信息获取欲望进行挖掘，然后借助于 URI（user-resource-interaction）评价矩阵进行相似场景的推荐，从而提供有针对性的服务。用户跨社交电商平台消费信息相似度场景推荐流程如图 6－2 所示。

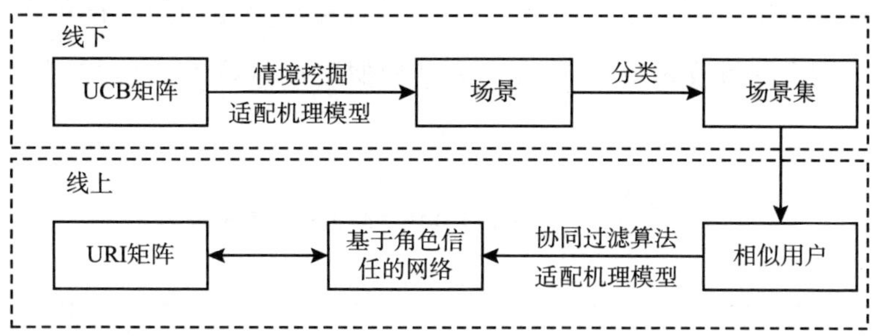


**图6-2 用户跨社交电商平台消费信息相似度场景推荐流程**

如图6-2所示，用户跨社交电商平台消费信息相似度场景推荐主要由以下3个方面实现。(1) 利用角色挖掘算法从UCB矩阵中找出角色，并利用适配机理模型测度每个角色与不同消费信息情境的关联度。这个工作将在线下完成。UCB矩阵即“场景—用户—情境”矩阵，该矩阵行为用户、列为情境，每个元素表示用户在相应情境下的选择行为。(2) 构建基于角色的信任模型，计算用户间的相似度。将使用一种有效的协同过滤算法来找出用户 $U_i$ 的相似用户。(3) 基于针对每个用户建立的角色信任模型，预测用户对不同项目的评价，并将评价高的项目推荐给用户。

## 6.1.2 用户跨社交电商平台消费信息相似度场景推荐算法

基于项目（item-based）协同过滤算法于2001年被萨瓦尔等（Sarwar et al.）提出。该算法的基本思想是根据用户消费信息获取欲望的评分信息，分析得出项目间的相似度，以目标用户的历史场景消费信息获取欲望为依据，将与其消费信息行为相似度最高的项目推荐给目标用户。萨瓦尔和卡莉丝（Sarwar & Karypis，2001）通过实验证明，相比较用户协同过滤推荐，项目协同过滤推荐在一些情况下能够提供更准确的推荐结果。例如，在用户跨社交电商平台消费信息相似度场景推荐中，不同社交电商平台之间的关联要比用户之间的关联更稳定。用户跨社交电商平台消费信息相似度场景推荐的协同过滤算法对比如表6－2所示。

表6－2 用户跨社交电商平台消费信息相似度场景推荐的协同过滤算法对比

| | 基于用户的协同过滤 | 基于项目的协同过滤 |
|---|---|---|
| 特性 | 适合用户较少的环境，否则计算用户相似度代价太大 | 适合项目数少于用户数的环境，否则计算项目相似度代价太大 |
| 领域 | 时效性强，用户的兴趣和需求很模糊的领域 | 长尾项目丰富，用户有明确的个性化兴趣和需求的领域 |
| 实时性 | 用户有新行为，推荐结果不一定立即有实时变化 | 用户有新行为，推荐结果一定有实时的变化 |
| 冷启动 | 在新用户只对很少的项目有行为后，因用户相似度是间隔一定的时间才进行离线处理的，不能及时对他产生个性化推荐；新项目加入后，只要有用户对其有过行为，就能将新项目推荐给相似的用户 | 新用户只要对一个项目产生了行为，就能很快给他推荐与该项目相似的项目；若不离线更新项目相似度，无法将新项目推荐给用户 |
| 推荐理由 | 无法提供使用户信任、接受其推荐的理由 | 基于用户的历史信息推荐，能给出使用户接受的推荐理由 |

在用户跨社交电商平台消费信息相似度场景推荐中，选择基于项目的协同过滤推荐算法。要从用户跨社交电商平台消费信息相似度计算中发现其偏好的场景，并基于此给予推荐。由此，如何收集用户消费信息偏好成为系统推荐的基础性的决定因素。用户跨社交电商平台消费信息相似度可以通过多种方式向系统提供自己的偏好信息，而且不同的应用也可能大不相同。现实中，用户跨社交电商平台消费信息获取欲望以用户对场景的体验和感知评价评分为依据，将分值限定在[0,n]内；n一般取值为5或10，通过用户跨社交电商平台对场景的评分，可以得到用户跨社交电商平台消费对场景的偏好，进而进行场景推荐。

### 6.1.3　用户跨社交电商平台消费信息相似度场景推荐实证

用户跨社交电商平台消费信息相似度场景推荐的本质是根据用户消费信息相似度计算进行。目前，可以用到的相似度有欧几里德距离（EcludSim）、皮尔逊相关系数（PearSim）和余弦相似度（CosSim），通过 3 种算法对用户跨社交电商平台消费相似度场景进行推荐，项目团队分别对这 3 种相似度计算方法推荐的结果进行对比。采用创设情境的实验方法，假设我们在现实生活中从不同地区随机选取 21 名用户，按照 3 人一组的范式，分别按用户居家、办公室、商场、图书馆、餐厅、旅途和假日等场景，用录屏软件分析用户跨社交电商平台的消费信息行为。通过被测者对不同维度情境采用李克特五级评分法得到 7 个场景评分值。由此，形成用户跨社交电商平台消费信息相似度场景推荐的评分，如表 6－3 所示。

表 6－3　用户跨社交电商平台消费信息相似度场景推荐评分

| 场景序号 | 产品情境 | 技术情境 | 服务情境 | 移动情境 | 社交情境 | 终端情境 |
|---|---|---|---|---|---|---|
| $S_1$ | 4 | 4 | 1 | 2 | 2 | 3 |
| $S_2$ | 4 | 0 | 3 | 2 | 0 | 3 |
| $S_3$ | 3 | 3 | 0 | 4 | 4 | 5 |
| $S_4$ | 2 | 3 | 2 | 4 | 3 | 4 |
| $S_5$ | 3 | 0 | 4 | 0 | 2 | 3 |
| $S_6$ | 1 | 4 | 3 | 2 | 4 | 5 |
| $S_7$ | 3 | 2 | 4 | 1 | 4 | 5 |

注：数字为零表示用户对该消费信息情境无法评价或不做任何评价。

利用 MATLAB R2010a 编写基于项目的协同过滤算法，如果想求与场景 3 消费相似度最高的场景，则分别用 CosSim、PearSim 和 EcludSim 计算不同场景的消费相似度并排序，结果如图 6－3 所示。

| CosSim | PearSim | EcludSim |
|---|---|---|
| The 3 and1 similarity is 0.92727 | The 3 and1 similarity is 0.41463 | The 3 and1 similarity is 0.41463 |
| The 3 and2 similarity is 0.90825 | The 3 and2 similarity is 0.1629 | The 3 and2 similarity is 0.1629 |
| The 3 and4 similarity is 0.88656 | The 3 and4 similarity is 0.23979 | The 3 and4 similarity is 0.23979 |
| The 3 and5 similarity is 0.96339 | The 3 and5 similarity is 0.69174 | The 3 and5 similarity is 0.69174 |
| The 3 and6 similarity is 0.96841 | The 3 and6 similarity is 0.6595 | The 3 and6 similarity is 0.6595 |

图 6－3 用户跨社交电商平台消费相似度场景推荐

根据用户跨社交电商平台消费信息相似度，对 CosSim、PearSim 和 EcludSim 的权重设置为 0. 2、0. 5、0. 3，计算出最终的排序为：The 3 and 1 similarity is 0. 517158；The 3 and 2 similarity is 0. 31197；The 3 and 4 similarity is 0. 369144；The 3 and 5 similarity is 0. 74607；The 3 and 6 similarity is 0. 721282。由此可知，经过综合考虑，与场景 3 最相似的场景应该为场景 5，所以对于场景 3 的用户跨社交电商平台应用可以推荐场景 5 的相关应用。

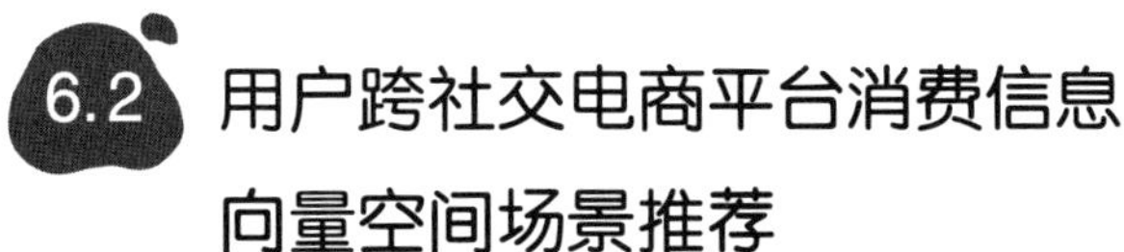

## 6.2 用户跨社交电商平台消费信息向量空间场景推荐

### 6. 2. 1 用户跨社交电商平台消费信息向量空间场景推荐模型

用户跨社交电商平台消费信息向量空间场景推荐是基于用户画像进行的，消费信息向量空间场景推荐模型为用户所处的时空及其变化提供相应的产品、技术和服务信息。用户跨社交电商平台消费信息向量空间场景推荐模型可构建为式（6－1）。

$$A_k = \sum_{k=1}^{n} M_k i + \sum_{k=1}^{n} N_k j + \sum_{k=1}^{n} P_k k \qquad (6-1)$$

为了阐述得更加清晰，选择其中的两个用户在某个场景跨社交电商平台消费信息获取欲望的向量进行计算。设用户 1 的消费信息获取欲望向量为 a = j − 2k，用户 2 的消费信息获取欲望向量为 b = i + (1/2)j − k，而这两个用户在同一个场景的消费信息获取欲望向量融合后的表达式为 C = 3a − 2b。计算某个场景的两个用户消费信息获取欲望向量的模和消费信息需求期望、消费信息搜索习惯和消费信息接受偏好。两个用户同一场景跨社交电商平台消费信息获取欲望向量融合后的表达式为：C = 3a − 2b = 2i + 2j − 4k。

如式（6−1）所示，$\sum_{k=1}^{n} M_k$ 为不同用户在同一场景的消费信息需求期望，$\sum_{k=1}^{n} N_k$ 为不同用户在同一场景的消费信息搜索习惯，$\sum_{k=1}^{n} P_k$ 为不同用户在同一场景的消费信息接受偏好，可以通过式（6−2）的向量计算方法计算出该场景对于用户信息需求的满足程度、信息搜索习惯的调适程度以及信息接受偏好的迎合程度。

$$\left.\begin{aligned}\cos\alpha &= \frac{\sum_{i=1}^{n}(M_i)}{\sqrt{\sum_{i=1}^{n}(M_i)^2+\sum_{j=1}^{n}(N_j)^2+\sum_{k=1}^{n}(P_k)^2}}\\ \cos\beta &= \frac{\sum_{i=1}^{n}(N_j)}{\sqrt{\sum_{i=1}^{n}(M_i)^2+\sum_{j=1}^{n}(N_j)^2+\sum_{k=1}^{n}(P_k)^2}}\\ \cos\gamma &= \frac{\sum_{i=1}^{n}(P_k)}{\sqrt{\sum_{i=1}^{n}(M_i)^2+\sum_{j=1}^{n}(N_j)^2+\sum_{k=1}^{n}(P_k)^2}}\end{aligned}\right\} \quad (6-2)$$

如式（6−2）所示，如果两个用户在同一场景跨社交电商平台消费信息获取欲望向量大小可以表示为：$|C| = \sqrt{(-2)^2+2^2+(-4)^2} =$

$2\sqrt{6}$。消费信息需求期望为 $\cos\alpha = (-2)/|C| = -1/(\sqrt{6})$，消费信息搜索习惯为 $\cos\beta = 2/|C| = 1/(\sqrt{6})$，消费信息接受偏好为 $\cos\gamma = (-4)/|C| = -2/(\sqrt{6})$。在用户跨社交电商平台场景推荐中需要分别基于用户在不同社交电商平台消费信息需求期望、消费信息搜索习惯和消费信息接受偏好 3 个维度融合后形成的消费信息获取欲望间的相似程度进行跨社交电商平台的有效推荐。为此，将向量空间模型（vector space model，VSM）理论引入本研究中，以式（6－2）为基础，实现同一用户在某个场景的消费信息获取欲望融合后，形成式（6－3）所示的余弦相似度的协同过滤的算法进行场景推荐，用户 A 和用户 B 的信息接受余弦相似度计算公式如式（6－3）所示。

$$\cos\theta = \frac{\sum_{i=1}^{3}(A_i \times B_i)}{\sqrt{\sum_{i=1}^{3}(A_i)^2} \times \sqrt{\sum_{i=1}^{3}(B_i)^2}} = \frac{A \cdot B}{|A| \times |B|} \qquad (6-3)$$

式（6－3）通过对某个用户在某个场景中跨社交电商平台消费信息获取欲望相似度计算，将用户信息接受期望标签化，其核心思想是对某个场景中两个用户对于该场景的需求满足程度、搜索调适程度和接受的调和程度进行评分，如果这三个维度评分的相似程度较高，那么两个用户对于该场景的评分很有可能类似。

### 6.2.2 用户跨社交电商平台消费信息向量空间场景推荐流程

用户跨社交电商平台消费信息向量空间场景推荐，基于上述公式对用户晨起前、上午工作、中午就餐、下午工作或晚上休息前 5 个场景进行创设情境实验。对于某个场景的不同用户信息需求的测量采用前测和后测问卷调查方法获得，对于信息搜索是采用移动终端录屏获得，对于用户跨社交电商平台消费信息获取欲望采用出声思考法获得。假设从全国多个地区选择 30 名拼多多用户和快手用户。实验分为 5 个阶段：（1）所选用户进行前测的问卷调查。通过问卷调查检验所选用户是否符合本次实验的要求。（2）进行消费信息接受任务安排。指派 25 名用户完成 5 个场景的相同任务，其余 5 名用户做推荐用。（3）用户日志挖掘。分析这 30 名用户在实验阶段内的日志。（4）实验过程回忆。每个用户除了在实验中进行出声思考外，实验结束后再对任务完成过程进行回忆。本研究的数据采集由人工提取用户的实验音频，并转录成文本，进行文本情感分析。（5）通过文本分析以及问卷调查整理用户对于信息需求的满足程度、信息搜索被调适的程度以及信息接受偏好被迎合的程度。用户跨社交电商平台消费信息向量空间场景计算如表 6－4 所示。

**表 6－4　用户跨社交电商平台消费信息向量空间场景推荐评分**

| 场景 | 信息接受向量 | 信息接受质量向量 | 信息需求期望 | 信息搜索习惯 | 信息接受偏好 |
|---|---|---|---|---|---|
| $S_1$ | a1i + b1j + c1k | 0.865i + 0.635j + 0.735k | 当地新闻、时事、校园资讯、校园交流、随手拍等 | 导航搜索、文字搜索 | 根据用户浏览信息偏好提供极致单品服务 |
| $S_2$ | a2i + b2j + c2k | 0.485i + 0.365j + 0.265k | 提供与课程相符的同步内容，作为教学的辅助环节 | 导航搜索 | 只需匹配其课程所需要的相关服务，服务单一 |
| $S_3$ | a3i + b3j + c3k | 0.785i + 0.385j + 0.585k | 休闲、娱乐类资源，诸如抖音、西瓜和火山小视频等 | 信息订阅、信息推送 | 将文字类信息转化为语音信息，方便用户就餐 |
| $S_4$ | a4i + b4j + c4k | 0.479i + 0.385j + 0.285k | 提供与课程相符的同步内容，作为教学的辅助环节 | 导航搜索 | 只需匹配其课程所需要的相关服务 |
| $S_5$ | a5i + b5j + c5k | 0.985i + 0.765j + 0.865k | 电视剧、短视频、综艺节目、文化节目、校园交流 | 导航搜索、文字搜索 | 捕捉用户身体姿态，为终端实现内容自适应配置 |

表6-4是经过对数据归一化处理后的结果，这5个场景用户跨社交电商平台消费信息获取欲望融合后的结果为 $\boldsymbol{M}=3.599i+2.535j+2.735k$，这5个用户跨社交电商平台消费信息获取欲望的模为 $|\boldsymbol{M}|=\sqrt{3.599^2+2.535^2+2.735^2}=5.18$，5个场景的用户跨社交电商平台消费信息需求期望为 $\cos\alpha=3.599/|\boldsymbol{M}|=0.695$，5个场景的用户跨社交电商平台消费信息搜索习惯为 $\cos\alpha=2.535/|\boldsymbol{M}|=0.489$，5个场景的用户跨社交电商平台消费信息接受偏好为 $\cos\alpha=2.735/|\boldsymbol{M}|=0.528$。这也体现了这5个场景用户跨社交电商平台消费信息需求期望、消费信息搜索习惯、消费信息接受偏好的刻画程度。

### 6.2.3 用户跨社交电商平台消费信息向量空间场景推荐结果

将上述5个场景的用户跨社交电商平台消费信息行为实验结果进行融合，这对于了解这5个场景用户跨社交电商平台消费信息行为的综合意义较大。在用户跨社交电商平台消费行为中，需要针对某个场景对不同用户消费信息需求期望、消费信息搜索习惯和消费信息接受偏好进行向量空间的融合，以获得该场景宏观上对于用户消费信息需求期望、消费信息搜索习惯和消费信息接受偏好的支持程度，并在[1,5]阈值范围内取整，获得标杆用户的场景化消费信息获取欲望的支持程度。用户跨社交电商平台消费信息向量空间场景推荐方法是通过实验中其余5个用户对该场景在消费信息需求期望、消费信息搜索习惯和消费信息接受偏好的满足程度进行评分，评分的阈值为[1,5]。这5个用户跨社交电商平台消息信息向量空间评分结果如表6-5所示。

表 6－5　　用户跨社交电商平台消费信息向量空间评分结果

| 用户 | 信息需求评分 | 信息搜索评分 | 信息接受评分 |
|---|---|---|---|
| 虚拟的标杆用户 | 5 | 3 | 4 |
| $User_1$ | 4 | 0 | 5 |
| $User_2$ | 0 | 5 | 2 |
| $User_3$ | 5 | 3 | 0 |
| $User_4$ | 3 | 4 | 0 |
| $User_5$ | 4 | 0 | 2 |

在由式（6－1）构建的用户跨社交电商平台消费信息向量空间场景推荐模型中，$A$ 代表不同用户在同一场景的整体效用的融合。通过对 25 名用户在某个场景的消费信息需求期望、消费信息搜索习惯和消费信息接受偏好进行测试后形成的消费信息需求、消费信息搜索和消费信息接受的平均得分分别为 5、3 和 4，从而形成了虚拟的标杆用户（virtual user）的消费信息接受向量。利用式（6－3），通过 MATLAB R2010a 编写余弦相似度的协同过滤算法，获得用户宿舍晨起场景的用户的相似度数值：The similarity of virtual user and user1 is 0.96887，The similarity of virtual user and user2 is 0.88285，The similarity of user1 and user2 is 0.99853。由此可知，在被测的 5 个用户中用户 1 的跨社交电商平台消费信息获取欲望最接近于标杆用户。由此，可以为用户 1 推荐其所处的各个场景，其余用户则需要社交电商平台进行激发、引导和调控，以促进这些用户的消费信息需求期望、消费信息搜索习惯和消费信息接受偏好向标杆用户逼近。

## 6.3 用户跨社交电商平台消费信息共享场景推荐

### 6.3.1　用户跨社交电商平台消费信息共享场景推荐模型

用户跨社交电商平台消费信息共享的实质是信息分享者和信息接

受者在特定场景的耦合过程，其耦合的是消费信息分享者的消费信息共享期望和消费信息接受者的消费信息接受期望，而其之所以能够耦合是通过场景化消费信息情境配置实现的。具体而言，用户跨社交电商平台消费信息共享者和消费信息接受者之间的耦合也正是跨社交电商平台价值的形成过程，包括了不同社交电商平台价值主张、价值创造主体和价值创造过程。用户跨社交电商平台消费信息共享是通过B. C. 布鲁克斯对于信息共享者的知识结构和信息接受者的信息接受程度的耦合关系得出的，这就是有名的布氏方程式：$K(S)+\Delta I \rightarrow K(S+\Delta S)$。用户跨社交电商平台消费信息共享的形成离不开以下 3 个方面的要素。

（1）信息共享端。消费信息共享端不仅包括共同体成员，消费信息共享者是基于社交电商平台成员在特定的信息共享场景通过信息共享情境配置予以实现的。（2）信息共享过程。社交电商平台消费信息共享过程也正是信息流发挥其应有效用的过程。在社交电商平台消费信息共享的实际中，通过明确消费信息共享的价值主张，耦合消费信息共享价值创造主体 3 个商业模式要素，以及场景化消费信息共享情境配置实现其应有的价值。（3）信息接受端。消费信息接受端不仅包括了消费信息接受者，也包括了消费信息接受者接受信息的场景，以及场景内的消费信息共享情境的配置。由此，形成图 6－4 所示的用户跨社交电商平台消费信息共享模式。

如图 6－4 所示，左端是信息共享者现有的知识结构 $K(S)$，中间部分是信息共享后的价值增值部分 $\Delta I$，右端则是信息共享后的新的知识结构 $K(S+\Delta S)$。其中，$K(S)$ 决定了 $\Delta I$ 的信息共享效果，$\Delta I$ 则决定了 $K(S)$ 的改变方式和结果。布鲁克斯的理论缺陷在于它没有反映出 $\Delta I$ 是如何得出来的，而这一点在本研究中借助商业模式三要素很好地予以体现，同时本研究也弥补了布氏理论忽略了环境因素的不足，而环境是人们进行消费信息共享所依赖的客观条件，它决定信息的覆盖面和折射的幅度，强烈地影响消费信息共享的效用。本研究将消费信息场景和消费信息情境作为信息共享要素纳入研究范畴，使得其更具有科学性和严谨性。

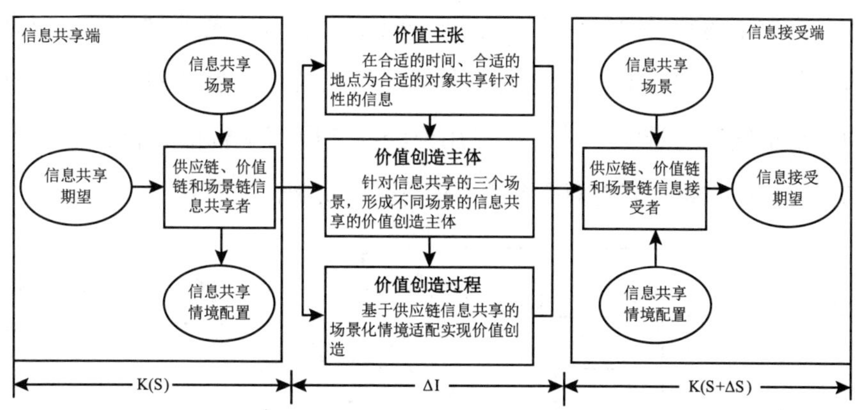


图6-4 用户跨社交电商平台消费信息共享模式

用户跨社交电商平台消费信息共享是一个多因素、复杂的作用过程，其成员之间的消费信息共享已成为价值实现的合目的行为。用户跨社交电商平台消费信息共享作为价值引导的有目的信息行为过程，其必然包含并依附于一些关键因素。基于此，将用户跨社交电商平台消费信息共享场景和消费信息共享情境纳入消费信息共享研究之中，通过用户、社交电商平台以及替代社交电商平台和其他用户消费信息共享形成了不同维度价值创造的核心能力，具体而言包括以下几个方面。

（1）用户跨社交电商平台消费信息共享适配。所谓共同体消费信息共享适配是指社交电商平台成员，即企业、社交电商平台和替代社交电商平台以及其他用户之间的消费信息共享，体现在特定时间、特定地点、特定对象和特定信息，形成共同体成员信息共享的适配效用，体现了消费信息共享的价值。（2）用户跨社交电商平台消费信息共享目标。所谓共同体消费信息共享目标是指成员为什么要进行信息共享，消费信息共享会为各成员以及整个共同体带来什么样的效用，这些效用又体现在哪些场景、需要哪些情境予以配置。(3) 用户跨社交电商平台消费信息共享调控。在社交电商平台消费信息共享中，如何确保消费信息共享的针对性和有效性是非常重要的，这就需要通过3链适配对其进行管理，实现对社交电商平台消费信息共享的引导和调控。供应链、价值链和场景链3链适配对用户跨社交电商平台信息行为提供支持，形成用户跨社交电商平台消费信息共享机制，如图6-5所示。

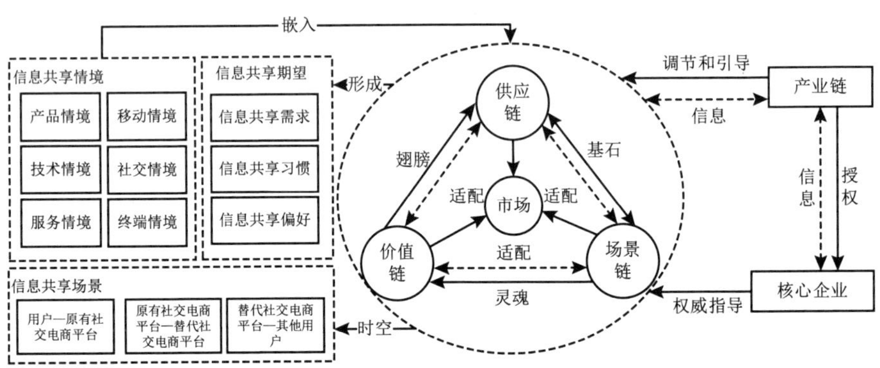


**图6-5 用户跨社交电商平台消费信息共享机制**

如图6-5所示，用户跨社交电商平台消费信息共享需要相应的信息共享场景，并由相应的消费信息共享情境基于信息共享期望配置予以实现。由此，需要对消费信息共享场景、消费信息共享情境以及消费信息共享期望分别予以界定。

(1) 消费信息共享场景。所谓消费信息共享场景是指社交电商平台信息共享的时空，以及时空内的消费信息共享情境及其关系的总和。在实际应用中，将社交电商平台消费信息共享场景分为“用户—原有社交电商平台”“原有社交电商平台—替代社交电商平台”“替代社交电商平台—其他用户”3个场景，这3个场景形成了用户跨社交电商平台消费信息行为的闭环共同体。(2) 消费信息共享情境。所谓消费信息共享情境是指信息共享环境，主要包括产品情境、技术情境、服务情境、移动情境、社交情境和终端情境，通过这 6 个维度的消费信息情境配置，实现上述 3 个场景的消费信息共享目标。（3）消费信息共享期望。所谓消费信息共享期望是指消费者在同意共享个人信息时，对共享行为可能带来的利益、隐私保护、透明度等方面的合理预期，具体可以将其细分为消费信息共享需求期望、消费信息共享习惯和消费信息共享偏好。由此，通过“消费信息共享场景—消费信息共享期望—消费信息共享情境”的配置实现“原有社交电商平台—用户—替代社交电商平台”信息共享的适配。

### 6.3.2　用户跨社交电商平台消费信息共享场景推荐路径

用户跨社交电商平台消费信息共享的方法最初是依据经验判断法和评分分析法。所谓经验判断法是凭借供应链成员之间信息共享的不断磨合，形成了消费信息共享的经验，对信息共享加以断定而进行信息获取的方法。经验判断既有感性的认识又有理性的认知，是经验方法和理性思维的综合。所谓评价分析法是指根据信息共享的明确目标，确定所共享的信息属性，并把这种属性转换为主观价值的过程。随着经济环境、社会环境、信息环境和技术环境的不断变迁，传统以经验判断和以评价分析为方法的消费信息共享的弊病逐渐凸显，体现为需要的信息并不能被有效地共享，而不需要的信息则被频频推送，这使得消费信息共享的针对性并不是很强。为此，用户跨社交电商平台消费信息共享应以经验判断法和评价分析法为基础，在继承这两种方法的基础上采用大数据、云计算和物联网等技术对社交电商平台消费信息共享者的信息共享期望以及信息接受者的信息接受期望针对“用户—原有社交电商平台”“原有社交电商平台—替代社交电商平台”“替代社交电商平台—其他用户”3个场景进行挖掘。基于此，分别挖掘出消费信息共享者的信息共享需求、信息共享习惯和信息共享偏好，并将这3个维度的挖掘结果进行聚合。同理，对于消费信息接受者的信息需求期望、信息搜索习惯和信息接受偏好进行有效的挖掘，并对挖掘结果进行这3个维度的聚合，形成社交电商平台信息共享期望。基于特定场景的信息共享期望和信息接受期望，实现社交电商平台信息共享的情境化适配，使信息共享者共享的信息正是信息接受者所需要的信息，从而提高了信息共享的针对性，减少了信息在社交电商平台中无序流动所造成的碰撞。用户跨社交电商平台消费信息共享方法如图6－6所示。

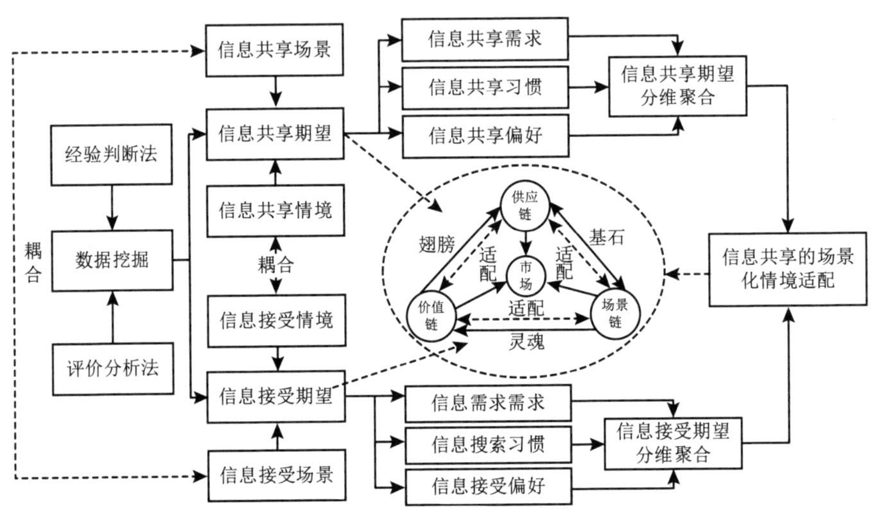


**图6－6 用户跨社交电商平台消费信息共享方法**

如图6－6所示，在用户跨社交电商平台消费信息共享中，与消费信息共享者对应的是消费信息接受者，消费信息共享场景和消费信息接受场景相同时才有可能实现真正意义上的信息共享和信息接受。同理，消费信息共享情境与消费信息接受情境的匹配度越高，越容易实现用户跨社交电商平台消费信息共享和信息接受。由此，基于对用户跨社交电商平台不同场景的消费信息共享期望和信息接受期望分别进行分维度画像，然后基于场景化情境的选择适配实现社交电商平台消费信息共享。用户跨社交电商平台消费信息共享是基于消费信息共享者的消费信息共享期望和消费信息接受者的消费信息接受期望进行适配的过程，其适配是基于消费信息共享场景、消费信息共享情境，以及消费信息共享优势形成的消费信息共享的适配度。根据消费信息共享的适配程度确定信息共享的适配类型，并在消费信息共享者和信息接受者之间以上述构建的消费信息共享模式为依据进行场景化的消费信息共享。由此，社交电商平台消费信息共享路径形成的要素有以下几个方面。

（1）消费信息共享动因。社交电商平台消费信息共享的驱动来自两个方面，其一是消费信息共享者的信息共享期望，其二是消费信息接受者的信息接受期望。消费信息共享者的信息共享欲期主要包括外部环境对其的刺激、本能驱动和社会化驱动，以及外部示范。消费信息接受者的信息接受期望主要包括消费信息需求期望、消费信息搜索习惯和消费信息接受偏好。（2）消费信息共享适配。社交电商平台消费信息共享适配是指基于特定场景的消费信息共享期望与消费信息接受期望之间的势差形成的信息共享优势，在消费信息共享者和接受者所处的特定场景进行适配，其适配的程度由适配度予以衡量。（3）信息共享类型。根据消费信息共享适配度的不同，形成不同用户可以查看商品的详细信息，包括图片、视频、描述、规格、价格等。商品信息共享主要包括商品详情、用户评价与反馈、商品推荐，社交互动信息共享主要包括用户动态、评论与讨论和点赞与分享，促销与优惠信息共享主要包括促销活动、优惠券与折扣码、团购与拼单，内容创造与分享主要包括图文视频内容、直播带货、攻略与经验分享，用户关系信息共享主要包括好友推荐、社交群组、关注与粉丝，数据与分析信息共享主要包括用户行为数据、市场趋势分析。由此，用户跨社交电商平台消费信息共享适配路径如图 6-7 所示。

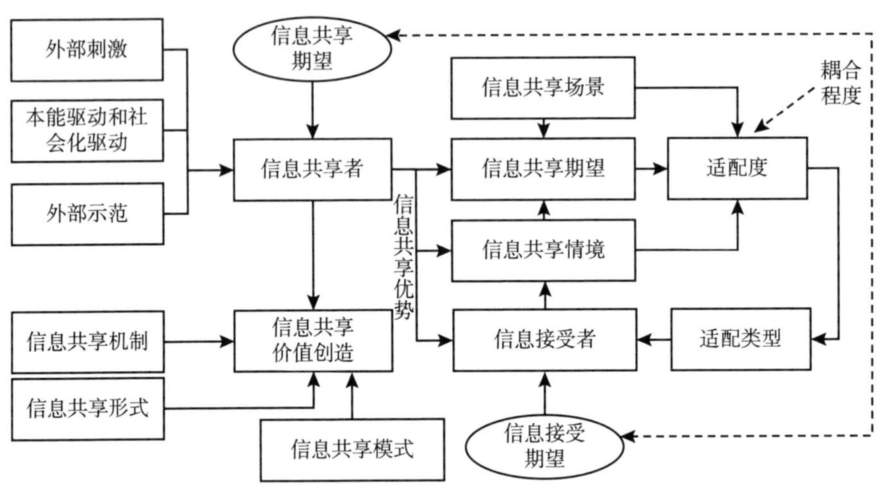


图 6-7　用户跨社交电商平台消费信息共享适配路径

用户跨社交电商平台消费信息共享适配路径的形成很好地反映了消费信息在共同体内的有序流动，其消费信息共享的目的是实现社交电商平台消费信息的增值。在具体的消费信息共享中，企业内部的消费信息共享主要存在于研究开发部门、工艺设计、生产制造部门、供应和销售部门之间，主要表现为内部对消费信息的共享、创造、转移和学习。高校内部的消费信息共享主要来源于知识传授、教学探讨、科研合作、管理制度的传递等方面。(1)“用户—原有社交电商平台”消费信息共享场景。该场景的消费信息共享需要通过技术合作、人才流动和专题培训等方式实现。其中，技术合作包括转让科技成果、双方的合作开发以及股份制合作。(2)“原有社交电商平台—替代社交电商平台”消费信息共享场景。该场景的平台与用户通过合作达成消费信息共享，为社交电商平台成员带来快速、便捷地获得所需消费信息的便利。平台与用户消费信息共享能够较容易地发现必要的专业知识，集中强化已在工作实践中被证明是成功的能力。（3）“替代社交电商平台—其他用户”消费信息共享场景。一方面，企业需要通过与科研机构的消费信息共享建立和扩充自身的科学知识储备，以便能够快速、准确地识别和开发外部萌生的或内部正在挖掘的技术机会。另一方面，很多重要的科学成就来源于企业在设计、制造等过程中遇到的技术难题，因此，平台也需要密切联系企业以助力其满足用户信息消费期望，并助力企业提升消费信息提供能力。

### 6.3.3　用户跨社交电商平台消费信息共享场景推荐策略

以文献调研法为基础，结合问卷调查和专家访谈的方法，通过设计访谈提纲并实施半结构化访谈，采集呼和浩特、乌兰察布和长春等地区的企业、高校和科研机构的访谈数据，探索社交电商平台消费信息共享的适配影响因素及作用关系，并据此验证社交电商平台消费信息共享形成机理模型。用户跨社交电商平台场景化情境适配的过程如下。

（1）文献调研。通过对相关文献调研，提炼研究用户跨社交电商平台消费信息共享的影响因素。（2）问卷调查。基于文献调研的结果对用户跨社交电商平台影响因素进行系统的梳理，并以问卷的形式分别在长春、呼和浩特和乌兰察布的企业、高校和科研机构发放，并对调查结果进行分析。（3）形成访谈提纲。分别邀请 6 位拼多多和快手的用户围绕社交电商平台消费信息共享的影响因素开展咨询。当访谈提纲确定后，选取访谈对象依据访谈提纲开展面对面的半结构化深度访谈，每个样本访谈时间在 45 分钟到 60 分钟。在具体的访谈过程中，研究者根据访谈对象的反馈动态调整提问内容，以获取更多数据。在征得访谈对象同意的前提下，现场记录访谈结果并录音。访谈结束后整理并转录访谈记录形成 Word 文档，并将访谈记录反馈至访谈对象，请访谈对象回忆并对访谈记录的准确性进行确认，如不一致，根据访谈对象意见进行修改，直至访谈对象确认无误。

以上述社交电商平台消费信息共享路径和共享策略为依据，不失一般性对“用户—原有社交电商平台”“原有社交电商平台—替代社交电商平台”“替代社交电商平台—其他用户”3个场景消费信息共享采用问卷调查方法和专家访谈相结合的方法，对企业、高校和科研机构相关人员进行调研和访谈，并对问卷调查和专家访谈的结果进行综合分析，提出不同场景的消费信息共享情境配置方案。根据访谈过程中关键词出现的频次，采用Tagul的标签云绘制工具形成社交电商平台消费信息共享的场景化适配标签云。用户跨社交电商平台消费信息共享场景推荐策略如表6－6所示。

表6－6　　用户跨社交电商平台消费信息共享场景推荐策略

| 场景 | 用户画像标签云 | 场景化情境配置方案 |
|---|---|---|
| 宿舍晨起 |   | (资源、技术、服务、移动、社交、终端) = (当地新闻、时事、校园资讯、校园交流、随手拍等；适时提供导航搜索和文字搜索；根据用户浏览信息偏好提供极致单品服务)。 |
| 上午上课或自习 |   | (资源、技术、服务、移动、社交、终端) = (课程内容、教学辅助、同步内容、导航搜索、服务单一)。 |
| 中午餐厅就餐 |   | (资源、技术、服务、移动、社交、终端) = (休闲资源、娱乐资源、抖音视频、西瓜视频、抖音视频、方便就餐、信息推送、文字转语音)。 |
| 下午上课或自习 |   | (资源、技术、服务、移动、社交、终端) = (课程内容、教学辅助、同步内容、导航搜索、服务单一)。 |
| 晚上宿舍休息 |   | (资源、技术、服务、移动、社交、终端) = (电视剧、综艺节目、文化节目、短视频、校园交流、阅读模式、身体姿势、精确匹配、捕捉情境、内容适应)。 |

如表 6－6 所示，用户跨社交电商平台消费信息共享适配的画像为不同场景的消费信息共享和消费信息接受提供了依据。这些标签云是消费信息共享期望与消费信息接受期望的交集运算结果，同时满足消费信息共享和消费信息接受的期望，因此可以被用来为不同场景的消费信息共享和消费信息接受提供依据，也是一种行之有效的方法。

## 6.4 本章小结

本章通过对用户跨社交电商平台消费的各个环节进行分析，提出了基于消费信息相似度、消费信息向量空间、消费信息共享适配的场景化推荐方法。总体而言，无论哪种推荐方法都离不开用户消费信息相似度和社交电商平台消费信息情境相似度。由此，在用户跨社交电商平台消费的场景化推荐中可以采用协同过滤算法、消费信息获取欲望画像、消费信息共享适配 3 种场景推荐方法，以期为后续的用户跨社交电商平台商业模式创新奠定研究基础。

# 第7章

# 用户跨社交电商平台消费场景化商业模式创新

## 7.1 用户跨社交电商平台消费分散场景商业模式创新

### 7.1.1 用户跨社交电商平台消费分散场景对产品的重构

用户跨社交电商平台消费基于分散场景对产品重构旨在丰富产品的时空属性，通过对产品价值形态的把握，形成其价值形态的演变，即从“产品+功能”向“产品+服务”再向“产品+体验”的逻辑演变，不同时期产品价值形态的重要程度不同。由此，通过对用户跨社交电商平台消费信息获取欲望分析，从产品功能性、产品服务性和产品体验性出发对产品重构。用户跨社交电商平台消费基于分散场景对产品重构形成产品功能价值，通过“场景故事+行业”的方式赋能商业模式创新。用户跨社交电商平台消费基于分散场景对产品重构形成产品服务性价值，通过直播带货或知识付费的方式满足消费者的个性化需求。用户跨社交电商平台消费基于分散场景对产品重构形成产品体验性价值，通过吃播将产品通过视觉、听觉、嗅觉、味觉和触觉五种感官予以体现。用户跨社交电商平台消费基于分散场景对产品重构的基础是空间与环境、实时状态、生活习惯和社交氛围等要素，并基于分散场景对产品重构形成感官效用。

（1）空间与环境。空间与环境是指用户跨社交电商平台创造产品价值的时空，社交电商平台正是基于用户特定时空的消费信息获取欲望通过场景化消费信息情境配置形成特定产品的感官效用和感官认知。（2）实时状态。实时状态是指用户在特定时空身体所处的状态，包括用户是处于静止状态还是运动状态，是处于休闲状态还是处于工作状态。用户跨社交电商平台消费根据自身所处的状态为其提供针对性的产品。（3）生活习惯。不同地区用户的生活方式不同，不同类型用户的生活方式亦不同，所以社交电商平台应把握和发掘用户的生活习惯，有效地挖掘用户在不同时空对于产品感官体验需求，进而有针对性地引导其在不同平台切换。（4）社交氛围。社交氛围的不同影响用户对于产品感官的认知，如用户基于社交电商平台和供应链各节点交互形成产品感官体验。随着社交电商平台所处环境的变化，特别是场景化要素在社交电商平台中的嵌入，使社交电商平台消费信息形成独特的产品感官效用。场景时代，用户跨社交电商平台消费具有新的内涵和外延，场景化感官为用户跨社交电商平台消费注入了新的元素。在这种情况下，探索用户跨社交电商平台感官触发下的消费者场景应用体验，基于消费者的感官认知模式驱动用户跨社交电商平台的场景化消费体验，形成场景化商业模式创新的方向。用户跨社交电商平台消费基于分散场景对产品的重构如图7－1所示。

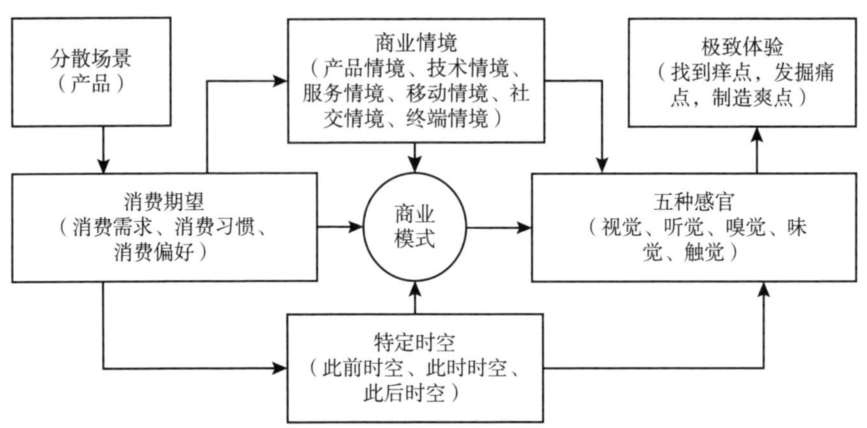


**图7-1　用户跨社交电商平台消费基于分散场景对产品的重构**

用户跨社交电商平台消费时，视觉在消费实践中占有主导地位，其他的感官体验，如嗅觉、味觉、听觉和触觉则在实践中长时间地被忽略，尽管它们往往对于消费者是否考虑或者决定购买某一产品起到举足轻重的作用。用户跨社交电商平台消费就是要形成五大感官的综合效用，强调感官对于特定时空体验的重要性。用户跨社交电商平台消费通过场景化感官效用刺激，满足消费者对于产品或服务的期望，进而影响用户可持续消费意愿。感官是用户跨社交电商平台消费商业模式创新导向的逻辑，从基于产品功能价值导向的逻辑转向产品服务效用价值导向的逻辑，再转向产品体验价值导向的逻辑。用户跨社交电商平台消费基于分散场景对产品功能性、服务性和体验性进行重构。这种重构以大数据、技术适配模型和场景适配理论为基础，将产品与消费者日常生活场景相连接，并与传统节日、爱的表白、孝顺父母等场景进行跨界混搭，以体现产品在特定场景中的情感价值。用户跨社交电商平台消费通过精确识别场景和准确推荐场景，将人、货和场相适配，体现产品的功能化、服务化和体验化，满足消费者的场景化消费信息获取欲望，实现产品时空化价值。用户跨社交电商平台消费基于分散场景对产品重构方法如表7-1所示。

表7-1　　用户跨社交电商平台消费基于分散场景对产品重构方法

| 场景对货重构 | 重构方向 | 重构方法 | 重构结果 |
| --- | --- | --- | --- |
| 产品功能性 | 为不同产品搭建不同场景 | 通过目标人群细分实现产品功能价值 | 通过场景构建和场景复制实现功能价值 |
| 产品服务性 | 洞察消费者的消费信息获取欲望 | 通过场景满足消费者需求、习惯和偏好 | 通过场景参与和场景配置实现效用价值 |
| 产品体验性 | 场景与日常生活跨界混搭 | 借助爱情、友情和亲情等强化消费体验 | 通过场景嫁接和场景叠加实现情感价值 |

如表7-1所示，用户跨社交电商平台消费针对产品搭建不同场景，通过目标人群细分，借助分散场景对产品的重构实现产品功能价值，并通过场景构建和场景复制实现功能价值。用户跨社交电商平台消费具有产品功能和消费信息获取欲望，借助产品重构满足用户消费信息需求期望、消费信息搜索习惯和消费信息接受偏好，通过场景参与和场景配置实现产品效用价值。用户跨社交电商平台消费借助分散场景与日常生活跨界连接和交叉混搭，借助爱情、友情和亲情等强化产品消费体验，通过场景嫁接和场景叠加强化用户持续消费意愿，实现产品情感价值创造。

### 7.1.2　用户跨社交电商平台消费分散场景对服务的重构

用户跨社交电商平台消费通过分散场景与人们日常生活场景关联耦合创造服务效用价值。用户跨社交电商平台消费基于分散场景对服务重构，通过数据挖掘用户特定时间和空间的消费信息需求期望、消费信息搜索习惯和消费信息接受偏好，使用户表现为“中心化”“交互化”“体验化”。用户跨社交电商平台消费是由于不同社交电商平台能够精准洞察用户特定时空的消费信息获取欲望，差异化地满足用户消费信息需求期望、消费信息搜索习惯和消费信息接受偏好。用户跨社交电商平台消费的交互化强调企业与消费者、消费者与消费者之间通过用户在不同社交电商平台切换和交互，满足用户消费信息需求期望、消费信息搜索习惯和消费信息接受偏好。用户跨社交电商平台消费体现为不同社交电商平台在激烈的市场竞争中抢占人们日常生活场景，让用户通过跨社交电商平台消费参与到商业模式创新之中，打造真正符合用户消费信息获取欲望的服务。用户跨社交电商平台消费就是借助消费信息场景、消费信息获取欲望、消费信息情境的配置与价值主张、价值创造主体和价值创造过程的价值创造逻辑的集成和适配。用户跨社交电商平台消费的场景时代已经来临，场景成为不同社交电商平台切换的动力源泉。在这种形势下，不同社交电商平台如何将场景与商业模式要素集成，充分发挥产品功能价值、产品服务效用价值和产品场景体验价值，使用户在不同社交电商平台切换中创造价值就显得尤为重要。基于此，用户跨社交电商平台消费价值创造就是要将商业模式要素和场景要素集成和适配，以形成独特的、难以被复制的新型商业模式。

（1）集成。集成是指场景要素与社交电商平台商业模式要素集成，其实质是将社交电商平台介入用户的全时段、全场景，并将价值主张、价值创造主体和价值创造过程等商业模式要素细分到不同的场景，形成不同场景的价值创造逻辑，这是不同社交电商平台商业模式要素集成的内容，进而激发形成用户跨社交电商平台消费的视听经济。（2）适配。适配是指不同社交电商平台对不同场景与不同目标群体消费信息获取欲望的匹配程度。由此，不同社交电商平台基于场景的关联匹配表现为两类，一是跨社交电商平台与线下生活场景匹配，提升用户消费体验愉悦度；二是跨社交电商平台和线下场景互动，促进产业发展。这两类匹配可以归总为以人们现实生活场景为依据，通过用户跨社交电商平台消费在不同场景之下建立起人与产品、服务和体验的联系。用户跨社交电商平台消费基于分散场景对服务重构机理如图7-2所示。

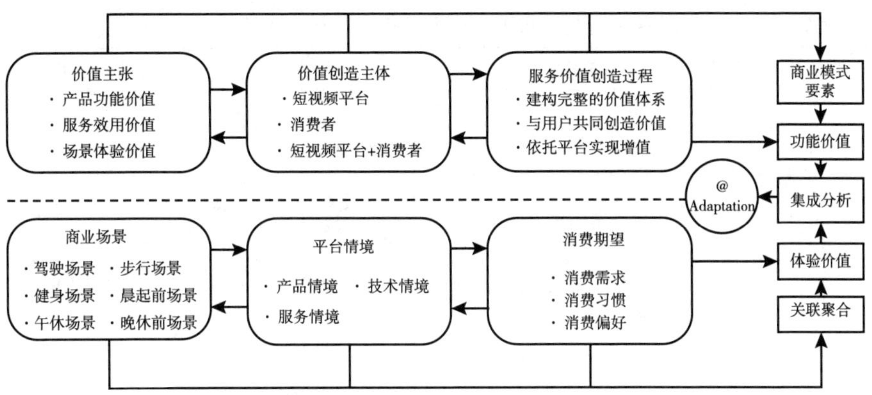


**图7-2　用户跨社交电商平台消费基于分散场景对服务重构机理**

如图7-2所示，用户跨社交电商平台消费基于分散场景对服务重构的本质是要实现基于用户场景化消费信息获取欲望的消费信息情境适配。随着大数据技术的发展和普及，不同社交电商平台可以利用大数据对用户消费信息搜索习惯进行挖掘，形成不同类型的用户画像，向用户推送相关内容。对用户跨社交电商平台而言，消费信息的精准推送不仅意味着和用户消费信息获取欲望相匹配，还意味着和场景相融合，即在还原浏览场景的基础上，向用户有针对性地推送内容。用户跨社交电商平台消费场景适配是指通过对用户浏览的内容、浏览的时间、浏览的位置，以及互动评论等信息进行大数据分析，精确地识别用户在此时此地、此情此景下的实时需求，进而及时地向其提供与此场景相匹配的产品或服务，使用户具有在不同社交电商平台切换的意愿。不同社交电商平台通过大数据挖掘用户在不同时空的消费信息获取欲望，借助于场景化情境适配理论，通过场景主导逻辑下的用户参与实现用户中心化、通过用户参与产业链不同环节的交互实现用户与产品的交互化、利用用户数据全面刻画用户场景实现用户对产品的体验化。用户跨社交电商平台消费基于分散场景对服务的重构方法如表7-2所示。

表7-2　用户跨社交电商平台消费基于分散场景对服务的重构方法

| 场景对人的重构 | 重构方向 | 重构方法 | 重构结果 |
| --- | --- | --- | --- |
| 用户中心化 | 不同场景的特定诉求 | 通过线上和线下场景的融合实现强连接 | 提供有温度的产品 |
| 用户交互化 | 场景要素强化消费交互 | 借助社交媒体和包装新技术与消费者建立连接 | 消费者参与价值创造 |
| 用户体验化 | 场景触点感知愉悦消费体验 | 借助虚拟现实技术增强消费者体验 | 打造消费体验的新生态 |

如表7-2所示，用户跨社交电商平台消费体现为以用户为中心。用户中心化是用户交互化的基础，用户交互化是用户体验化的支撑，用户体验化又进一步强化了用户中心化，用户中心化、用户交互化和用户体验化形成了特定场景的用户消费信息获取欲望。只有实现用户中心化，用户交互化才有受众基础，使得供应链能全方位把握用户消费信息获取欲望，进而促进用户消费体验。只有实现用户愉悦体验，用户中心化地位才能进一步巩固和增强，进而形成场景对人重构的良性循环，从而不断提升用户场景化消费信息获取欲望的清晰度。

### 7.1.3　用户跨社交电商平台消费分散场景对体验的重构

用户跨社交电商平台消费基于分散场景对体验的重构旨在实现多元场景下消费信息获取欲望与产品属性特征的精准适配。从消费者的角度而言，其消费信息诉求正在发生大的转变，从一开始注重产品功能向追求更为多样化的服务体验，进而再向特定时空消费体验转变。用户跨社交电商平台消费基于分散场景对体验的重构，使得人、货和场由“人找货”转变为“货找人”再向“人找人”转变，形成消费者的情感体验。

用户跨社交电商平台消费基于分散场景重构，使得商业模式由“物以类聚”向“人以群分”再向“场以趣建”转变，人、货和场的适配效用由“千人一面”向“一人千面”再向“千人千面”转变。用户跨社交电商平台消费基于分散场景对体验的重构体现在以下 3 个环节。

（1）商业模式解构。用户跨社交电商平台消费依据不同场景的价值主张对其商业模式解构，其解构的本质就是将不同社交电商平台的管理界面要素和客户界面要素分别纳入场景中。（2）商业模式要素改性。用户跨社交电商平台消费将大数据、移动设备、定位系统、传感器和社交媒体等场景化要素融入解构后的商业模式要素之中，使管理界面和客户界面的商业模式要素具有场景功能，实现了商业模式要素的场景化改性。（3）商业模式重构。用户跨社交电商平台消费对解构后且融入场景化要素的商业模式要素依据其所在场景的价值主张，通过场景化消费信息情境的配置实现其商业模式重构，进而实现用户跨社交电商平台消费商业模式创新。用户跨社交电商平台消费基于分散场景对体验的重构机理如图 7－3 所示。

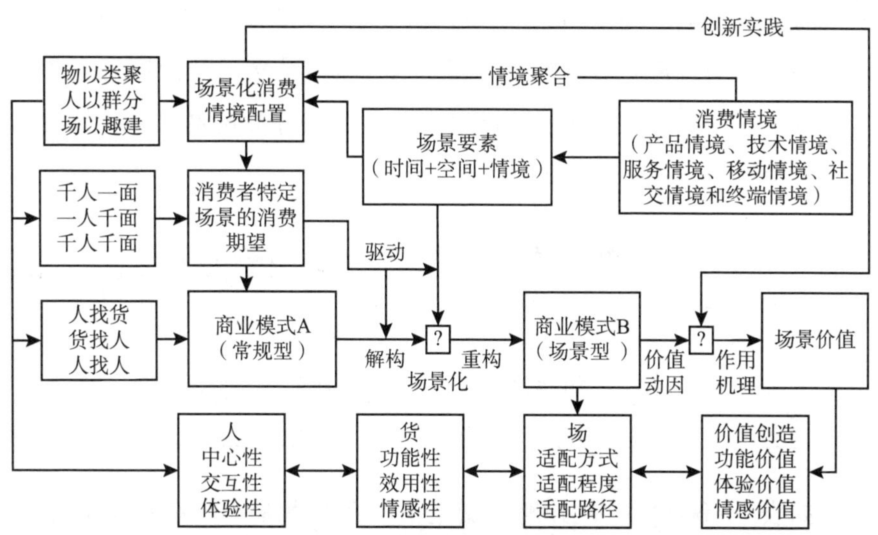


图 7－3　用户跨社交电商平台消费基于分散场景对体验的重构机理

用户跨社交电商平台消费基于分散场景对体验的重构主要包含以下3层含义。(1）技术方式上。用户跨社交电商平台以产品情境、技术情境、服务情境、移动情境、社交情境和终端情境为原料，通过大数据、移动设备、社交媒体、定位系统和传感器等场景要素，基于对人“中心化”“交互化”和“体验化”的协同性重构刻画用户特征，基于对货的“功能化”“效用化”和“情感化”的协同性重构丰富产品属性，并基于场景化情境的适配方法使得“人”和“货”精准适配。(2）适配逻辑上。用户跨社交电商平台消费场景重构商业模式适配性表现为场的适配路径由“人找货”转变为“货找人”再转变为“人找人”，其背后隐藏的适配逻辑从“产品主导”向“服务主导”再向“体验主导”转变。（3）实现机理上。伴随“适配逻辑”由“产品主导”向“服务主导”的转变，用户跨社交电商平台消费场景通过对人、货的协同性重构使得场的适配路径发生转变，其适配方式由“物以类聚”向“人以群分”再向“场以趣建”转变，其适配效用由“千人一面”向“一人千面”再向“千人千面”转变。用户跨社交电商平台消费充分调动和发挥不同场景要素的效用，将消费信息场景与用户的日常生活场景相连接，通过场景化情境适配实现人和货的场景化适配。用户跨社交电商平台消费基于分散场景对体验的重构方法如表7-3所示。

表7-3 用户跨社交电商平台消费基于分散场景对体验的重构方法

| 产品属性演化 | 产品+功能 | 产品+体验 | 产品+情感 |
|---|---|---|---|
| 适配方式 | 人找货 | 货找人 | 人找人 |
| 适配路径 | 物以类聚 | 人以群分 | 场以趣建 |
| 适配效用 | 千人一面 | 一人千面 | 千人千面 |

如表7-3所示，用户跨社交电商平台消费基于分散场景对体验的重构通过场景化适配使消费信息获取欲望被渐进地满足，强调场

景在整个商业生态系统的中心化地位，使得企业的经营重心由货转变为人，再由人转变为场，进一步重构和优化“人”和“货”的适配过程，围绕消费者场景化消费特征，根据产品属性实现用户和产品的场景化精准适配，以适时的个性化产品满足用户海量场景的需求。

## 7.2 用户跨社交电商平台消费场景链商业模式创新

### 7.2.1 用户跨社交电商平台消费场景链商业模式创新依据

用户跨社交电商平台消费基于供应链各节点，沿着“产品功能→服务效用→场景体验”的不同价值形态主导逻辑演化，赋能商业模式创新。用户跨社交电商平台消费场景主要是向终端消费者提供标准化和大规模生产的产品，这对消费者而言具有“样式单一”的缺点，难以满足用户日益强烈的异质化消费信息需求期望。在此情形下，用户跨社交电商平台消费基于场景链赋能商业模式创新是通过“用户期望场景化”“价值主张时空化”“消费信息情境交互化”实现的，也是通过“产品功能价值”“服务效用价值”和“场景体验价值”不同价值形态主导逻辑演变实现的，是以“人”“货”和“场”为触点的供应链新零售商业模式场景化创新。由此，形成用户跨社交电商平台消费场景链商业模式创新依据如表7－4所示。

表7－4 用户跨社交电商平台消费场景链商业模式创新依据

| 商业模式要素 | 形成及发展阶段 | 转型阶段 | 创新阶段 |
|---|---|---|---|
| 价值主导逻辑 | 产品功能价值主导 | 服务效用价值主导 | 场景体验价值主导 |
| 核心要素 | 消费信息情境（货） | 消费信息获取欲望（人） | 消费信息场景（场） |

续表

| 商业模式要素 | 形成及发展阶段 | 转型阶段 | 创新阶段 |
|---|---|---|---|
| 核心要素价值内容 | 形成供应链不同节点的产品功能，以满足消费者消费信息获取欲望 | 通过消费信息情境的配置实现供应链各节点3类价值的创造 | 基于供应链构建场景，为消费者提供不同产品、服务和体验 |
| 支撑要素（实现目标） | 供应链各节点的消费信息场景和消费信息情境（解决消费痛点） | 供应链各节点的消费信息获取欲望和消费信息场景（发掘消费痒点） | 供应链各节点的消费信息获取欲望和消费信息情境（打造消费爽点） |
| 支撑要素价值内容（不同形态价值链） | 来源于现实生活对供应链各节点产品和服务的不同场景，融合消费信息情境，满足消费者期望，实现产品功能价值（产品功能价值链） | 通过供应链各节点的产品和服务刺激消费信息获取欲望和构建相应的场景，利用消费信息情境配置满足消费信息获取欲望，实现产品功能价值和服务效用价值（服务效用价值链） | 通过对供应链各节点的产品和服务构建不同场景，利用消费信息情境开发不同场景的产品功能价值，提供不同场景的服务效用和打造不同场景的体验价值（场景体验价值链） |
| 价值创造主导逻辑及具体内容（细分对象） | 通过市场细分化，激发供应链各节点用户的消费信息获取欲望，形成新的主打产品系列（产品细分化） | 激发供应链各节点用户的消费信息获取欲望，开拓产品服务场景，促进消费信息情境的有效配置（用户细分化） | 打造供应链各节点的产品使用场景和服务利用场景，迭代场景化体验，进而实现三类价值的时空化共创（场景细分化） |

用户跨社交电商平台消费场景链商业模式创新就是要将场景化情境适配理论引入商业模式解构和重构之中，基于“价值创造动因→价值创造机理→价值实现路径”的商业模式场景链式的价值共创理念的指导，通过“用户期望场景化”“价值主张时空化”“消费信息情境交互化”实现。用户跨社交电商平台消费场景链商业模式创新需要从以下3个方面出发。

（1）商业模式价值主张趋势演变驱动。用户跨社交电商平台消费场景链商业模式创新是以“产品为中心（货）→服务为中心（人）→场景为中心（场）”的价值主张趋势的演变驱动。（2）商业模式价值共创过程。用户跨社交电商平台消费场景链商业模式创新是通过场景链对现有商业模式进行解构，将场景要素融入解构后的商业模式要素之中，使商业模式要素具有场景化功能，通过场景化情境适配对商业模式进行重构，实现“产品功能价值（个性化）”“服务效用价值（人性化）”“场景体验价值（情感化）”3类价值的立体化共创。（3）商业模式价值共创策略。用户跨社交电商平台消费场景链商业模式创新是通过“消费信息场景—消费信息获取欲望—消费信息情境”的三维一景适配实现的。用户跨社交电商平台消费场景链商业模式创新过程如表7－5所示。

**表7－5　用户跨社交电商平台消费场景链商业模式创新过程**

| 商业模式价值创造方向 | 价值主张 | | 价值创造 | | 价值实现 | | 商业模式创新策略 |
|---|---|---|---|---|---|---|---|
| | 供应链各节点价值取向 | 供应链各节点价值关注点 | 供应链各节点价值创造主体 | 供应链各节点价值创造过程 | 供应链各节点价值传递 | 供应链各节点价值获取 | |
| 产品主导型（货） | 产品功能（个性化） | 产品质量和数量更为个性化 | 供应链核心制造企业 | 产品生产 | 传统分销、多层级单向传递 | 产品交易 | 社交电商平台通过“消费信息场景—消费信息获取欲望—消费信息情境”的三维一景适配赋能商业模式创新 |
| 服务主导型（人） | 服务效用（人性化） | 提供服务的效果和效率更为人性化 | 供应链各节点企业与消费者 | 服务环节 | 企业与消费者的多维交互 | 服务提供 | |
| 场景主导型（场） | 场景体验（情感化） | 特定时空的体验更为情感化 | 供应链各节点企业与消费者；消费者 | 产品售后和回收环节 | 供应链各节点与消费者线上交互、线下体验 | 实现时空价值多向传递 | |
| 价值创造逻辑和路径 | 价值主张的新颖性 | | 价值创造主体的多样性 | | 价值获取的持续性 | | 价值创造过程的适配性 |
| | 路径1：用户期望场景化 | | 路径2：价值主张时空化 | | 路径3：消费信息情境交互化 | | |

由表7－5可知，用户跨社交电商平台消费场景链商业模式创新需要从“场景链”视角遵循“价值主张的新颖性→价值创造主体的多样性→价值获取的持续性→价值创造过程的适配性”的逻辑，设计“用

户期望场景化”“价值主张时空化”和“消费信息情境交互化”3条价值共创路径。

### 7.2.2 用户跨社交电商平台消费场景链商业模式创新机理

场景链不仅限于线下，也包括线上，涵盖有形的产品、服务，以及虚拟的产品和服务。场景链内的合作方式是多样化的，或者说可以是多种整合形态同时存在的，但一定是以人的需求为第一诉求，以场景链之间的协调性为前提。场景链创新的本质是从供应链视角对产品的研发、制造、销售、售后和回收等全供应链进行场景化重构，从而在存量市场竞争中占得先机。用户跨社交电商平台消费通过对供应链各节点的“用户期望场景化”“价值主张时空化”和“商业情境交互化”，借助于“价值主张场景化”“价值创造主体场景化”和“价值创造过程场景化”赋能商业模式创新。用户跨社交电商平台消费场景链商业模式创新是通过对现有商业模式解构，然后将场景化要素融入解构后的商业模式要素之中，并借助场景化情境配置实现商业模式重构。用户跨社交电商平台消费从商业模式解构和重构的视角实现商业模式创新。用户跨社交电商平台消费场景链商业模式创新机理如图7-4所示。

如图7-4所示，用户跨社交电商平台消费场景商业模式，提出了各场景节点新的价值主张，形成了各场景节点新的价值创造主体，革新了各场景节点价值创造过程，凭借场景链各节点的关键资源（社交电商平台不同维度的情境）和核心能力（社交电商平台不同维度情境的场景化配置能力，包括标准化适配能力和个性化适配能力）实现价值共创。用户跨社交电商平台消费场景链各节点通过场景对现有商业模式进行解构，将场景要素融入解构后的商业模式要素之中，借助场景化情境配置重构商业模式。用户跨社交电商平台消费场景链商业模式解构和重构包括以下 3 个方面。

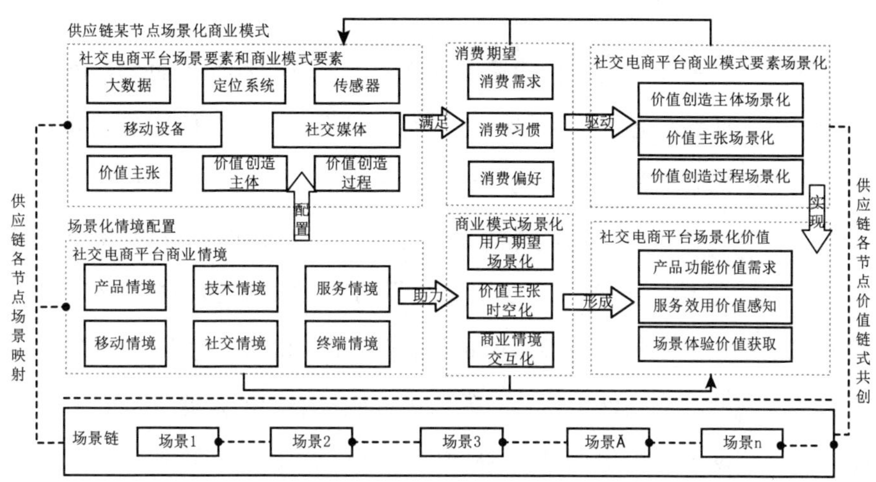


图 7－4　用户跨社交电商平台消费场景链商业模式创新机理

（1）价值创造主体场景化。在场景化商业模式中，消费者可以直接向场景链各节点提出个性化及多样化需求，通过用户驱动制造的柔性反向定制，进行小批量的个性化生产。（2）价值主张场景化。用户跨社交电商平台消费极大地重塑了场景链各节点的传统消费信息场景，使消费渗透率快速提升，打破了传统线下门店运营的时空限制，衍生出更多的电商平台、直播带货、共享经济新兴业态，形成了供应链各节点商业模式的“产品功能价值”“服务效用价值”和“场景体验价值”的立体化价值主张。（3）价值创造过程场景化。社会分工细分化助推懒人经济爆发，国人对于工业品的消费心理正从单个场景节点向场景链的商业模式转变，场景链各节点通过数字化用户画像，从场景链视角为用户提供更为精准的产品功能价值、服务效用价值和场景体验价值，实现这 3 类价值的立体化共创，从而提升“人”与“货”在“场”中的链式交互质量。

### 7.2.3 用户跨社交电商平台消费场景链商业模式创新路径

对用户跨社交电商平台消费场景链的各节点和各环节而言，将客户细分、渠道通路和客户关系归纳为“人”的部分，将价值主张、收入来源和成本结构归纳为“场”的部分，将关键活动、核心资源和重要伙伴归纳为“货”的部分。用户跨社交电商平台消费通过对不同社交电商平台商业模式解构，再通过“线上交互”和“线下体验”的无缝连接，借助“消费信息场景—消费信息获取欲望—消费信息情境”的三维一景适配，实现“产品功能价值—服务效用价值—场景体验价值”的生态演化，最终实现3类价值的链式协同创造。对于场景链不同节点，则由“供应链—场景链—期望链”的3链适配实现价值链式共创。用户跨社交电商平台消费场景链商业模式创新路径如图7-5所示。

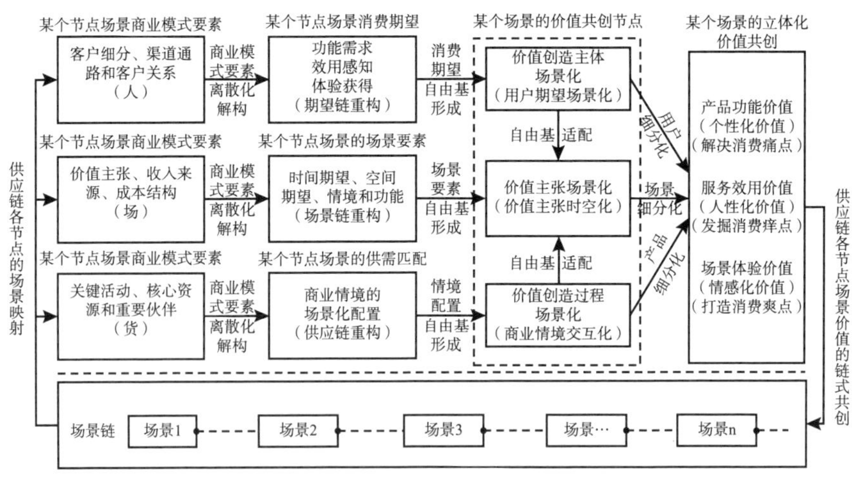


图7-5 用户跨社交电商平台消费场景链商业模式创新路径

图7-5表明，在用户跨社交电商平台消费场景链各节点产品制造和服务提供的过程中，场景链基于用户消费信息获取欲望（“消费信息需求期望—消费信息搜索习惯—消费信息接受偏好”）的逻辑进行离散

化解构。解构后的场景链各个节点将场景要素与商业模式各要素进行适配性融合，按照“消费信息场景—消费信息获取欲望—消费信息情境”的配置关系进行重构。由此，用户跨社交电商平台从供应场景、制造场景、销售场景和服务场景出发，进行离散化解构和适配性重构。

（1）离散化解构。用户跨社交电商平台消费场景从产品制造、流通和服务出发，对原有场景链离散化处理形成了场景节点，这些场景节点分别由“消费信息场景—消费信息获取欲望—消费信息情境”自由基组成。（2）自由基耦合。离散化自由基具有与其他自由基进行配置的势能，一旦有需要则进行自由基的关联耦合配置。对于离散化后的自由基，用户跨社交电商平台依据“消费信息场景—消费信息获取欲望—消费信息情境”的标准化和个性化方式的配置赋能商业模式创新。（3）适配性重构。用户跨社交电商平台消费信息场景、消费信息获取欲望和消费信息情境 3 类要素之间的标准化适配和个性化适配的内部机制是遵循“价值节点—价值节点集群—价值链—价值网”适配优势进行的，这种适配符合马斯洛需求理论的层次递进规律。（4）链式价值共创。用户跨社交电商平台消费依托供应链不同节点的用户消费信息获取欲望形成消费信息获取欲望链，而供应链基于消费信息获取欲望链的场景化情境适配形成了场景链，“供应链—场景链—期望链”3 链适配实现价值共创。

## 7.3 用户跨社交电商平台消费场景网商业模式创新

### 7.3.1 用户跨社交电商平台消费场景网产品功能重构

随着互联网、物联网、人工智能、虚拟现实等科技和环境的发展，用户跨社交电商平台消费信息获取欲望逐渐向品质化提升，共同实现消费升级。一个行业的独立精耕细作已不能满足用户消费信息获取欲望，也很难和多行业整合为群落竞争。用户跨社交电商平台消费围绕着不同定位人群的整合，最终体现为不同的场景关系，场景节点、场景节点集群、场景链、场景网生态是社交电商平台供应链需要关注和运营维护的。用户跨社交电商平台消费基于产品功能场景链嫁接的实质是对“货”主导逻辑的重构。场景对不同社交电商平台的生态化作用体现在不同产业供应链上，是由不同产业供应链以及其他利益相关者，基于不同社交电商平台产品功能场景链嫁接，延伸（生长）出次（支）供应链。不同社交电商平台基于产品功能将不同产业供应链跨界连接和交叉混搭形成特定应用场景的商业模式生态。不同社交电商平台通过对目标客户在特定应用场景的消费信息获取欲望，借助不同产业供应链基于产品功能的场景化情境配置形成商业生态系统的时空化网络拓扑结构，这一结构使得其在更为复杂的市场环境和更为激烈的市场竞争下，通过创新生态系统快速建立联系和获取发展动力。这表明，不同社交电商平台商业模式要素除具有整体性、相关性、目的性和环境适应性等特征外，还体现为结构复杂、关系复杂和行为复杂，具有自组织的特性，是典型的动态、开放的复杂系统。用户跨社交电商平台消费场景网产品功能重构机理如图 7 -6 所示。

不同产业供应链基于产品功能嫁接形成特定应用场景的供应商生态种群、制造商生态种群和零售商生态种群，通过“消费信息场景—消费信息获取欲望—消费信息情境”的标准化配置赋能社交电商产品商业模式生态化创新。在“企业生态系统”维度主要体现为产品功能；在“消费生态系统”维度主要体现为消费信息需求期望；在“场景生态系统”维度主要体现为链式场景关联。由此可见，社交电商平台生态是通过不同产业供应链基于场景网连接而不断扩展生长形成的，新的供应链在加入生态网络时会倾向于与应用场景相连。不同社交电商平台产业供应链网络节点的生长性连接按照幂律分布衰减，即除了极少数节点有非常多的连接以外，大部分节点只有很少的连接，这符合复杂网络的小世界特点，具有复杂网络的马太效应。

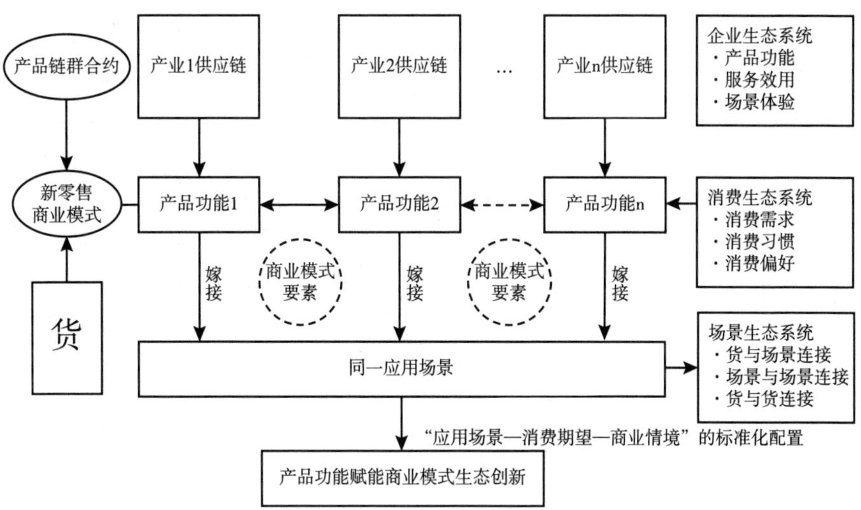


图 7－6　用户跨社交电商平台消费场景网产品功能重构机理

### 7.3.2　用户跨社交电商平台消费场景网服务效用重构

用户跨社交电商平台消费基于服务效用场景链嫁接的实质是利用社交电商平台对服务效用的重构。随着社交电商平台场景要素的不断丰富及其在商业模式中的渐进嵌入，用户消费信息获取欲望不断改变，用户在价值追求方面从产品功能向服务效用转变，形成不同场景服务效用价值主导逻辑，使用户与用户、企业与企业、场景与场景之间基于服务链群合约形成多维交互，体现为不同产业供应链基于服务效用的场景化情境配置形成商业生态系统的情境交互化结构。用户跨社交电商平台消费基于场景网赋能服务效用重构形成了供应链与供应链互联互通结构，使现有服务摆脱了原本单纯的服务属性，通过将元宇宙的 VR、AR 和 MR（混合现实）等新型场景要素按需适时纳入，推动着“人货场”的交互，实现着人与服务、服务与服务、人与人的互动。用户跨社交电商平台场景网服务效用重构机理如图 7－7 所示。

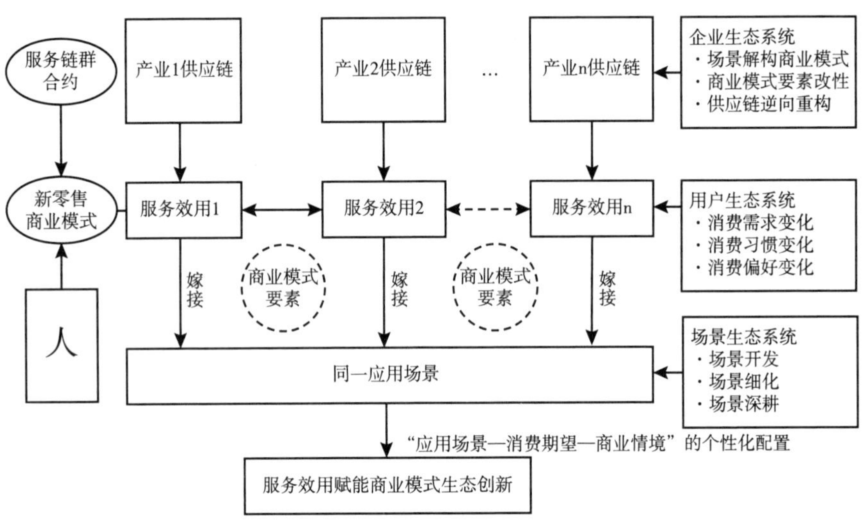


图 7－7 用户跨社交电商平台场景网服务效用重构机理

用户跨社交电商平台消费商业模式是一个服务效用嫁接供应链的生态系统，可以基于用户消费信息需求期望、消费信息搜索习惯和消费信息接受偏好驱动提供服务。不同产业供应链在用户消费信息获取欲望驱动下，基于服务效用的链式场景嫁接形成特定应用场景的供应商生态种群、制造商生态种群和零售商生态种群，通过“消费信息场景—消费信息获取欲望—消费信息情境”的个性化配置赋能新零售商业模式生态化创新。在万物互联的今天，不同产业供应链以服务效用的场景嫁接供应链开辟新场景和深耕原场景，满足目标用户日益多变的消费信息获取欲望，从而赋能商业模式是非常重要的。例如，用户通过智能家居或可穿戴设备，基于服务链群合约，借助物联网将相关产品或者原本毫无关系的产品纳入供应链之中，使其变为相互影响和相互依赖的服务互补品。从供应关系来看，不同社交电商平台形成复合扩展功能的连接及跨界混搭，借助场景解构不同产业供应链各节点原有商业模式，将场景要素融入解构后的社交电商平台商业模式之中，通过重构社交电商平台商业模式实现生态化创新。

### 7.3.3 用户跨社交电商平台消费场景网情感体验重构

用户跨社交电商平台消费场景网体验重构的实质是社交电商平台借助场景网连接形成生态化社交电商平台网络，进而形成愉悦的消费体验。用户跨社交电商平台消费场景网体验重构离不开不同社交电商平台基于用户时空化消费信息获取欲望的关联耦合。用户跨社交电商平台消费场景网可以提供多种产品和服务，不同场景具有生态化的体验期望，表现为从“此前场景—此时场景—此后场景”的链式关联和耦合，使得不同社交电商平台借助网式场景嫁接形成愉悦的消费体验，按照场景链群合约，通过“消费信息场景—消费信息获取欲望—消费信息情境”的双路径适配赋能商业模式创新。用户跨社交电商平台消费场景网场景体验重构机理如图7-8所示。

用户跨社交电商平台消费场景网是一个场景化情境时空交互无缝连接的生态系统，社交电商平台通过产品情境、服务情境、技术情境、移动情境、社交情境和终端情境的场景化配置实现商业模式创新。用户跨社交电商平台消费基于不同产业供应链借助场景体验嫁接形成特定应用场景的供应商生态种群、制造商生态种群和零售商生态种群，通过“消费信息场景—消费信息获取欲望—消费信息情境”的双路径配置（标准化和个性化两条路径）赋能商业模式生态化创新。用户跨社交电商平台消费基于供应链从消费端到供给端的全域、全场景、全链路的场景化，使得跨社交电商平台场景网生态向“智人—超货—虚场—灵境”的沉浸式消费体验转变，将“底层逻辑 + 虚实场景逻辑 + 经济系统 + 社交系统”串联，形成场景网的消费新模式。用户跨社交电商平台消费场景网商业模式生态化创新需要建立一个集成化的协同场景网，场景网成为新的生态化创新底层逻辑。

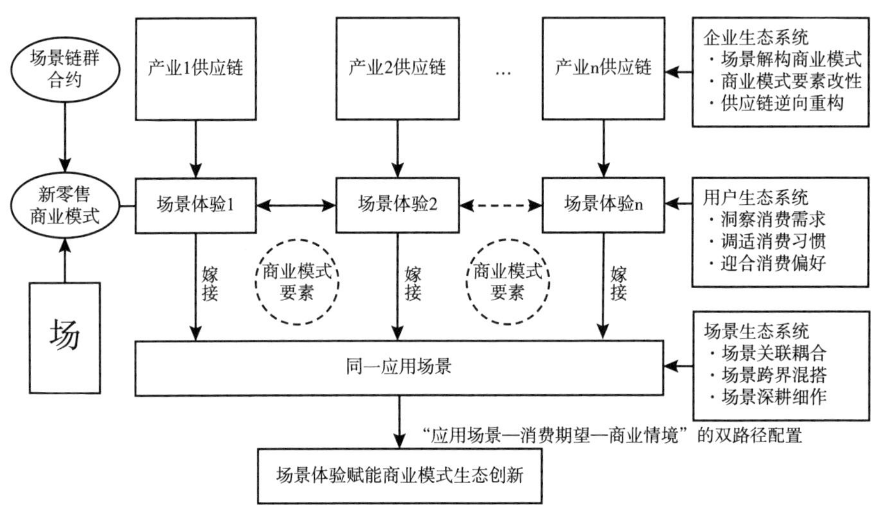


图 7－8　用户跨社交电商平台消费场景网场景体验重构机理

## 7.4 本章小结

从需求侧来看，用户跨社交电商平台消费使得越来越多的产品和服务具有了场景交互的特征，通过大数据、移动设备、社交媒体、传感器、定位系统等场景要素与新零售商业模式要素的融合对商业模式要素进行改性，借助场景化情境配置实现跨社交电商平台商业模式创新。现有国内外相关研究集中于运用生态系统理论、生态位理论、产业生态、商业生态系统和企业生态位理论研究商业模式创新，特别是国外研究更多集中于商业生态，鲜见用户跨社交电商平台消费商业模式生态化创新的相关研究。在理论落后于实践的情形下，本书另辟蹊径从实践出发对理论进行总结和提炼，以“分散场景—场景节点集群—场景链—场景网”的逻辑，从供应链拓扑结构的生态化、价值创造的生态化和情境交互的生态化出发，探讨用户跨社交电商平台商业模式生态化创新。

# 第8章

# 用户跨社交电商平台消费元宇宙化创新

## 8.1 用户跨社交电商平台消费元宇宙化创新内涵

### 8.1.1 用户跨社交电商平台商业模式元宇宙化创新概念

虚拟人与直播电商结合无疑是当下社交电商平台元宇宙最为火热的赛道，元宇宙为用户跨社交电商平台商业模式创新提供了一种有效的解决方式。社交电商平台元宇宙使供应链的产品、服务和体验价值边界逐渐模糊而得以融合，出现了京东、淘宝、快手和拼多多等虚拟人应用场景。元宇宙使用户跨社交电商平台经由虚拟人的调节和引导，历经着“现实—虚拟—现实”的场景切换演变，这种演变是由不同时代消费信息情境交互配置实现的，体现不同社交电商平台场景化切换的实践。用户跨社交电商平台商业模式创新以供应链为基础，以价值链为导向，以场景链为渠道，以虚实交互为形式，以高质量、高效率和低成本的方式向生态化方向发展。如果说用户跨社交电商平台消费已成为传统零售业态转型调整的普遍方向，那么元宇宙将成为社交电商平台场景化运营升级的主要形式。用户跨社交电商平台消费就是要将线下的消费信息场景搬到元宇宙中，虚拟人在加速线下消费信息场景社交属性的同时向元宇宙化方向发展。用户跨社交电商平台消费元宇宙化的六大核心元素分别是人、货、场、创造、连接和共生，以“人”“货”“场”为基本要素，以“创造”“连接”“共生”为关系要素，借助“连接”和“共生”的跨社交电商平台的方式创造附加价值。用户跨社交电商平台元宇宙的核心技术是借助扩展现实、数字孪生和区块链等技术，通过切换平台创造生态化和立体化价值。用户跨社交电商平台的场景化应用形成五种感官的沉浸式消费体验。当前，大数据、云计算、物联网、人工智能、脑机接口、网络通信等场景要素已融入社交电商平台之中，通过场景链的引导使用户从一个平台跨越到另一个平台，满足消费者日益元宇宙化的消费信息获取欲望，场景链网成为用户跨社交电商平台元宇宙运营的底层逻辑，社交电商平台元宇宙的本质是不同平台基于场景的连接。然而，社交电商平台元宇宙如何满足消费者日益多元化、个性化和情感化的消费信息获取欲望，找到社交电商平台与元宇宙的良好的契合点是用户跨社交电商平台商业模式元宇宙化创新急需解决的核心问题和关键问题。用户跨社交电商平台消费需要识别元宇宙的核心属性，并将其描述为多种技术、平台或游戏，具备持续性与同步性，包含发达的经济系统。虽然，用户跨社交电商平台商业模式元宇宙化创新的成果较为分散，但是随着研究的逐渐深入发现元宇宙与社交电商平台虚拟场景在本质上具有一致性，均具有场景关联、情境交互、期望满足的沉浸式特点。结合现有研究成果将用户跨社交电商平台商业模式元宇宙化创新界定为融合大数据、云计算、物联网、5G 技术、区块链、虚拟现实、增强现实和混合现实等场景要素，基于用户时空化消费信息获取欲望及其变化，通过供应链各节点场景数字孪生、虚拟原生和虚实共生重构“人货场”及其关系，借助消费信息场景的连接与共生，通过商业模式场景化情境配置赋能社交电商平台商业模式元宇宙化创新，其本质是社交电商平台供应链线上虚拟店铺和线下实体店面无缝连接的数字共生体和数字互生体。

### 8.1.2 用户跨社交电商平台商业模式元宇宙化创新意义

用户跨社交电商平台商业模式元宇宙化创新需要将社交电商平台与虚拟人相结合，体现为虚实相生、链式关联、时空交互、情境配置和经济增值，并在此基础上发掘社交电商平台元宇宙构建的底层逻辑。用户跨社交电商平台元宇宙虚拟场景和现实场景的共生表现为虚实相生，即线下实体店面和线上虚拟店铺之间存在着镜像映射关系，二者之间相互作用和相互影响形成了共生关系。用户跨社交电商平台元宇宙消费的自然真身和虚拟分身两种身份的交互逐渐模糊了虚拟与现实的边界，不仅体现为虚拟场景与现实场景的互生，也体现为自然真身和虚拟分身的共生。用户跨社交电商平台消费通过虚拟人的时空化关联形成场景链条，使消费者从一个场景按照特定逻辑无缝切换到另一个场景，进而形成场景链。用户跨社交电商平台元宇宙商业模式创新就是要利用大数据这一场景要素挖掘消费者历史场景的消费信息获取欲望，基于此前场景的消费数据，结合此时场景的消费信息获取欲望预测此后场景的消费信息获取欲望，借助虚拟人引导消费者在场景间无缝切换，为消费者提供消费的场景链条。用户跨社交电商平台元宇宙商业模式创新通过“自然真身—虚拟分身—机械假身”强大的时空交互满足用户特定时空的消费信息需求期望、消费信息搜索习惯和消费信息接受偏好，借助移动互联网和人工智能技术，利用虚拟人使消费者能够产生深度沉浸的在场感和身临其境的现场感。用户跨社交电商平台元宇宙通过“消费信息场景—消费信息获取欲望—消费信息情境”的多维度适配，利用虚拟人激发用户“此前场景—此时场景—此后场景”的时空化演变的消费信息获取欲望。用户跨社交电商平台元宇宙虚拟人需要借助不同维度情境的交互作用，并通过场景化情境配置较好地满足用户的线上交互和线下体验的消费信息获取欲望。用户跨社交电商平台元宇宙基于用户生成内容、专业生成内容以及智能生成内容，借助虚拟人为用户提供多层次、协作式、开放式的消费信息场景，这些场景不同方式生成的内容基于区块链搭建认证体系与经济体系，在一定程度上与现实经济形成联动的虚实转化闭环，进而通过连接和共生创造附加价值。

### 8.1.3　用户跨社交电商平台商业模式元宇宙化创新框架

用户跨社交电商平台商业模式元宇宙化创新需要社交电商平台将分散场景相连接，能够以一站式的链式场景满足用户消费信息获取欲望，通过“此前场景—此时场景—此后场景”的关联耦合满足用户不同时空的消费信息需求期望、消费信息搜索习惯和消费信息接受偏好，通过用户在不同社交电商平台的切换完成链式场景的消费活动。目前，社交电商平台元宇宙处于摸索阶段，需要通过不断尝试找到虚拟与现实共生共荣的平衡状态，由此开启社交电商平台元宇宙商业模式生态化的新纪元。目前，虽然尚未见到社交电商平台元宇宙直接研究成果和相关产品，但是已有元宇宙与商业、元宇宙与经济和元宇宙与教育的相关研究。如元宇宙虚拟分身和商业机遇、元宇宙在商业银行中的应用和创新、元宇宙促进数字经济发展路径、元宇宙赋能数字经济高质量发展、元宇宙经济裂变、元宇宙知识经济模式变革与重构等相关成果，这些成果为本研究提供了基础。“元宇宙 + 虚拟人 + 社交电商平台”成为时下最为重要、关键和急迫需要解决的问题，掌握了这 3 类要素的融合就掌握了社交电商平台元宇宙商业模式创新的流量密码。用户跨社交电商平台元宇宙重构“人货场”，带来新场景、新货物、新消费，最终创造一个新世界。用户跨社交电商平台元宇宙需要利用场景链，借助“消费信息场景（场）—消费信息获取欲望（人）—消费信息情境（货）”的场景化情境配置实现商业模式创新。用户跨社交电商平台商业模式元宇宙化创新框架如图 8 – 1 所示。

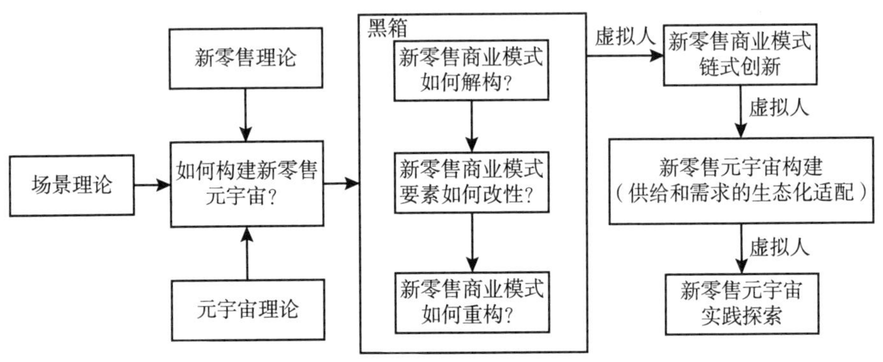


**图 8 – 1　用户跨社交电商平台商业模式元宇宙化创新框架**

## 8.2 用户跨社交电商平台商业模式元宇宙化创新机制

### 8.2.1　用户跨社交电商平台商业模式元宇宙化解构

简单来看，元宇宙和社交电商平台好比是技术与商业两大领域，而虚拟人是用户跨社交电商平台消费将这两大领域结合的最好方式之一。虚拟人先于元宇宙概念于 20 世纪 80 年代出现，其作为元宇宙的一部分，逐渐形成社交电商平台生态化应用。然而，目前消费信息情境的丰富程度和功能强大程度远未达到元宇宙构建所需，这也是现在只有零星相关产品出现的主要原因。目前，用户跨社交电商平台消费信息获取体验性、即得性和时空性较差，使得对其商业模式解构、改性和重构成为必然。随着生产力和生产关系的不断变革，消费者生活水平不断提升，人们元宇宙化的消费信息获取欲望逐渐强烈，用户跨社交电商平台消费的智慧场景不断形成。因此，探索场景时代下用户跨社交电商平台商业模式创新机制成为必须解决的关键问题。用户跨社交电商平台场景化应用，借助虚拟人技术融合了线上交互、线下体验和现代物流的结合方式，已被学界和业界所接受，并且也形成了一定的研究成果。用户跨社交电商平台通过产品链群合约、服务链群合约和场景链群合约重构“人货场”的逻辑，形成虚实结合的沉浸式消费体验。场景对用户跨社交电商平台商业模式解构，形成价值主张、客户细分、分销渠道、客户关系、关键业务、核心能力、重要伙伴、成本结构和收入来源 9 个游离的社交电商平台商业模式要素。其中，人的要素包括价值主张、客户细分和客户关系 3 个要素，这 3 个要素是实体和虚拟场景的结合。货的要素包括关键业务、成本结构和重要伙伴 3 个要素，这 3 个要素围绕实际货品与虚拟货品及服务的整合。场的要素包括分销渠道、收入来源和核心能力 3 个要素，这 3 个要素是新的虚拟和现实的消费信息场景。目前，国内已形成了拼多多、抖音、快手、小红书、淘宝、京东社交电商平台虚拟人直播、电商带货、社交电商平台广告、品牌代言、线下活动联动等变现方式。用户跨社交电商平台消费就是要在这些平台间不断切换以满足其不同维度的消费信息获取欲望，这就需要利用场景解构现有社交电商平台商业模式，与此同时，利用人工智能、云计算、大数据等新型场景要素形成虚拟人，并将其融入现有商业模式要素之中，加快社交电商平台元宇宙建设的步伐。场景对原有社交电商平台商业模式解构，将解构后的商业模式要素的场景化改性以便灵活地适应当前市场发展趋势和要求，确保更多的生态化跨界和连接，社交电商平台元宇宙中的虚拟人与消费者更易于沟通，借助于人、货、场深度融合，推动社交电商平台元宇宙商业模式生态化创新。

### 8.2.2 用户跨社交电商平台商业模式元宇宙化改性

用户跨社交电商平台消费的本质是借助虚拟人引导和调节使用户在不同场景穿梭于不同的社交电商平台。用户跨社交电商平台消费使线上和线下边界逐步消失，是现实世界与虚拟世界的映射交互。近年来，大量机构正在加码社交电商平台元宇宙开发，但在“虚实结合”的应用场景上还缺少实践应用。用户跨社交电商平台消费元宇宙可以帮助不同平台解决“数据孤岛”问题，使信息迷航和信息缺失问题得以有效缓解，并借助于虚拟人的引导助力企业做出智慧性的判断。用户跨社交电商平台商业模式元宇宙化改性需要将场景要素与解构后的商业模式要素相融合，使社交电商平台借助于虚拟人等场景要素感知用户消费信息获取欲望及其变化，感知消费者在特定时空对于特定产品消费信息需求期望、消费信息搜索习惯和消费信息接受偏好。用户跨社交电商平台消费使原有商业模式要素中融入场景要素对其改性，以符合社交电商平台利用场景要素可感知、可重构、可细化和可配置的特点，如将虚拟人这一场景要素融入已解构的社交电商平台商业模式要素之中，挖掘消费的最大频繁场景，并基于挖掘结果进行场景推荐。在现实中，用户跨社交电商平台商业模式要素的改性是通过社交电商平台商业模式要素对场景化要素的吸附发生作用，虚拟人社交电商平台就是将虚拟人这一场景要素融入商业模式要素中对原有商业模式要素改性，并借助“人货场”重构赋能社交电商平台商业模式生态化创新。从虚拟人元宇宙视角出发，可以发现用户跨社交电商平台商业模式要素的场景化改性并不仅仅是某一种要素单独作用于已解构的社交电商平台商业模式要素，而是不同场景要素针对用户时空化的消费信息获取欲望对游离的社交电商平台商业模式改性的结果。用户跨社交电商平台商业模式要素具有多维度被改性的能力，改性的结果使游离的社交电商平台商业模式要素越来越趋向于元宇宙化和生态化，使社交电商平台商业模式从元宇宙的视角对商业模式进行生态化创新。

### 8.2.3　用户跨社交电商平台商业模式元宇宙化重构

用户跨社交电商平台商业模式元宇宙就是要借助虚拟人等场景要素感知用户多元化、个性化和情感化的立体化消费信息获取欲望，利用场景要素对原有商业模式要素改性后进行元宇宙化重构。用户跨社交电商平台商业模式元宇宙化重构符合生态化发展理念，其本质是从产业发展和消费者需求的角度思考，借助于虚拟人使其更好地与实体产业、商品消费结合，从而产生更高的价值和更广的发展。用户跨社交电商平台商业模式元宇宙化就是要将这些改性后的社交电商平台商业模式要素根据实际需要与产品情境、技术情境、服务情境、移动情境、社交情境和终端情境相关联，形成功能强大的虚拟人。社交电商平台经历了需求驱动、模式驱动、流量驱动、技术驱动和效率驱动向元宇宙方向发展，其商业模式场景化重构就是要基于消费者在特定时空的消费信息获取欲望及其变化，通过虚拟人在“消费信息场景—消费信息获取欲望—消费信息情境”3 个维度构建映射，制定集成和协议等标准，实现多维情境交互的关联数据和数据交互操作。用户跨社交电商平台消费利用虚拟人将不同维度消费信息情境在同一场景聚合配置，在对消费信息情境关联耦合的基础上实现场景的链式连接。数字孪生等作为用户跨社交电商平台元宇宙支撑性技术，可将现实世界的真身以孪生化形式在用户跨社交电商平台元宇宙中重构虚拟分身，通过时空映射让用户跨社交电商平台在更高维度的场景链中加以应用。通过用户跨社交电商平台消费信息情境在元宇宙层面的整合，对消费信息场景进行细颗粒度的标引和逻辑关系构建，并对虚拟人在不同场景的作用予以体现。用户跨社交电商平台商业模式元宇宙化可利用统一元数据标准对各个维度的消费信息场景进行语义描述，包括对用户跨社交电商平台消费信息场景的名称、关系、维度、层次、物理位置、依存关系等多重属性的编码，并基于本体技术和关联数据对社交电商平台消费信息场景不同层次的概念、实体、关系等进行进一步抽取，从而构建用户跨社交电商平台元宇宙消费信息场景关联数据。用户跨社交电商平台消费信息场景标引和场景化关系的构建是商业模式场景化重构的关键，也是利用消费信息情境的场景化配置实现多维度立体化附加价值创造的基础，通过虚拟人与用户的交互满足消费者过去无法实现的消费信息获取欲望，这已成为用户跨社交电商平台元宇宙构建的关键。

### 8.2.4 用户跨社交电商平台商业模式元宇宙化机理

用户跨社交电商平台元宇宙的本质是价值创造的时空链式运行逻辑，也是其实现不同产业链式场景重构的重要依据，还是场景经济高质量发展和企业数字化转型的核心要素和关键因素。用户跨社交电商平台元宇宙不仅关系到网络空间命运共同体的构建，还与商业模式创新有着密切的关系，虚拟人在其中发挥着重要的作用。用户跨社交电商平台消费利用虚拟人小众破圈，进入大众喜闻乐见的领域，通过人与不同平台的消费信息交互创造生态化的价值。用户跨社交电商平台消费，利用虚拟人主持、虚拟人客服、虚拟人代言、虚拟人导购、虚拟人营销等方式打造元宇宙。同时，用户跨社交电商平台商业模式重构范式应用于元宇宙构建，除了虚拟人主播之外，也在探索其他消费信息场景。用户跨社交电商平台元宇宙虚拟人主要分为服务型虚拟人和身份型虚拟人，尽可能保障用户在元宇宙中的消费信息获取欲望得以满足。用户跨社交电商平台元宇宙是以数字形式发布、存取和利用的消费信息场景，其包含了产品情境、技术情境、服务情境、移动情境、社交情境和终端情境等不同维度情境及其关系，这些消费信息情境可以通过供应链各节点协同构建，虚拟人成为情境交互的产物。用户跨社交电商平台消费信息场景管理涉及社交电商平台元宇宙的构建，虚拟人作为一种社交电商平台商业模式解构和重构的应用形态，为社交电商平台场景化应用提供了想象的空间。一方面，用户跨社交电商平台虚拟人涉及了数字化孪生、虚拟现实、增强现实和混合现实等在内的可视化技术，这些技术为社交电商平台的时空化应用提供了可能。另一方面，用户跨社交电商平台元宇宙虚拟人可以利用内容生成、大数据等在内的技术为其与用户交互提供渠道。用户跨社交电商平台消费场景基于供应链形成场景节点、场景节点集群，以场景链的方式，借助“产品功能价值—服务效用价值—场景体验价值”的价值主导逻辑演变，利用场景链赋能商业模式生态化创新。在此背景下，本书基于社交电商平台场景化应用的五大关键环节，即将场景要素嵌入商业模式、场景对商业模式解构、场景对商业模式要素改性、消费信息情境整合、商业模式重构，梳理元宇宙相关底层技术的融合方向，提出社交电商平台商业模式在元宇宙时代的创新方向和创新路径，形成用户跨社交电商平台商业模式元宇宙化创新机理如图 8－2 所示。

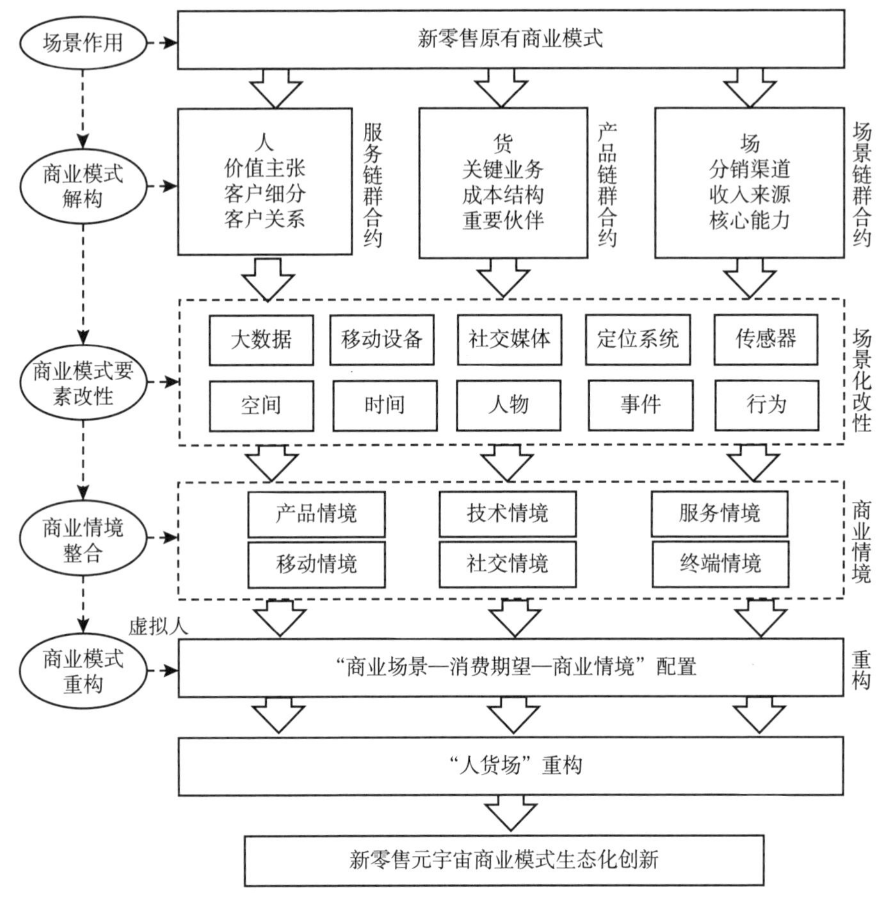


图 8－2 用户跨社交电商平台商业模式元宇宙化创新机理

## 8.3 用户跨社交电商平台商业模式元宇宙化创新战略

### 8.3.1 用户跨社交电商平台商业模式元宇宙化创新目标

用户跨社交电商平台元宇宙是其商业模式场景化创新的重要形式，

是不同产业供应链基于消费信息场景通过跨界连接和混搭，借助虚拟人基于价值链的调节和引导，通过场景链所形成的一种纵横交错的生态化结构，其本质上是对“人货场”的重构。目前，用户跨社交电商平台元宇宙实践较好的企业是海尔智家社交电商平台，但是其目前还未有自己的虚拟代言人、虚拟营销人、虚拟直播人等。用户跨社交电商平台借助世优科技，通过 XR（扩展现实）技术搭建定制虚拟场景，不同场景对应不同产品，同时可以自由切换、无缝转场。另外，利用 AR 特效展示了海尔的空调性能，深度还原了产品在现实中的多项应用场景。用户跨社交电商平台元宇宙表现为不同产业供应链各节点商业模式要素和场景要素融合后的改性，即由原来不同产业各自粗放式的分散化运营变为有目的和精细化的场景链运营。在各大平台上，已经涌现出一批虚拟主播。在淘宝、京东、快手等平台的直播间里，有虚拟人挑起大梁独自直播的，也有虚拟人物搭配真人主播组合直播的，不少用户被其吸引，前来观看下单，形成可持续支付意愿，这强化了用户黏性。用户跨社交电商平台元宇宙借助于场景嫁接形成，具体是利用虚拟人通过产品链群合约、服务链群合约和场景链群合约构建。用户跨社交电商平台元宇宙要围绕不同产业定位人群的整合，最终体现在虚拟人对不同产业供应链的链式场景关联，场景链成为未来社交电商平台运营的底层逻辑。用户跨社交电商平台元宇宙是指不同产业供应链依据用户消费信息获取欲望逻辑，基于特定场景关联耦合形成的场景链条，表现为不同产业供应链节点通过时空交互所形成的链式场景，多条场景链纵横交错最终形成。用户跨社交电商平台消费信息获取欲望及其变化是元宇宙构建的动力，供应链是元宇宙构建的载体，价值链是元宇宙构建的导向，而场景链则是元宇宙构建的渠道。用户跨社交电商平台元宇宙就是要基于供应链、借助价值链、利用场景链赋能商业模式生态化创新。用户跨社交电商平台元宇宙的构建离不开供应链各节点对商业模式解构、改性和重构，利用虚拟人从供应链、价值链和场景链3链融合的视角构建。用户跨社交电商平台元宇宙构建的本质是不同产业供应链基于链式场景以虚拟人应用场景的多种嫁接方式重构“人货场”，实现附加价值创造。

### 8.3.2 用户跨社交电商平台商业模式元宇宙化创新技术

用户跨社交电商平台元宇宙构建离不开场景链，利用虚拟人进行多层次的链式关联，通过虚实场景的实时交互，借助场景化情境的多维度配置赋能商业模式生态化创新。用户跨社交电商平台元宇宙构建离不开语义本体和关键数据，具体而言是对时间、空间、人、事等实体元素及其关联的虚拟场景进行建模。用户跨社交电商平台元宇宙需要借助虚拟人予以助力。一方面，虚拟人基于社交电商平台模仿现实世界的时空规则，另一方面，虚拟人又超越和摆脱了现实世界的边界约束性。用户跨社交电商平台元宇宙通过场景节点、场景节点集群、场景链、场景树和场景网所构建，为消费者带来全新的体验，也会改变品牌或商品传播、销售方式。用户跨社交电商平台元宇宙具有理论上的无限扩展空间，这些空间可供用户自由选择、探索和切换，且虚拟人具有不受时间、地点和体力等限制的特点。用户跨社交电商平台元宇宙在现实世界进行数字孪生的基础上，通过开放可编辑的运作模式可以改造线下实体店，充分体现虚实共生和虚实互生的场景再构，利用虚拟人将元宇宙中的“超现实”场景与现实空间进行重合可产生大量虚实融合场景，通过拓展现实让原有静态场景具备动态效果，由实及虚提供立体化消费体验。用户跨社交电商平台元宇宙虚拟人利用数字孪生、数字原生、虚实相生形成的3类场景与用户进行多重关系的交互。用户跨社交电商平台元宇宙数字孪生复刻真实世界至元宇宙，搭建社交电商平台元宇宙时空场景、创建虚拟人，通过虚拟人与用户的交互形成商业生态体系。用户跨社交电商元宇宙利用多个虚拟分身进行多任务分工协作和沟通，在虚实世界中融合自然真身、虚拟分身和机械假身交互实现价值创造。用户跨社交电商平台消费离不开异构化、多元化的场景，然而消费信息场景的语义本体抽取和基于关联数据的元宇宙构建尚不现实，还需要大量的资金和技术投入。现阶段，用户跨社交电商平台消费元宇宙可结合虚拟现实技术对现有实体店铺进行虚拟化，并将线下店铺工作人员转化为虚拟分身，让消费者在虚拟场景中与营业人员进行交互，并进行场景化消费，在虚拟空间获得与实体场景相似的体验。用户跨社交电商平台元宇宙拓展增强现实在当前实体店铺中进行虚拟场景的叠加。

### 8.3.3　用户跨社交电商平台商业模式元宇宙化创新方式

用户跨社交电商平台商业模式元宇宙化创新方式离不开以下几个环节。首先，需要对现有不同社交电商平台商业模式进行解构，通过整合消费信息情境，搭建多模态链式场景。其次，在商业模式解构和重构的过程中，分别对不同场景进行元数据及本体层次的标引，基于语义本体和关联数据提取各场景间的关联关系，进一步基于各场景关系，利用各类虚拟元素搭建孪生化场景平台。最后，结合社交电商平台元宇宙场景入口，利用虚拟人实现虚实场景交互。用户跨社交电商平台消费的整个过程中，消费信息情境的维度和粒度以及不同情境的关联复杂度决定了元宇宙构建的多元性和灵活性。一方面，消费信息场景的颗粒度决定了用户跨社交电商平台消费元宇宙的精细度；另一方面，消费信息情境的丰富度决定了用户跨社交电商平台元宇宙的复杂度。社交电商平台和元宇宙的融合可以助力用户利用虚拟人跨社交电商平台的应用，具体是通过数字孪生、虚拟原生和虚实相生实现。用户跨社交电商平台元宇宙需要侧重对社交电商平台场景本体抽取、关联构建、场景映射和场景孪生。数字原生表现为用户跨社交电商平台元宇宙构建不同虚拟角色和不同消费信息情境以及不同故事线。虚实相生表现为用户跨社交电商平台在现实世界和虚拟世界的虚实共生、链式关联、时空交互、情境配置及经济增值等多个层面的关联和耦合。在用户跨社交电商平台消费的整个过程中，需要基于消费信息情境整合、商业模式重构、关联数据的场景构建、虚实界面交互操作的价值转化这四大关键环节。用户跨社交电商平台消费元宇宙借助虚拟人，通过用户生成内容、专业生成内容和智能生成内容的方式构建场景。用户跨社交电商平台元宇宙是现实场景和虚拟场景共生的链网式关联，现实中用户消费是通过链式场景满足的。场景链是由若干应用场景根据虚拟用户跨社交电商平台消费信息获取欲望对人们日常生活场景的关联所形成的链式场景。用户跨社交电商平台元宇宙是不同现实生活场景的关联逻辑镜像映射至虚拟世界的结果，例如基于虚拟人日常生活可以形成不同场景之间有意义的链式关联，具体表现为“洗浴场景—厨房场景—客厅场景”场景链。用户跨社交电商平台消费商业模式需要通过用户种群化和用户场景化的方式进行创新，也需要借助链群合约进行场景的跨界连接和交叉混搭。用户跨社交电商平台消费商业模式基于用户“消费信息需求期望—消费信息搜索习惯—消费信息接受偏好”的变化突破原有社交电商平台的边界，形成了“产品功能—服务效用—场景体验”的立体化价值主张的社交电商平台元宇宙，借助“消费信息场景—消费信息获取欲望—消费信息情境”的配置创造价值，通过虚拟人的引导和调节实现“供应链—价值链—场景链”3 链融合的社交电商平台元宇宙构建。

### 8.3.4　用户跨社交电商平台商业模式元宇宙化创新路径

用户跨社交电商平台元宇宙的核心特点是通过虚拟人为消费者提供沉浸式的交互体验，创造附加价值。用户跨社交电商平台元宇宙强调消费信息情境的共享和复用，这就需要结合社交电商平台理论、商业生态系统理论、数字化共生理论和管理创新相关理论，通过链网式场景构建满足用户元宇宙化的消费信息获取欲望。用户跨社交电商平台元宇宙以本体和关联数据为底层技术，对各类消费信息情境能够更好地进行多维关联，进一步结合虚拟现实、增强现实、混合现实、可穿戴设备、虚拟人、仿真机器人等技术构建社交电商平台元宇宙，使其呈现为场景切换、关联跳转和实体交互的特点。用户跨社交电商平台使消费者进入特定虚拟场景偶遇现实社会中的好友虚拟人或企业工作人员，每一个用户与好友或与企业工作人员的虚拟分身在线上同步交互，每一个场景都不仅会和此前场景关联，还会和此后场景关联，这些不同的场景关联可在元宇宙中体现，并由虚拟现实主导的沉浸式体验和增强现实驱动的叠加交互共同构建虚实互生和虚实共生的社交电商平台元宇宙。用户跨社交电商平台元宇宙消费在完成多源消费信息场景规范性编码与本体构建后，进一步将不同维度消费信息场景进行整合，包括实体、概念、关联等多层次的整合，并基于关联数据构建不同场景的关联。用户跨社交电商平台元宇宙针对同一位消费者，在社交电商平台选择不同虚拟人角色定位，以该消费者与企业交互作为各种消费信息场景联结纽带，可实现跨场景、跨时空、跨情境的融合。用户跨社交电商平台消费元宇宙基于对消费者、供应链各节点、消费信息场景和消费信息情境的跨时空关联挖掘，结合元宇宙产品形态进行线下实体店和线上虚拟店铺的智能生成内容，可利用虚拟人引导用户在不同虚拟场景之间的关联跳转，从交互层面实现数字资源的融合应用。由此，用户跨社交电商平台消费商业模式元宇宙化创新路径如图 8－3 所示。

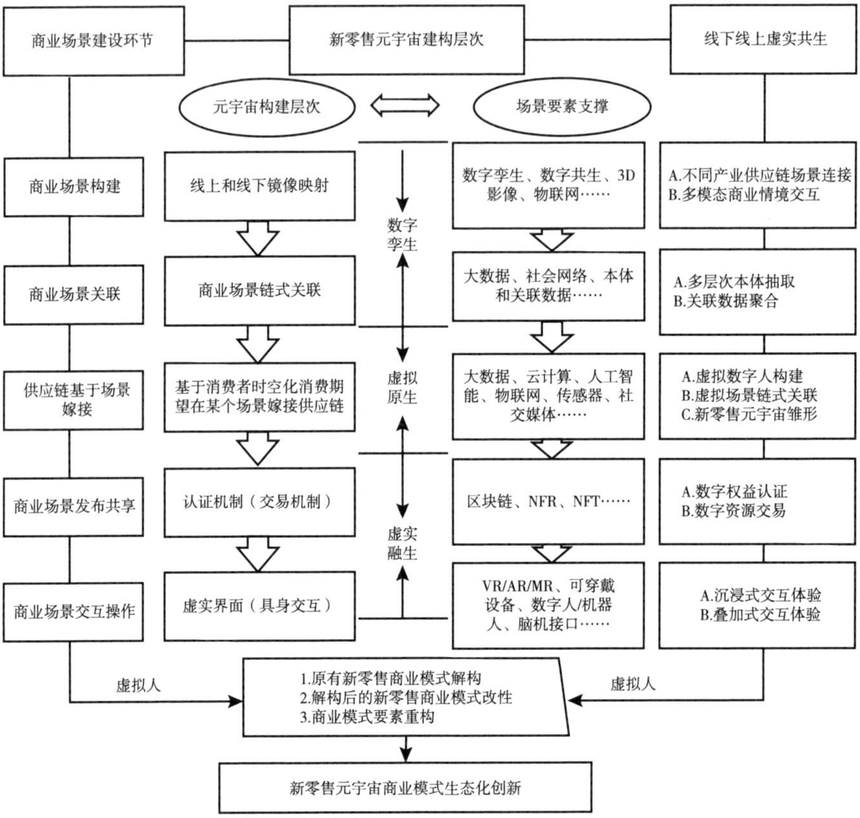

商业场景建设环节
新零售元宇宙建构层次
线下线上虚实共生
元宇宙构建层次
场景要素支撑
商业场景构建
线上和线下镜像映射
数字孪生、数字共生、3D影像、物联网……
A.不同产业供应链场景连接
B.多模态商业情境交互
数字孪生
商业场景关联
商业场景链式关联
大数据、社会网络、本体和关联数据……
A.多层次本体抽取
B.关联数据聚合
供应链基于场景嫁接
基于消费者时空化消费期望在某个场景嫁接供应链
虚拟原生
大数据、云计算、人工智能、物联网、传感器、社交媒体……
A.虚拟数字人构建
B.虚拟场景链式关联
C.新零售元宇宙雏形
商业场景发布共享
认证机制（交易机制）
区块链、NFR、NFT……
A.数字权益认证
B.数字资源交易
虚实融生
商业场景交互操作
虚实界面（具身交互）
VR/AR/MR、可穿戴设备、数字人/机器人、脑机接口……
A.沉浸式交互体验
B.叠加式交互体验
虚拟人
1.原有新零售商业模式解构
2.解构后的新零售商业模式改性
3.商业模式要素重构
虚拟人
新零售元宇宙商业模式生态化创新

**图 8－3　用户跨社交电商平台消费商业模式元宇宙化创新路径**

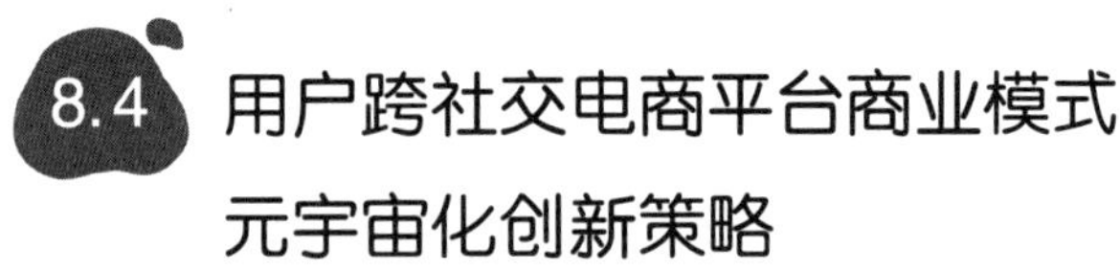

## 8.4 用户跨社交电商平台商业模式元宇宙化创新策略

### 8.4.1　用户跨社交电商平台商业模式三身合一创新策略

用户跨社交电商平台元宇宙商业模式创新就是要通过人机融合强

调"三身合一"，即线下店铺中的真身、线上虚拟店铺化身以及仿真的假身在不同场景扮演不同的角色。自然真身即本我，虚拟分身是与自然真身相对应的虚拟人，可以是一对一的关系，也可以是一对多的关系，主要出现在线上店铺场景中。机械假身则是通过仿真机器人技术建构与自然真人相对应的机器人，主要出现在现实场景中。三者在身份上具备统一性，在认知、情感、交互体验上具备互通性和共生性。用户跨社交电商平台元宇宙商业模式创新体现为将自然真身（如虚拟分身）在社交电商平台线上店铺购买厨房场景的相关产品后，通过与线上销售人员、装修人员进行场景布置的沟通交流，当产品送到现实场景后，用户的自然真身去实体厨房进行实际体验。由于同一主体的虚拟分身与机械假身采用同一数据处理中心，管理员基于机械假身的"历史记忆"，根据用户的消费信息获取欲望为用户推荐场景化关联的产品和服务，这样就形成了虚实场景交互的闭环。在人机交互视角下，用户跨社交电商平台消费基于人机融合深度和广度的演变路径，阶段性地推进虚实场景的消费信息情境交互，激发商业模式创新。用户跨社交电商平台元宇宙商业模式创新体现了人机交互的状态从数字孪生到虚拟原生再发展到虚实相融。用户跨社交电商平台元宇宙的终极状态将打破虚拟和现实的边界感，通过"三身合一"真正实现虚实体验的无缝切换。但从短期来看，用户跨社交电商平台元宇宙的构建仍停留在数字孪生和虚拟原生阶段，社交电商平台不同消费信息场景的交互可划分为矩阵式交互和叠加式交互两种途径。矩阵式交互是面向虚拟店铺、虚拟人、虚拟消费信息情境的封闭式交互模式，侧重于消费的交互体验，在虚拟空间中对现实信息服务进行仿真和升级。具体而言，用户跨社交电商平台元宇宙消费通过脑机接入设备进入到一个虚拟化的线上店铺，该店铺既可以是现实场景的孪生映射，也可以是原生化场景，该场景中集成了不同角色的虚拟人，包括用户和服务人员，他们相互之间可以实现交互，也可实现产品查询和线上付费等服务。叠加式交互是指在电商平台中，将多种交互功能或技术进行组合与叠加，以实现更丰富、更高效、更个性化的用户体验。例如，将搜索、推荐、3D 展示、AR/VR 等技术相结合，或者将促销活动、用户行为分析等功能进行集成。电商平台会设置多种促销活动，如满减、折扣、赠品等。通过叠加式交互，用户可以在购物时同时享受多种优惠。电商平台结合搜索功能和个性化推荐系统，用户在搜索商品时，系统不仅展示搜索结果，还会根据用户的历史行为和偏好推荐相关商品。电商平台利用 AI 多模态交互技术，整合文本、语音、图像等多种信息模态，用户可以通过语音搜索、图像识别等方式快速找到商品。通过多种交互方式的叠加，用户可以更便捷地获取信息、享受优惠、体验商品，从而提升购物体验。丰富的交互功能可以吸引用户更频繁地使用平台，提高用户对平台的依赖度。叠加式交互能够更好地满足用户需求，引导用户完成购买行为，从而提高平台的转化率。

### 8.4.2 用户跨社交电商平台商业模式虚实交互创新策略

从人机融合的技术发展路径来看，用户跨社交电商平台元宇宙消费从虚拟现实、增强现实、拓展现实技术的应用，发展到基于可穿戴设备的具身互动，接着进入与机械假身的虚实共生的交互，最后基于脑机接口技术的高度发展形成人机深度融合与全方位交互。在拓展现实与具身互动阶段，用户跨社交电商平台元宇宙商业模式创新基于自然真身消费行为活动和虚拟分身在虚拟空间的消费行为活动轨迹等数据记录，进一步预测自然真身和虚拟分身的决策行动来获取数据反馈。用户跨社交电商平台消费伴随着人机交互技术特别是脑机接口技术的提升以及工业应用的大众化，创造了更多社交电商平台场景、真实的生活回忆、知识储备、思维习惯、情感倾向等意识方面和思维方面的情况，这些都将可以获取。用户跨社交电商平台消费元宇宙在获得自然真身大脑数据同步许可的前提下，更加庞大的链式消费信息场景共享平台将会建成，实现基于消费者个性化消费信息获取欲望的多模态消费信息场景的开发。综合来看，用户跨社交电商平台元宇宙消费是在人机深度融合背景下基于大脑意图、意念场景进行商业模式重构。随着脑机接口技术的成熟和深度使用，用户跨社交电商平台元宇宙借助场景化改性，感知用户消费信息获取欲望，进而基于用户消费信息获取欲望进行场景化情境配置，实现产品功能价值、服务效用价值和场景体验价值的立体化创造。用户跨社交电商平台元宇宙消费商业模式创新激活了消费信息场景开发的想象空间。用户跨社交电商平台元宇宙将以虚实融合的方式深刻改变现有运营逻辑，但是以全链条方式切入元宇宙短期来看不切实际，如何单点突破、单环节突击，打造基于元宇宙的社交电商平台链式场景，在当下来看更具备现实意义和实践价值。

### 8.4.3　用户跨社交电商平台商业模式场景适配创新策略

电商时代的消费升级是指在电商不断发展的过程中，消费者对于商品和服务的需求也不断升级，从简单的购物需求逐渐升级为追求品质、体验、个性化等更高层次的需求。这种消费升级在社交电商领域表现得尤为明显。用户跨社交电商平台商业模式场景适配离不开“消费信息场景—消费信息需求期望—消费信息情境”“消费信息场景—消费信息搜索习惯—消费信息情境”“消费信息场景—消费信息接受偏好—消费信息情境”的三维一景适配。用户跨社交电商平台正是通过“分散场景节点—场景节点集群—场景链—场景网”的逻辑打造元宇宙，实现“产品功能—服务效用—场景体验”立体化价值创造。用户跨社交电商平台元宇宙商业模式创新可通过完成人、货、场的深度融合，加快发展数字经济，促进数字经济和实体经济深度融合，打造具有国际竞争力的数字产业集群，具有重要的战略意义。它能够赋能“产品功能价值、服务效用价值、场景体验价值”三大价值流，把握“智慧研发、智力生产、智能应用、智效管理”4 个方向，实现“降本、增效、提质、求安、创制”5 项目标。在用户跨社交电商平台元宇宙构建中，场景颗粒度越细越能满足用户的消费信息获取欲望，但是不能无意义地细分场景，要结合数字孪生、数字原生、虚实相生的 3 个步骤进行细分，实是虚的基础，虚是实的延展。在用户跨社交电商平台元宇宙的构建中，打造技术支撑是虚实融合的交互应用的前提，并且通过利用时空智能、生命共生智能和合约智能共同构成元宇宙的智能，并依托其数据无法篡改和可溯源的特性，形成元宇宙中独特的信任机制。用户跨社交电商平台元宇宙离不开实体店铺、消费信息情境、消费信息场景等均可通过数字孪生技术进行虚拟映射，形成与现实空间孪生化的虚拟空间。用户跨社交电商平台元宇宙构建需要消费者和营业人员通过虚拟人或数字生命技术建构仿真对象，实现对应角色在虚拟空间中的具身化，而包括事件、故事等在内的复合对象则可通过“虚拟场景 + 数字角色 + 时间线”的动态组合形成新型消费模式。用户跨社交电商平台元宇宙商业模式创新是在拓展现实等技术渲染下构成用户消费入口。用户跨社交电商平台消费元宇宙离不开商业模式重组和再现，不仅扩展了用户的感官体验，还以高维的虚拟模式再现了近似真实的原始场景。同时，基于场景和角色的连接，增强不同场景之间的连接，提高了场景关联的“可视性”，为用户提供沉浸式的体验。用户跨社交电商平台商业模式元宇宙化创新策略如图 8 - 4 所示。

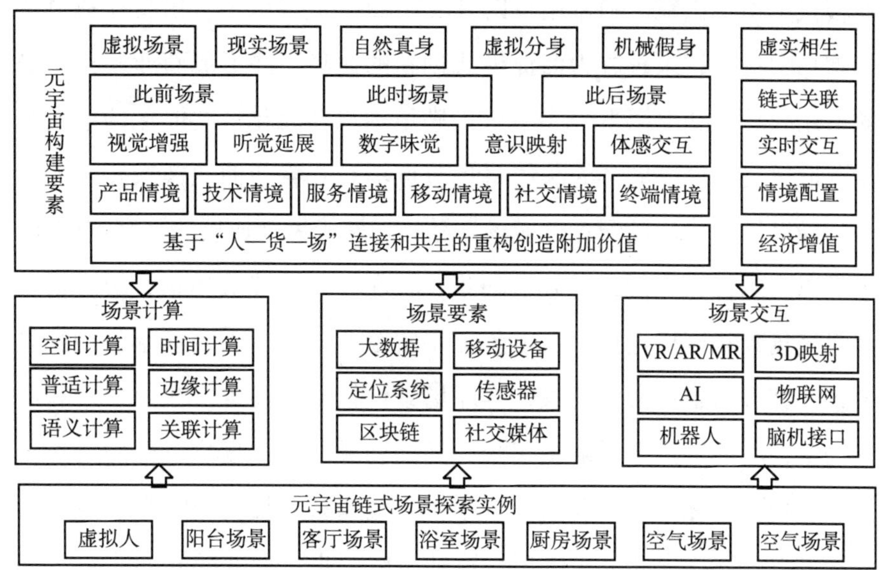


**图 8－4　用户跨社交电商平台商业模式元宇宙化创新策略**

## 8.4.4　用户跨社交电商平台商业模式场景链网创新策略

随着用户跨社交电商平台商业模式场景化程度的不断提升，其在供应链各节点与其他供应链节点通过场景关联、场景跨界、场景嫁接、场景耦合等方式实现供应链的延伸、拓展和生长，使传统线性供应链向供应链网络进化，进而形成社交电商平台元宇宙。为了更好地满足用户跨社交电商平台一站式消费信息获取欲望，供应链各节点借助场景实现供应链重构的同时，努力构建元宇宙，允许用户经由不同场景的无缝切换将不同供应链各节点企业按照场景的时空关联集成。用户跨社交电商平台消费突破次元壁，通过“真人 + 虚拟场景的 XR 情景剧”模式，利用更贴近生活的产品展示和交互方式，充分展现出人与科技智能的交互体验。这种元宇宙营销方式，能够让社交电商平台与用户增强黏性，形成良好的品牌忠诚度，赋能社交电商平台元宇宙商业模式生态化创新。随着用户跨社交电商平台多维消费信息获取欲望的增加，场景越来越成为商业模式创新的途径，并形成商业模式生态圈。用户跨社交电商平台元宇宙为满足用户多元化、立体化的消费信息获取欲望，以供应链为载体将各节点场景要素与商业模式要素相融合，借助场景化情境配置赋能场景链的一站式无缝连接的元宇宙构建。本书以海尔智家为例，对阳台场景、客厅场景、洗浴场景、厨房场景和空气场景联网构建打造新零售元宇宙商业模式。阳台场景包括洗烘场景、健身场景和亲子场景，客厅场景包括回家场景、在家场景和离家场景，洗浴场景包括浴室场景、马桶场景和洗漱场景，厨房场景包括烘焙场景、食材场景和消毒场景，空气场景包括健康睡眠、清凉厨房和氧吧客厅。由此，构建用户跨社交电商平台商业模式元宇宙化创新框架如图 8 –5 所示。

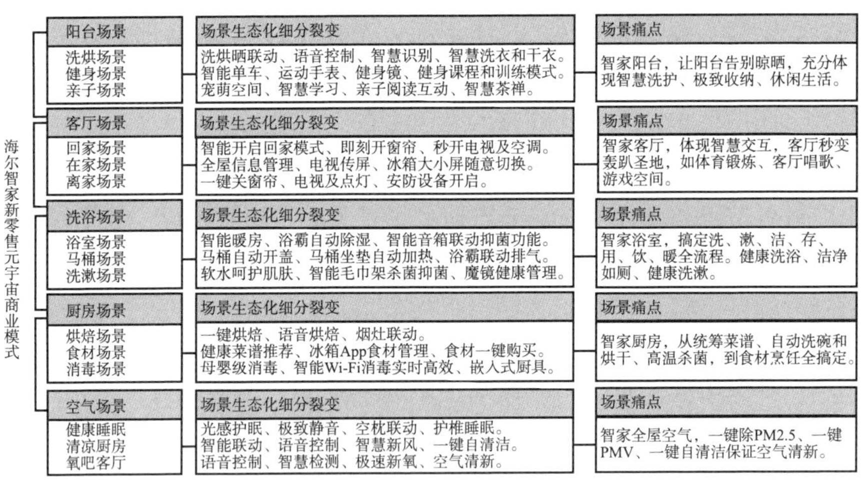


**图 8 –5　用户跨社交电商平台商业模式元宇宙化创新框架**

在用户跨社交电商平台商业模式元宇宙化创新中，基于供应链各节点场景形成“产品功能—服务效用—场景体验”的立体化价值主导逻辑的演变。例如，社交电商平台形成了智能家电、智能出行和智能运动场景链的商业模式生态系统。作为元宇宙最先落地的虚拟人赛道，通过多维度的实时虚拟交互技术，为品牌带来了营销新思路。同时，用户跨社交电商平台消费元宇宙对于当下苦于流量增长的品牌来说，虚拟人也成了一个不可多得的新流量增长点。用户跨社交电商平台元宇宙借助于虚拟人与用户联动，或是根据品牌调性和需求定制虚拟人，不仅能丰富品牌的数字资产，还能帮助品牌加速从实体向数字化转型，提升数字化营销的能力。用户跨社交电商平台商业模式元宇宙除了供应链各节点产品以外，核心企业在商业模式中扮演的角色也有很大的不同，企业打造不同应用场景网络。例如，社交电商平台利用虚拟人直播阳台场景、客厅场景、浴室场景、厨房场景和空气场景，通过元宇宙对不同场景关联耦合形成商业模式生态系统。虽然供应链、价值链以及场景链不同，但是在用户跨社交电商平台商业模式元宇宙创新中，社交电商平台供应链各节点和各环节会基于供应链，依据价值链，通过场景链打造元宇宙。

## 8.5 本章小结

随着场景化、数智化和商业化进程的加快，用户跨社交电商平台已经进入一个以元宇宙为表征的消费时代。然而，用户跨社交电商平台元宇宙还没有形成体系，也没有主动将场景理论运用到商业模式创新中，使得现有社交电商平台商业模式元宇宙化较为粗放，注重的还是产品功能价值和服务效用价值。通过本书研究可以发现，用户时空化消费信息获取欲望驱动社交电商平台元宇宙的形成。用户跨社交电商平台元宇宙构建的核心是商业模式解构、改性和重构。用户跨社交电商平台元宇宙通过“供应链—价值链—场景链”的 3 链融合实现价值共创。

第9章

# 用户跨社交电商平台消费应用

## 9.1 用户跨社交电商平台消费用户模型构建要素

跨社交电商平台场景化消费信息接受追求的是用户畅体验，而用户畅体验是以掌握用户情境为基础的。如何有效地掌握用户情境，为用户所处的场景适配其跨平台消费信息接受偏好的情境是未来一段时间研究的热点和难点。自场景要素嵌入社交电商平台以来，人们看重的是服务内容与形式，无场景不体验已成为共识，跨社交电商平台服务争夺的不仅是情境还有场景，只有“信息接受情境—用户消费信息获取欲望—信息接受场景”之间基于用户消费信息需求期望、消费信息搜索习惯和消费信息接受偏好进行适配，用户才能具有良好的体验和愉悦的感知，这与Flow（畅）理论不谋而合。1975年契克森米哈伊提出了畅理论，该理论是指当用户沉浸在某一场景的信息接受时所获得的整体感觉，具体是指当用户在跨社交电商平台不同场景切换中对不同信息接受期望的满足程度，体现为用户好像被吸引进去，所有不相关的知觉和想法都被过滤掉，且对场景化信息接受具有明确的反馈。一般认为，Flow 体验是用户通过技巧和挑战的平衡达到一种愉快的感觉。契克森米哈伊在 1988 年对畅定义做出了改进，他指出只有个人技能与感知的生活挑战相一致时，才能体验畅状态，而且用户技能与挑战必须超越某个临界值，畅状态才会出现。对“畅”的理解是一个不断深化的过程，畅体验从最初提出发展至现在一共有 3 种经典的模型，分别是三向度、四向度和八向度畅体验模型。畅体验的八向度模型将用户体验分为冷漠、焦虑、无聊、激励、松懈、操控、担忧和畅体验。目前，跨社交电商平台用户情境的获取呈现出多来源、多渠道、多层次、多维度的方式，在实际应用中以同一用户的多个社交应用为基础，利用微聚合实现用户情境的互补挖掘，是获取用户情境的一种新思路。利用同一用户在多个移动社交应用体验，可实现不同平台间用户情境关联关系的映射，通过对同一用户情境的互补挖掘，可获取完整信息。移动社交用户情境集中体现在以下维度：用户的地理位置、兴趣偏好、性格特征、价值取向、需求趋势、思维方式和人际关系。

### 9.1.1　用户地理位置和消费偏好信息获取

用户地理位置是通过移动设备，借助“GPS + LBS”获取，且可为用户提供场景的个性化信息接受服务。用户地理信息获取可通过移动社交应用的“所在位置”“咕咚见证我的运动”“附近的人”“摇一摇”以及用户原创信息中含有地理位置的图文实现。在实际地理位置获取中，对于用户工作变动、异地求学、长期出差、国外留学和短期省亲等的位置变化需要移动社交网络能及时感知并做出相应调整和采取相应的服务对策。特别是当用户的地理位置与历史地理位置数据库差异较大时，社交电商平台可以及时发现这一异常，更好地掌握用户信息需求期望、信息搜索习惯和信息接受偏好的变化，从而提供与用户信息接受偏好相适应的信息接受情境，如产品情境、技术情境、服务情境、移动情境、社交情境和终端情境等。通过跨社交电商平台对用户地理位置和其运动轨迹的获取和分析，可实施有针对性的地域性场景化信息接受营销策略。

跨社交电商平台用户兴趣的获取是满足用户信息需求期望、信息搜索习惯和信息接受偏好，实现用户信息接受畅体验的关键保障，更是跨社交电商平台场景个性化服务的基础。跨社交电商平台用户兴趣偏好的获取来自以下几个方面。(1) 原创信息发布。原创信息是个人心情、个人爱好、个人情感和个人从事专业的自发展示，是获取个人兴趣的主要途径。(2) 转发信息属性。信息转发源自用户对于信息的认同和共鸣，是获取用户个人兴趣的辅助途径，体现了用户对转发信息的部分认同或全部认同。(3) 添加公众号。通过添加好友转发信息所在的公众号和删除长期不用的公众号获取用户的兴趣偏好及其变化。(4) 公众号搜索。通过公众号搜索的关键词可以获得用户的信息偏好及变化趋势。(5) 好友的类型。通过对添加的朋友兴趣偏好以及对朋友的屏蔽和拉黑等处理方式，识别用户兴趣。

### 9.1.2　用户性格特征和价值取向信息获取

用户性格特征受家族、同事和朋友影响较大。对朋友圈中家族、同事和朋友所发表的原创信息、转发信息、群聊信息进行分类、归纳、处理，对信息进行整合和聚合从而获得用户获取信息的大方向和大趋势，进一步了解家族、同事和朋友的性格特征，对其进行挖掘和汇总以获得用户性格特征。主要表现在个人账号设置方式、原创信息性格取向、转发信息性格取向、群聊信息性格取向等方面。对这些不同来源信息的性格取向进行整合以获得用户性格方向，从而按照性格取向的权重不同，有针对性地推送信息，实现个性化信息服务。特别是在国家传统节日所发、所转信息的属性特征，更能集中体现用户的性格特征。结合家族、亲戚、同事和朋友所发信息的影响以及用户对不感兴趣信息的过滤等行为，可以进一步分析用户性格特征。

用户价值取向是由用户年龄、性别、受教育情况、拥有的经历、所从事职业等因素综合影响形成的。用户价值取向形成过程是一个长期的、动态变化的过程，从其所发布的原创信息属性的变化、所发布和转发信息属性的变化、对不同属性公众号的取舍以及对朋友的取舍中体现。正是在信息取舍与变化之中体现了用户价值取向的动态变化，并逐渐积淀为用户的价值取向以及价值取向的变化趋向。在移动社交的实际应用中，价值取向分为正向和负向，也会反作用于社交应用，使社交应用也发生一定的变化。用户价值和社交应用价值之间的相互影响和相互作用促进了用户价值取向的变化。

### 9.1.3　用户消费思维和消费需求信息获取

用户思维源自用户原创信息的发布的属性特征以及用户对朋友圈朋友转发信息的评论的言语特征和感情色彩，通过话题中解决问题的方法和思维方式等体现用户思维。用户思维取决于移动社交应用工具的相关利用情况、利用频率、新应用的开启和原有应用的屏蔽和取消。用户思维的感知和识别体现在对具体问题的评价、判断，以及在讨论中所运用的论点、论据和论证方法等方面。用户思维更来自用户对同一类信息的评论观点的变化，体现了用户思维的动态变化和变化的趋向。

用户信息需求由用户性格特点、性格取向和价值取向确定，信息环境变化和用户接受信息情境的变化对用户需求也会产生一定的影响，从而决定用户的需求变化趋向。用户需求是由用户发布信息、用户转发信息、用户添加和屏蔽的信息以及“点赞”“扫一扫”的对象类型及其变化决定的，这些因素决定了用户信息需求的变化趋势。用户对于不同商品购买的社交应用支付情况、社交网络游戏下载与安装的情况，以及图书阅读类型和相关文章收藏和添加标签情况，均反映了其需求的变化。这些需求变化状况以及变化趋势表明了用户需求的取向。用户需求是在不断变化的，这种不断变化体现了用户需求趋向。

用户人际关系在移动社交应用中体现为朋友圈变化、群聊的加入和退出。通过群聊的名称和属性特征可以了解用户人际关系圈子和人际关系价值取向。在用户人际关系中体现出了家人、亲戚、同事和朋友中的志同道合的人际关系的取向。人际关系也取决于朋友圈子中新朋友的加入量与旧朋友的退出量之间的差值。用户人际关系还体现在其所发表原创信息引发的点赞数、朋友的评论数、评论的质量以及话题引发的持续关注程度。

## 9.2 跨社交电商平台用户情境微聚合过程

### 9.2.1 用户情境微聚合目的与方法

由于社交应用在用户情境收集和保护机制方面尚不完善，导致用户在享受丰富的应用体验时可采用虚假的信息进行注册，这对于精准捕获用户情境带来一定的制约。在一些社交应用中是以用户部分真实信息提供为基础且需要通过手机验证码或邮箱激活才可以使用，这使得用户情境可通过某些技术手段被有效地获取，如微信借助手机通讯录匹配好友和添加好友、QQ 号码关联等，但单一应用平台的情境收集仍存在数据不全和准确性不足的问题，导致其效率低下。通过多个应用平台对用户情境进行微聚合实现获取信息的准确性和完整性已成为未来用户情境获取的主要途径。为此，很有必要研究多平台用户情境获取方法，这不仅可以有效地获取用户情境，还可以增强跨社交电商平台场景化服务的黏性，从而促进移动社交应用可持续发展。

在移动社交应用的实际应用中，可通过以下方式获取用户情境：(1) 通讯录匹配。利用移动社交通信类应用的通讯录匹配功能可以实现大规模收集用户信息。该方法能够收集到存储于目标应用服务器的用户信息，包括手机号码和账户资料以及两者之间的映射关系。(2) 跨平台互补挖掘。为获取规模更大，内容更全面、更真实的用户资料，采用移动社交应用的跨平台整合，对不同应用来源的用户情境进行互补挖掘。(3) 行为习惯。用户行为习惯体现在原创信息发布、转发信息、公众号添加、公众号搜索以及对朋友的屏蔽、拉黑和对信息的点赞和评论等方面，通过对此类信息分析，可获取用户的部分真实信息。用户情境微聚合的方法正是对以上 3 种方式的综合运用，其中通讯录匹配为基础，跨平台挖掘为辅助，用户行为习惯为完善，三维一体实现用户情境的有效互补挖掘。

### 9.2.2　用户情境微聚合流程与机理

跨社交电商平台场景化信息接受的畅体验是以精准地获取用户情境为基础的，如何有效地捕获用户情境，为其配置所处场景的信息接受情境是急需解决的问题。以微聚合理论对用户情境进行多维度关联耦合，着眼于用户情境完整性的获取。以此为基础，构建了用户情境微聚合和微融合机理模型。结果表明，通过地理信息、用户行为和服务商等多个维度的微聚合，以及不同维度的互补融合可实现用户情境的完整性、一致性和准确性的获取。移动社交应用用户情境微聚合是通过对同一用户在不同应用平台之间的多个应用的体验所提交的个人信息进行多维度的用户情境聚合，实现不同平台用户情境互补，通过对用户情境微聚合实现用户情境整合。首先通过通讯录匹配功能加为好友，这是用户情境获取的基础和前提，也是保障用户情境真实性的依据。其次，通过不同应用平台获取用户情境数据，并通过横向和纵向整合形成互补性融合。横向是指用户的同一属性信息；纵向是指用户的不同属性信息。跨社交电商平台用户情境微聚合流程如图 9－1 所示。

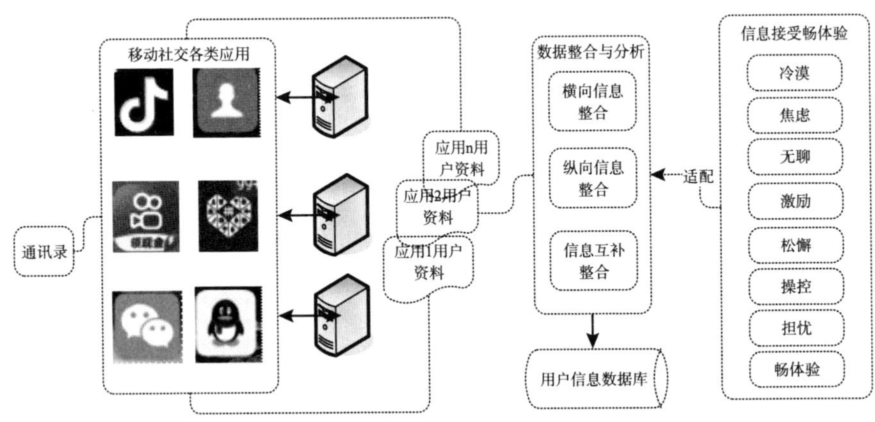


**图 9－1　跨社交电商平台用户情境微聚合流程**

目前可以利用的移动社交应用主要有 Viber、Kakao Talk、Kik Messenger、微信、QQ、小红书、抖音、快手、小木虫等。由图 9－1 可知跨社交电商平台用户情境微聚合流程主要包括以下几方面：（1）通讯录匹配，通过不同的应用平台支持通讯录匹配的程度，选择适应性较强的获取目标用户的手机号码和平台账号的映射关系。（2）横向整合，通过多个应用平台的主键关联关系，分析和获取目标用户的账户和资料。

(3) 纵向渗透，通过同质平台的纵向渗透获取关于目标用户更为详细的信息。(4) 互补融合，通过对多应用平台的同一目标用户情境的获取，实现同一用户不同应用平台所留信息的有机融合，形成完整的目标用户情境。微聚合流程体现了用户情境获取的层层递进关系和人工辅助参与的必要性。

多类移动社交平台的用户情境获取可通过不同平台个人信息的完整性和准确性互补实现。用户情境单元数据包括手机号码、微信 ID、用户名、性别、地区、个性签名、米聊 ID、陌陌 ID、FacebookID、微博 ID、生日、学历、个性简介、血型、故乡、邮件、个人主页、兴趣、爱好、公司名称、公司所在地、详细地址、照片、日志等。微聚合采用基于目标用户的上述信息单元在不同应用平台的共现耦合实现，其核心技术为信息抽取。信息抽取（information extraction，IE）是指从不同应用平台中识别和提取目标用户个人信息，将其转化为特定格式的、易于语义理解和关联发现的结构化数据过程。通过对目标用户在社交平台的纵向和横向渗透分析可以进一步挖掘用户情境，辅之以所发、所转信息实现信息收集的完整性、准确性、可用性和易用性。其中，人工分析是必要且很有价值的，如果能将人工分析的步骤标准化，就能进一步提高信息获取的效率。跨社交电商平台用户情境微聚合机理如图 9－2 所示。

如图 9－2 所示，跨社交电商平台微聚合的关键在于信息抽取，信息抽取包含用户信息、信息语义、信息关联方面的抽取，体现为语义预处理、属性标注、关联关系识别、语义分析及生成完整的信息树。虽然中文词句的含义变化较复杂，但是本研究所涉及的仅是用户信息，其属性特点具有很强的规范性，这使得本研究具有很强的实际可操作性。抽取信息的处理方法有两个方向：(1) 语义化。借助于领域本体库的构建，对用户信息的属性、对象、关系进行语义标注。(2) 关联化。针对不同应用的目标用户信息间的关联映射关系，通过共现耦合实现目标用户信息互补融合。目标用户信息微聚合是在本体库的实体、规则、属性等综合的基础上，将多应用用户信息抽取出来并填充到知识库中，它包含用户层、聚合层、数据层。用户层主要来源于不同应用平台的用户信息，通过关联关系建立映射。聚合层主要是通过构建领域本体和共现耦合关系建立不同应用的关联，最终通过语义标注、发现关联和可视展示实现用户信息三者之间的融合互补，使强目标性、高关联性的信息微聚合服务成为可能。

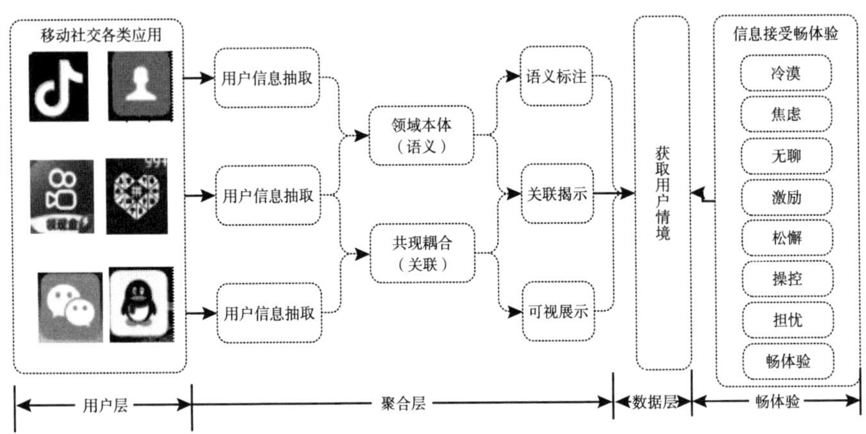


图 9－2　跨社交电商平台用户情境微聚合机理

## 9.3 跨社交电商平台用户情境微融合应用

### 9.3.1　用户位置情境微融合应用

位置信息最容易识别用户所处的场景及场景的切换，通常移动社交应用提供电子地图以便于用户标注某一时刻所处的位置。通过电子地图可随时发现好友的实时位置以及所处位置的服务推荐。用户通过移动社交应用将照片、博文、原创微信辅之以地理位置标注发布与好友分享和交流。图 9－3 所示为跨社交电商平台用户地理位置微融合流程图。

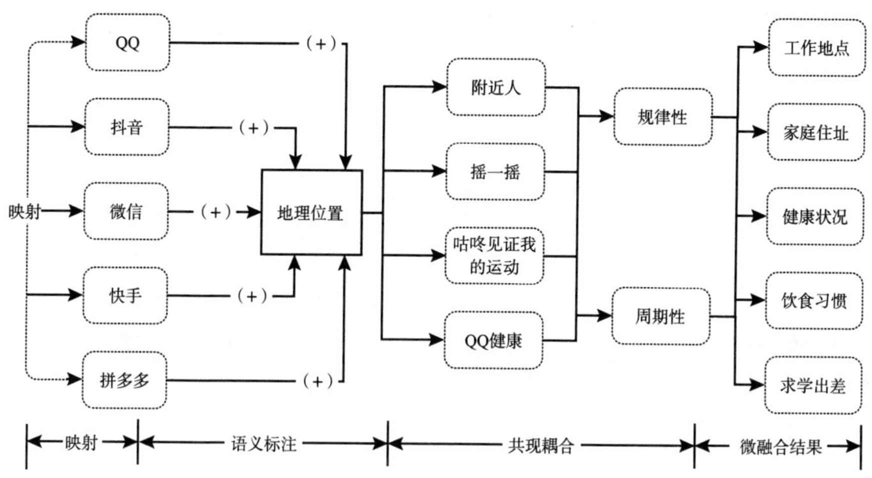


**图 9－3　跨社交电商平台用户地理位置微融合流程**

地理位置微融合的要素主要有：(1) 地理位置标注。智能终端的微博等允许用户选择和即时更新自己的地理位置。(2) 地理位置依赖。对于陌生人交友类的陌陌等应用充分依赖地理位置，为用户与附近人认识提供了途径。(3) 地理位置搜索。即时通信类的微信通过“附近的人”“摇一摇”功能可发现附近同时使用此功能的人。位置信息公开易于用户情境的获取，通过连续出现的位置信息可以判断其规律性，增加了用户情境获取的准确性。通过地理位置出现频率可以判断用户的工作地点、家庭住址、健康状况、求学情况、出差地、饮食习惯、子女状况等。

### 9.3.2　用户行为情境微融合应用

通过原创信息发布、转发信息类型、添加公众号类型、公众号搜索的关键词、对好友发表信息的点赞、评论、表情等可以分析出用户的性格特点、兴趣偏好、思维方式、价值取向和人际关系等。部分用户将移动社交应用视为个人的“心情本”“相册”“备忘录”等，用于记录生活、学习和感情经历及体会，此情况下更易于用户情境的获取。图9－4为跨社交电商平台用户行为微融合示意图。

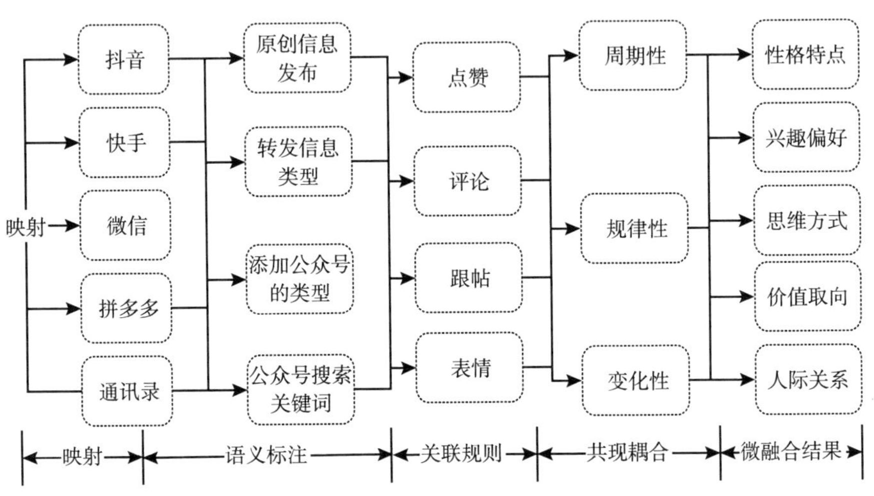


**图9－4 跨社交电商平台用户行为微融合**

在移动社交的实际应用中，用户形成了“晒微博”“读红书”“刷抖音”“用快手”“拼兴趣”的习惯性行为。(1) 晒微博。通过阅读用户微博，将用户微博所发表博文的关键词进行关联聚合分析，可以发现用户的信息行为需求、信息行为习惯等。(2) 读红书。通过对用户阅读过的小红书的信息的关键词进行挖掘，可以获取用户信息接受期望。(3) 刷抖音。抖音转发、点赞、评论和原创的信息在一定程度上隐含了用户信息接受期望，对这些信息进行关联挖掘，可以发现用户信息需求优势。(4) 用快手。通过对用户在快手上的留言、评论和原创信息的发布，可以掌握用户信息接受的期望。(5) 拼兴趣。在用户的场景化信息接受中，有相同兴趣和志同道合的用户期望在拼多多进行交互，接受相关信息。如此可以综合发现用户的性格特点、兴趣偏好、思维方式、价值取向和人际关系。

### 9.3.3　用户应用情境微融合应用

目前部分移动社交应用提供了第三方登录功能，允许用户通过微信、QQ 和微博账户等来登录快手、抖音、小红书和拼多多等。微博登录功能使得用户能够在微博和抖音之间自由切换，用户可以将在抖音上看到的精彩内容一键分享到微博，吸引更多关注和讨论，同时也方便微博用户直接登录抖音，体验短视频创作和浏览。微博登录功能为快手用户提供了更广阔的社交传播渠道，用户可以将快手上的精彩内容分享到微博上，吸引更多的粉丝和关注，提升内容的曝光度。微博登录功能使得拼多多用户能够在微博上分享拼多多的商品信息和优惠活动，吸引更多潜在消费者的同时，也方便微博用户直接登录拼多多，查看和购买商品。如图 9 – 5 所示为跨社交电商平台用户情境微融合示意图。

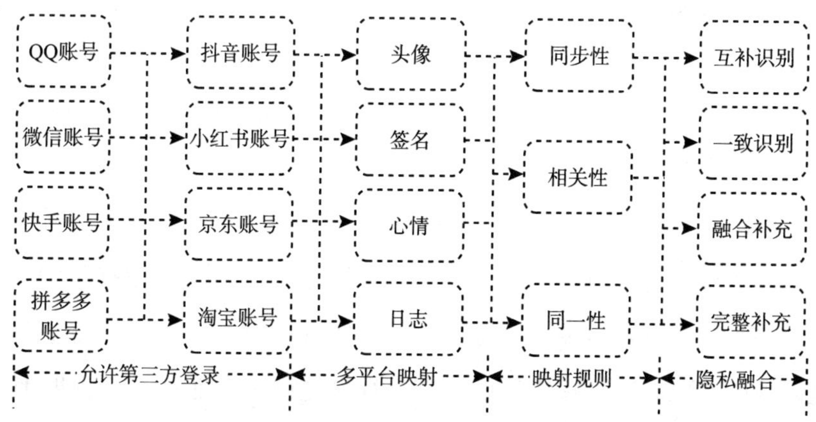


图 9 – 5　跨社交电商平台用户情境微融合

如图 9 - 5 所示，不同的社交网站有不同的圈子，通过综合这些不同的社交应用可以有效地获取用户情境。如通过微信、拼音、小红书等可通过头像（特殊的自定义头像）确定身份的同一性。

### 9.3.4 用户情境多维度微融合应用

移动社交应用场景化信息接受为用户的畅体验追求提供了基础保障，但是跨社交电商平台如何能有效地感知用户信息接受情境，依据用户历史场景信息接受情境的配置，在动态探测用户信息需求期望、信息搜索习惯和信息接受偏好的变化的基础上，动态地为用户所处场景有针对性地配置情境，使情境既具有可用性，又具有有用性和易用性，既不至于造成情境的不足，也不至于造成情境的浪费，使用户在跨社交电商平台场景化信息接受中实现基于用户信息接受期望的“场景—用户—情境”的多维度适配。通过对目前移动社交平台应用的用户情境进行微融合，实现不同平台的同一用户情境信息的互补性融合，实现用户情境信息的多平台获取，为跨社交电商平台的场景化用户情境的完整、有效和精准地获取提供新的视角。通过上文 3 种微融合的实证研究可知，以上 3 类微融合之间具有关联关系，且互相不可分割，综合这 3 类微融合形成的跨社交电商平台用户情境多维度微融合如图 9 - 6 所示。

由图 9 - 6 可知，移动社交应用通过地理位置信息微融合、用户行为的微融合、场景微融合之间的有机融合实现 3 种类型微融合的互补，以及多个应用平台的多维度融合，从而实现用户的一致性、完整性和准确性的获取。通过阈值的设定使跨社交电商平台能在一定程度上满足用户场景化信息接受的畅体验。

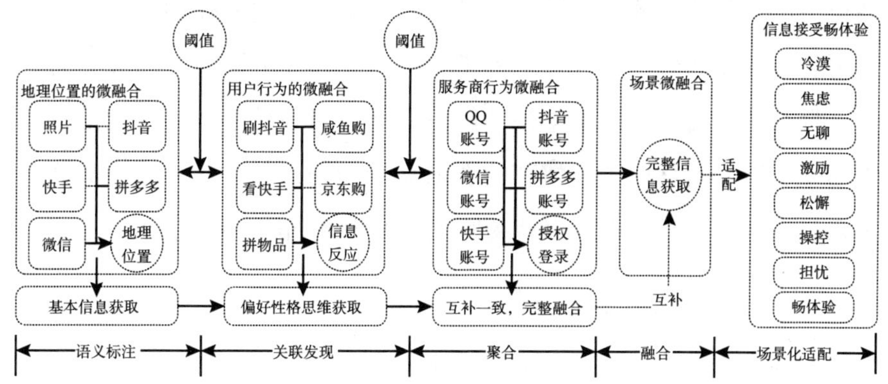


图 9－6　跨社交电商平台用户情境多维度微融合

## 9.4 用户跨社交电商平台消费期望挖掘

### 9.4.1　用户跨平台的时空消费兴趣挖掘

用户跨平台消费具有一定的规律，即在特定的时间和空间进行。当用户第一次发生跨平台消费信息获取时，两个平台都会记录用户所处的时空，当用户再次跨平台消费时，两个平台同样会记录用户所处的时空，如此积累用户跨平台消费的时空数据。两个平台同时还会记录用户的消费信息需求期望、消费信息搜索习惯和消费信息接受偏好，并将这些信息与用户跨平台的时空数据有效关联。当用户的这两类数据被积累到一定程度时，两个平台都会运用大数据进行挖掘，一个是挖掘用户离开平台跨越到另一个平台的消费信息获取欲望，另一个是挖掘用户离开平台前的消费信息获取欲望。这样就把两个平台的跨越关系关联起来。以娱乐平台为例，当用户在某个娱乐社交电商平台浏览信息时，特别是用户长时间浏览关于某类商品信息的内容时，系统会把用户长时间持续关注某个商品、某类服务视为潜在消费意愿，并通过店铺链接到另一类社交电商平台，这类社交电商平台品类更为齐全，具有良好的信息搜索支持功能，更能切实满足用户的消费信息需求期望、消费信息搜索习惯和消费信息接受偏好。由此，用户离开的平台和切入平台的跨平台消费关联关系的挖掘如图 9 -7 所示。

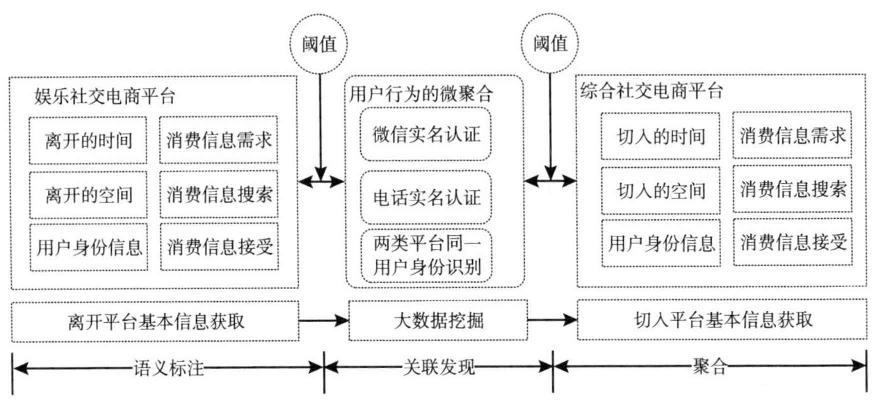


图 9 -7　用户跨社交电商平台消费关联关系挖掘

如图 9 -7 所示，不同平台用户的身份通过微信和电话等的实名身份信息进行识别。目前，用户通过娱乐社交电商平台的应用可以自由跨越，如快手短视频和拼多多的跨社交电商平台切换。

### 9.4.2　用户跨平台的最大频繁模式挖掘

现有用户跨社交电商平台信息逐渐呈现为泛在化、碎片化、个性化、交互性、原创性和分享性的特征。如何挖掘用户跨社交电商平台不同场景下的信息接受期望，并实现多元化和个性化的消费信息推送，对于提升用户跨社交电商平台的服务质量意义重大。为此，采用频繁时序的挖掘方法，对用户所处场景的消费信息接受期望进行有效的挖掘，并为用户在相应的场景精准地提供其期望的敏感性业务是提升用户跨社交电商平台服务黏性的重要路径。本书提出了用户跨社交电商平台的“场景—行为—情境”的三维一景适配的服务策略，并将其细化为标准化和个性化适配服务策略，期望能为用户跨社交电商平台信息接受提供理论依据和实践指导。因此，用户跨社交电商平台应注重场景要素的嵌入程度，以及场景要素和情境要素的关联程度，通过对这两类要素的有效整合、聚合和融合实现用户跨社交电商平台产品情境的聚合适配，以满足用户的个性化信息需求。用户跨社交电商平台个性化适配策略如图 9－8 所示。

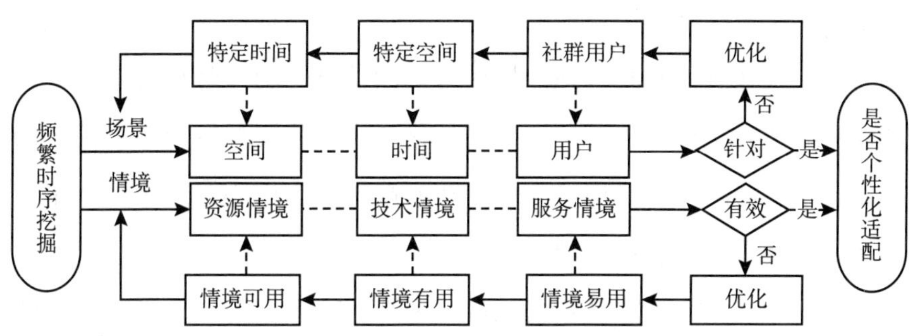


**图 9－8　用户跨社交电商平台个性化适配策略**

用户跨社交电商平台的个性化适配策略的优化应充分体现信息接受内容的针对性、适量性、适时性、协调性、适应性和有效性。如图 9－8 所示，通过基于频繁时序挖掘，应该挖掘用户信息接受的触点、痛点，让用户跨社交电商平台信息平台成为刺激用户信息接受的视觉、听觉、触觉、感觉和味觉，探究不同用户在不同场景的个性化的信息接受期望，并为此针对性地配置情境，形成跨社交电商平台个性化信息接受适配机制。通过频繁时序挖掘用户信息接受期望，基于特定时空用户的信息需求期望、信息搜索习惯和信息接受偏好，为用户配置情境。在情境的配置过程中，强调产品情境的可用性、技术情境的有用性和服务情境的易用性，从而满足用户在特定时空的特定信息接受期望。

虽然用户跨社交电商平台资源的碎片化、功能的交互化以及服务的个性化程度越来越高，但是其被弃用和卸载的情形时有发生，究其原因是用户跨社交电商平台并没有为用户在合适的时间和地点推送合适的信息，表现为其所提供服务的同质化现象较为严重。为此，采用最大频繁模式挖掘的方法对用户跨社交电商平台场景化服务进行深入研究，在对不同用户聚类的基础上挖掘不同类型用户频繁接入的场景，并基于挖掘出的规律为用户提供针对性的服务。用户跨社交电商平台的场景化服务既能为用户在任何时间、任何地点提供任何信息，也可以为用户在适当的时间和地点推送适当的信息。用户跨社交电商平台场景化服务就是要从满足用户的多元化和个性化服务转向满足用户的场景化信息需求，由以用户为中心转向以场景为中心，最终提升用户跨社交电商平台信息接受的愉悦度。

当用户在某个时空会频繁地从一个平台跨越到另一个平台进行消费时，被跨越的平台和跨越到的新平台都会有所记录，并将其认定为该用户在这个特定的时空具有跨平台消费的意愿。比如，用户晚上休息前会浏览快手或抖音短视频，当浏览到某些产品时会跳转到淘宝或拼多多去购买产品，不同的用户跳转的平台也不一样，这就为用户跨社交电商平台消费提供了理论基础，那就是平台可以利用最大频繁模式挖掘指导用户跨平台的最大频繁理论。随着场景化要素在社交电商平台嵌入程度的逐渐深入，以及社交电商平台场景化信息接受情境的不断丰富，社交电商平台场景化信息接受的绩效取决于社交电商平台场景化的信息接受情境配置的程度。为此，基于频繁接入模式的方法进行场景化信息接受的挖掘，形成 FP-Tree（频繁模式树），并利用 FP-Growth（频繁模式增长）算法对用户跨社交电商平台的频繁程度进行挖掘，以确定用户跨社交电商平台的消费信息接受期望、消费信息接受习惯和消费信息接受偏好，为用户在某个场景为其配置对应的信息接受情境，使社交电商平台信息接受情境既不浪费也不会不足，从而避免了现有社交电商平台场景化信息接受情境在场景中不断碰撞和游离的状态，使得社交电商平台场景功效更为突出。

### 9.4.3　用户跨平台的向量空间数据挖掘

用户跨社交电商平台用户画像，即用户信息标签化，是在场景时代，通过收集与分析用户的社会属性、生活习惯、情绪倾向和信息接受行为等之后，建立精准的用户跨社交电商平台信息接受的用户标签。由此，对用户跨社交电商平台同一场景的不同用户从需求维度、搜索维度和信息接受维度刻画有利于推进用户跨社交电商平台相似用户的识别，进而为用户提供精准的个性化服务。为此，从场景和情境两个层面出发，将场景要素与情境要素基于用户信息需求期望、信息搜索习惯和信息接受偏好进行有效关联，实现 3 个维度的选择性互补适配，进而形成立体化的用户画像模型，如图 9－9 所示。

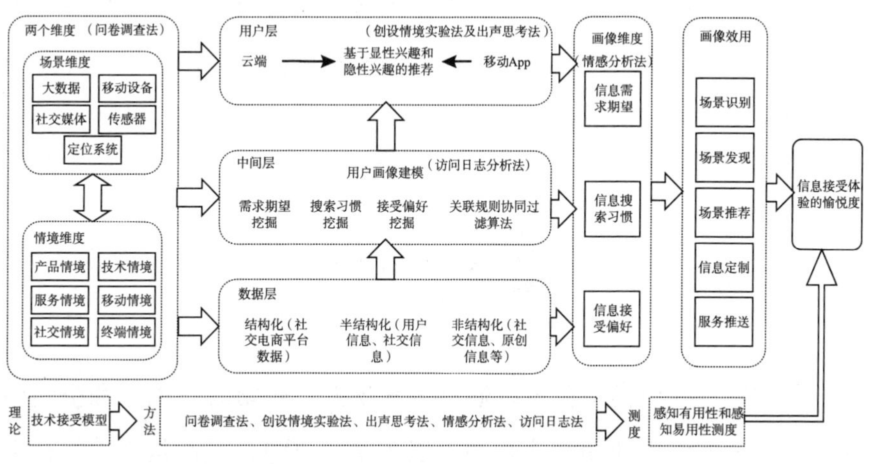


图 9－9　用户跨社交电商平台消费用户画像框架

由图 9 -9 可知，用户跨社交电商平台消费用户画像框架包括以下几方面。(1) 画像维度。分别是场景维度和情境维度，场景维度利用大数据、传感器、移动设备、社交媒体和定位系统感知用户情境，挖掘用户信息需求期望、信息搜索习惯和信息接受偏好；情境维度主要包括产品情境、技术情境、服务情境、移动情境、社交情境和终端情境，这 6 个维度的情境选择性融合后对用户信息接受提供有效的支撑。(2) 画像层次。画像层次包括数据层、中间层和用户层。其中，数据层的数据来源于结构化数据、半结构化数据和非结构化数据，是用户场景化信息接受的主体对象；中间层借助于场景要素对用户信息需求期望、信息搜索习惯和信息接受偏好进行挖掘，并运用关联规则和协同过滤算法进行用户画像建模；用户层基于构建的用户画像模型对用户信息需求期望、信息搜索习惯和信息接受偏好 3 个维度进行画像，基于用户的显性和隐性兴趣实现服务定制和服务推送。(3) 画像目标。用户画像主要从需求期望、搜索习惯和接受偏好 3 个维度进行，实现服务定制和服务推送的效用。(4) 画像方法。基于技术接受模型，综合利用问卷调查法、创设情境实验法、出声思考法、访问日志法和情感分析法，对用户信息接受体验的感知有用性和感知易用性进行测度，探究影响用户跨社交电商平台信息接受的关键因素，提升用户信息接受体验的愉悦度。

## 9.5 本章小结

用户跨社交电商平台可以通过位置挖掘、频繁时序挖掘和空间向量挖掘 3 种方法中的一种或几种予以满足。目前，无论是娱乐类社交电商平台还是综合性社交电商平台都为用户跨平台提供了跳转的链接、按钮或者热点。这样就使同一商家在不同平台可以识别用户跨平台消费，根据用户时空化消费信息需求欲望，为其配置标准化或者个性化的情境，使用户在跨平台消费中获得愉悦的体验。诚然，平台还肩负着引导和调节用户跨平台的频率和频次的任务，使各自平台具有一定差异性的同时，还需要保持一定的黏性。

# 参考文献


[1] 阿布都热合曼·阿布都艾尼，谢莹. 基于多案例比较的社交电商商业模式创新研究 [J]. 经济论坛，2020 (10)：123 - 132.

[2] 仓宇薇. 跨境电商小红书的运营模式分析 [J]. 山西财政税务专科学校学报，2020，22 (5)：40 - 43.

[3] 程瑶，等. 移动社交应用的用户隐私泄漏问题研究 [J]. 计算机学报，2014 (1)：87 - 100.

[4] 但斌，郑开维，吴胜男，等. "互联网 +" 生鲜农产品供应链 C2B 商业模式的实现路径——基于拼好货的案例研究 [J]. 经济与管理研究，2018，39 (2)：65 - 78.

[5] 段鹏. 社群、场景、情感：短视频平台中的群体参与和电商发展 [J]. 新闻大学，2022 (1)：86 - 95，123 - 124.

[6] 范哲，周计刚. 高校微博信息发布研究 [J]. 现代情报，2013 (4)：90 - 95.

[7] 付秋芳，彭苑莹. S2b 模式下社交电商供应链协同合作的最优激励 Stackelberg 模型 [J]. 供应链管理，2021，2 (1)：86 - 96.

[8] 顾楚丹. 数字时代社交平台社群组织化中的关系逻辑及其再生产——基于两个劳工社群案例的比较研究 [J]. 福建论坛（人文社会科学版），2022 (10)：175 - 187.

[9] 郭馨梅，张健丽. 我国零售业线上线下融合发展的主要模式及对策分析 [J]. 北京工商大学学报（社会科学版），2014，29 (5)：44 - 48.

[10] 杭敏，李唯嘉. 社交网络时代国外新闻媒体商业模式创新[J]. 中国出版，2019 (6)：7－13.

[11] 侯瑞芳，李玲，徐敬宏. 微服务背景下的读者个人信息保护研究 [J]. 情报理论与实践，2015 (1)：71－75.

[12] 黄敏学，李奥旗. 数智时代基于消费社会化的社会化商业模式[J]. 社会科学辑刊，2022 (5)：154－163.

[13] 黄伟鑫，毕达天，杨阳，等. 平台特征对跨社交媒体 UGC 信息分享行为的影响机理研究 [J]. 现代情报，2024，44 (2)：115－129.

[14] 金晓玲，金可儿，汤振亚. 微博转发行为实证研究综述 [J]. 情报杂志，2015 (10)：117－122.

[15] 雷羽尚，杨海龙. 打赏商业模式的动态互动机制研究——基于面板 VAR 模型 [J]. 管理评论，2019，31 (9)：169－183.

[16] 李禾. 微信息环境下高校馆藏资源微聚合服务的研究 [J]. 图书馆学研究，2015 (4)：66－70，65.

[17] 李怀瑜，等. 基于位置的参与式感知服务 [J]. 北京大学学报(自然科学版)，2014 (2)：341－334.

[18] 李京蔚，娄策群. 微信信息生态链信息流转研究 [J]. 图书馆学研究，2015 (18)：34－38，54.

[19] 刘俊岭，刘颖，马晨旭，等. 异构社交平台中用户身份解析[J]. 数据采集与处理，2022，37 (5)：1101－1114.

[20] 刘西平，刘德传. 直播电商两种模式的媒介逻辑与趋势研判[J]. 出版广角，2021 (12)：79－81.

[21] 刘湘蓉. 我国移动社交电商的商业模式——一个多案例的分析[J]. 中国流通经济，2018，32 (8)：51－60.

[22] 罗昕，李怡然. 互联网时代的媒体形态变迁与商业模式重构[J]. 现代传播 (中国传媒大学学报)，2017，39 (10)：115－119.

[23] 马捷，等. 信息生态视角下社会事件网络传播驱动机制研究 [J]. 图书情报工作，2013 (15)：56－61.

[24] 梅楠. 基于社交网络的“网红经济”营销模式分析 [J]. 现代传播（中国传媒大学学报），2017，39 (3)：164－165.

[25] 孟祥武，等. 移动推荐系统及其应用 [J]. 软件学报，2013 (1)：91－108.

[26] 裴敏. 进圈与出圈：融媒时代社群经济的从立到破——以B站为例 [J]. 新媒体研究，2021，7 (10)：37－40.

[27] 漆亚林，何欢. 回归与重构：趟过“浑浊的信息河流”——2019年西方媒体融合发展路径 [J]. 新闻与写作，2020 (1)：34－40.

[28] 漆亚林，谯金苗. 后真相时代西方媒体的“信任重构”——兼谈2018年西方媒体的发展路向 [J]. 新闻与写作，2019 (1)：31－37.

[29] 齐林峰. 利用实体解析的跨社交媒体同一用户识别 [J]. 图书情报工作，2017，61 (6)：107－114.

[30] 孙剑. 社交网络中的安全隐私问题研究 [J]. 网络安全技术与应用，2011 (10)：76－79.

[31] 王宝义. 直播电商的本质、逻辑与趋势展望 [J]. 中国流通经济，2021，35 (4)：48－57.

[32] 王炳成，赵静怡，杨珍花. 社交新零售商业模式情境下消费者认同路径研究 [J]. 管理评论，2023，35 (8)：198－208.

[33] 王烽权，江积海，王若瑾. 人工智能如何重构商业模式匹配性？——新电商拼多多案例研究 [J]. 外国经济与管理，2020，42 (7)：48－63.

[34] 王福，刘俊华，长青，等. 场景链如何基于供应链赋能新零售商业模式价值共创？——福田汽车案例研究 [J]. 科学学与科学技术管理，2022，43 (7)：135－155.

[35] 王福，刘俊华，长青．场景如何基于“人货场”主导逻辑演变赋能新零售商业模式创新？——伊利集团案例研究 [J]．管理评论，2023，35 (9)：337－352.

[36] 王福．场景如何赋能短视频商业模式价值创造？——快手和抖音双案例研究 [J]．西安交通大学学报（社会科学版），2022，42 (6)：170－182

[37] 王冠群，等．中文微博观点句识别及要素抽取研究 [J]．数据采集与处理，2016 (1)：160－167.

[38] 王红春，陈杨，刘帅．社交电商供应链定价策略研究——基于平台销售努力的分析 [J]．价格理论与实践，2021 (3)：122－125.

[39] 王李冬，张引，胡克用，等．跨社交网络用户身份关联技术 [J]．重庆理工大学学报（自然科学），2021，35 (12)：123－135.

[40] 王李冬，胡克用，周微微，等．基于 CLA 算法的跨社交平台用户身份匹配 [J]．计算机应用与软件，2019，36 (4)：217－222.

[41] 王翎子，张志强．图书直播带货的高销量主播营销探析——基于抖音 APP 图书直播账号的实证研究 [J]．中国出版，2021 (11)：19－25.

[42] 王茜，容哲，谢康．新顾客跨平台购买行为提高企业顾客保留的信任水平迁移机理 [J]．管理评论，2021，33 (3)：146－158.

[43] 王树义，朱娜．移动社交媒体用户隐私保护对策研究 [J]．情报理论与实践，2013 (7)：36－40.

[44] 王玉祥，等．上下文感知的移动社交网络服务选择机制研究 [J]．计算机学报，2010 (11)：2126－2135.

[45] 文玥琪，周安民．跨社交平台的用户识别方法研究 [J]．现代计算机，2020 (8)：37－42.

[46] 吴敏琦．微博用户日常生活信息获取行为模式及其影响因素研

究 [J]. 情报科学, 2013 (1): 86 - 90.

[47] 武迪, 魏超, 赵越. 微信平台商业模式及其赢利点分析 [J]. 出版发行研究, 2015 (5): 33 - 37.

[48] 谢刚, 等. 信息生态视角下移动网络隐私问题及防治措施 [J]. 情报理论与实践, 2015 (8): 21 - 26.

[49] 徐叶灵. 社交电商平台的异化及其矫正——基于马克思资本逻辑 [J]. 中共南京市委党校学报, 2023 (6): 49 - 55.

[50] 许孝君, 程光辉, 王露, 等. 基于场景理论的移动电商信息服务生态系统形成机理研究 [J]. 情报科学, 2023, 41 (10): 32 - 39.

[51] 燕道成, 李菲. 场景·符号·权力: 电商直播的视觉景观与价值反思 [J]. 现代传播 (中国传媒大学学报), 2020, 42 (6): 124 - 129.

[52] 杨文建. 社交网络的信息服务研究现状与不足 [J]. 现代情报, 2015 (10): 91 - 96.

[53] 叶莎莎, 杜杏叶. 移动图书馆用户需求理论研究 [J]. 图书情报工作, 2014 (16): 50 - 56.

[54] 于宝琴, 李顺东, 崔林林. 跨平台多元协同下消费者信任的影响因素研究 [J]. 东北师大学报 (哲学社会科学版), 2019 (3): 184 - 193.

[55] 俞华. 我国微商新业态发展现状、趋势与对策 [J]. 中国流通经济, 2016, 30 (12): 47 - 56.

[56] 喻国明. 从技术逻辑到社交平台: 视频直播新形态的价值探讨 [J]. 中国传媒科技, 2017 (5): 15 - 17.

[57] 喻国明. 从技术逻辑到社交平台: 视频直播新形态的价值探讨 [J]. 新闻与写作, 2017 (2): 51 - 54.

[58] 袁海霞. 网络口碑的跨平台分布与在线销售——基于 BP 人工

神经网络的信息熵与网络意见领袖敏感性分析［J］．经济管理，2015，37（10）：86－95.

［59］增曾俊，洪乐，邹鹏羽．场景时代下社交电商平台运营模式对比分析——以拼多多、云集为例［J］．全国流通经济，2020（18）：7－8.

［60］詹恂，严星．微信使用对人际传播的影响研究［J］．现代传播（中国传媒大学学报），2013（12）：112－117.

［61］张利，王欢．我国当前移动社交网络用户的基本特征［J］．重庆邮电大学学报（社会科学版），2013（5）：119－123.

［62］张雯婷，刘艳．社交化电商商业模式分析——以小红书为例［J］．上海商业，2021（6）：32－33.

［63］张颐．微信传播问题及对策研究［J］．新闻战线，2015（21）：110－112.

［64］赵丹妮．社交媒体对消费场景的再构研究［D］．苏州：苏州大学，2019.

［65］赵俊丽，柴莉．社会化短视频的场景营销——以宜家为例［J］．传播力研究，2019，3（30）：200.

［66］赵胜辉，李吉月，徐碧，等．基于TFIDF的社区问答系统问句相似度改进算法［J］．北京理工大学学报，2017，37（9）：982－985.

［67］赵旭，李鑫鹤，杨飞凤．社交电商模式创新机制研究［J］．国际公关，2022（23）：164－166.

［68］赵占波，邬国锐，刘锋．中国社交网络商业模式发展及影响因素分析［J］．商业研究，2015（1）：33－40.

［69］周劲波，位何君．基于AARRR模型的用户增长策略研究——以拼多多为例［J］．山西经济管理干部学院学报，2020，28（1）：11－16.

［70］周潇斐，陈莹．从“心”出发，做有温度的营销——华为品牌情感营销研究［J］．戏剧之家，2019（34）：212－213.

[71] 朱绍学. 基于UGC社区营销的跨境电商C2B商业模式研究——以小红书为例 [J]. 汉江师范学院学报, 2021, 41 (6): 25-30.

[72] 朱小栋, 陈洁. 我国社交化电子商务研究综述 [J]. 现代情报, 2016, 36 (1): 172-177.

[73] 朱兴荣. 社交电商购物平台运营模式比较分析及展望——以拼多多、贝店、TST平台为例 [J]. 办公自动化, 2018, 23 (20): 38-40.

[74] A lhabash S, Ma M. A Tale of Four Platforms: Motivations and Uses of Facebook, Twitter, Instagram, and Snapchat Among College Students? [J]. Social Media + Society, 2017, 3 (1): DOI: 10.1177/2056305117691544.

[75] Almén E, Staxäng E. Premium B2B services on a price sensitive market - A Case Study of a Swedish B2B Service Company in India [D]. Lund: Lund University, 2012.

[76] Berger A. Towards a Framework for Aligning Implementation of Change Strategies to a Situation - specific Context [J]. International Journal of Operations & Production Management, 1992, 12 (4): 32-44.

[77] Chin - Chen Chang, Yu - Chiang Li, Wen - Hung Huang. TFRP: An efficient microaggregation algorithm for statistical disclosure control [J]. The Journal of Systems and Software, 2007 (80): 1866-1878.

[78] Csikszentmihalyi M. Optimal experience:, Psychological studies of flow in consciousness. [J]. Man, 1988, 24 (4): 690.

[79] Deng Z, Sang J, Xu C. Personalized video recommendation based on cross - platform user modeling [C] //2013 IEEE International Conference on Multimedia and Expo (ICME). IEEE, 2013: 1-6.

[80] Domingo - Ferrer J, Mateo - Sanz J M. Practical data - oriented microaggregation for statistical disclosure control [J]. IEEE Transactions on Knowledge & Data Engineering, 2002, 14 (1): 189-201.

[81] Domingo – Ferrer J, Francesc Sebé, Solanas A. A polynomial – time approximation to optimal multivariate microaggregation [J]. Computers & Mathematics with Applications, 2008, 55 (4): 714 – 732.

[82] Hajli M, Sims J M, Ibragimov V. Information technology (IT) productivity paradox in the 21st century [J]. International Journal of Productivity and Performance Management, 2015, 64 (4): 457 – 478.

[83] Hajli, Nick. Social commerce constructs and consumer's intention to buy [J]. International Journal of Information Management, 2015, 35 (2): 183 – 191.

[84] Hanna R, Rohm A, Crittenden V L. We're all connected: The power of the social media ecosystem [J]. Business Horizons, 2011, 54 (3): 265 – 273.

[85] Hong I B, Cho H. The impact of consumer trust on attitudinal loyalty and purchase intentions in B2C e – marketplaces: Intermediary trust vs. seller trust [J]. International journal of information management, 2011, 31 (5): 469 – 479.

[86] Josep Domingo – Ferrer, Úrsula González – Nicolás. Hybrid microdata using microaggregation [J]. Information Sciences, 2010 (180): 2834 – 2844.

[87] Kim H J, Karr A F, Reiter J P. Statistical Disclosure Limitation in the Presence of Edit Rules [J]. Journal of Official Statistics, 2015, 31 (1): 121 – 138.

[88] Kim S, & Park H. Social Support, Trust and Purchase Intention in Social Commerce Era [J]. International Journal of Social Commerce and Management, 2023, 12 (2): 56 – 67.

[89] Kim S, Park H. Effects of various characteristics of social com-

merce (s - commerce) on consumers' trust and trust performance [J]. International Journal of Information Management, 2013, 33 (2): 318 - 332.

[90] Lai S L. Social Commerce — E - Commerce in Social Media Context [J]. World Academy of Science Engineering & Technology, 2010 (72): 39 - 44.

[91] Laszlo M, Mukherjee S. Iterated local search for microaggregation [J]. The Journal of Systems and Software, 2015 (100): 15 - 26.

[92] Li Xiang, Xiabing Zheng, Matthew K. O. Lee, Dingtao Zhao. Exploring consumers' impulse buying behavior on social commerce platform: The role of parasocial interaction [J]. International Journal of Information Management, 2016, 36 (3): 333 - 347.

[93] Lu B, Chen Z. Live streaming commerce and consumers' purchase intention: An uncertainty reduction perspective [J]. Information & Management, 2021, 58 (7): 103509.

[94] Marc Solé, Victor Muntés - Mulero, Jordi Nin. Efficient microaggregation techniques for large numerical data volumes [J]. International Journal of Information Security, 2012, 11 (4): 253 - 267.

[95] Morales A J, Borondo J, Losada J C, et al. Efficiency of human activity on information spreading on Twitter [J]. Social Networks, 2014, 39 (1): 1 - 11.

[96] Navarro - Arribas G, Torra V. Privacy - preserving data - mining through microaggregation for web - based e - commerce [J]. Internet Research, 2010, 20 (3): 366 - 384.

[97] Navarro - Arribas G, Vicenç Torra. Privacy - preserving data - mining through micro - aggregation for web - based e - commerce [J]. Internet Research, 2013, 20 (3): 366 - 384.

[98] Ngai E W T, Tao S S C, Moon K K L. Social media research: Theories, constructs, and conceptual frameworks [J]. International journal of information management, 2015, 35 (1): 33 -44.

[99] Olbrich R, Holsing C. Modeling consumer purchasing behavior in social shopping communities with clickstream data [J]. International Journal of Electronic Commerce, 2011, 16 (2): 15 -40.

[100] Pansari A, Kumar V. Customer engagement: the construct, antecedents, and consequences [J]. Journal of the Academy of Marketing Science, 2017, 45 (3): 1 -18.

[101] Rad A A. A Model for Understanding Social Commerce [J]. Journal of Information Systems Applied Research, 2011, 4 (2): 63.

[102] Riaz M U, Guang L X, Zafar M, et al. Consumers' purchase intention and decision - making process through social networking sites: a social commerce construct [J]. Behaviour & Information Technology, 2021, 40 (1): 99 -115.

[103] Schneider A, Von Krogh G, Jäger P. "What's coming next?" Epistemic curiosity and lurking behavior in online communities [J]. Computers in human behavior, 2013, 29 (1): 293 -303.

[104] Shlomo N, De Waal, T. Protection of Micro - data Subject to Edit Constraints Against Statistical Disclosure [J]. Journal of official stastistics, 2008, 24 (2): 229 -253.

[105] Syed - Ahmad S F, Murphy J. Social networking as a marketing tool: the case of a small Australian company [J]. Journal of Hospitality Marketing & Management, 2010, 19 (7): 700 -716.

[106] Tandoc Jr E C, Lou C, Min V L H. Platform - swinging in a poly - social - media context: How and why users navigate multiple social media

platforms [J]. Journal of Computer – Mediated Communication, 2019, 24 (1): 21 –35.

[107] Unnava V, Aravindakshan A. How does consumer engagement evolve when brands post across multiple social media? [J]. Journal of the Academy of Marketing Science, 2021, 49 (5): 864 –881.

[108] Wongkitrungrueng A, Assarut N. The role of live streaming in building consumer trust and engagement with social commerce sellers [J]. Journal of business research, 2020 (117): 543 –556.

[109] Zhang X, Chen H, Liu Z. Operation strategy in an E – commerce platform supply chain: whether and how to introduce live streaming services? [J]. International Transactions in Operational Research, 2022, 31 (2): 1093 –1121.

[110] Zhu H, Chen E, Xiong H, et al. Mining Mobile User Preferences for Personalized Context – Aware Recommendation [J]. Acm Transactions on Intelligent Systems & Technology, 2014, 5 (4): 1 –27.

# 名词解释

| | |
|---|---|
| 消费信息获取欲望 | 所谓消费信息获取欲望是指获取消费信息的强烈程度，具体可以细分为三个维度，分别是消费信息需求期望、消费信息搜索习惯和消费信息接受偏好 |
| 消费信息场景 | 所谓消费信息场景是指用户获取特定消费信息的时间和空间，以及时间和空间内不同维度消费信息情境所形成关系的总和 |
| 消费信息情境 | 所谓消费信息情境是指用户在特定时空进行消费信息获取所需要的各类情境，具体包括产品情境、服务情境、技术情境、移动情境、社交情境和终端情境 |
| 消费信息需求期望 | 所谓消费信息需求期望是指在特定时空对某种或某类消费信息需要的剧烈或者紧急程度 |
| 消费信息搜索习惯 | 所谓消费信息搜索习惯是指在特定时空对某种或某类消费信息通过什么搜索方式获取，如通过语音搜索、导航搜索、浏览搜索、偶遇搜索等方式搜索信息 |
| 消费信息接受偏好 | 所谓消费信息接受偏好是指在特定时空对消费信息接受的喜好程度，包括喜欢接受哪类信息，喜欢用什么样的方式接受信息，以及如何接受信息。如采用收藏、点赞、转发、评论、下载等方式获取信息 |
| 消费信息需求点 | 所谓消费信息需求点是指用户消费需求体现为层次递进性，具体而言是形成了消费需求的一个个节点，这些节点可以是分散的，也可以是集群式的，还可以是链式关联的 |
| 消费信息搜索域 | 所谓消费信息搜索域是指用户对于消费信息是通过搜索的拓展，在拓展中不满足后开始搜索的收缩，正是在消费的拓展与收缩的动态平衡中形成了信息搜索域 |
| 消费信息接受场 | 所谓消费信息接受场是指用户对于特定时空的消费信息采取什么样的接受方式，例如，是采取点赞、转发、评论、收藏、下载等方式中的哪一种或者哪几种 |
| 消费信息需求优势 | 消费信息需求是由一个个节点所形成的，这些不同的消费信息需求节点体现为层次递进的趋势，正是整个递进的趋势形成了消费信息需求优势 |

续表

| | |
|---|---|
| 消费信息搜索自由度 | 消费信息搜索自由度是由信息搜索的拓展和收缩所形成的一个个搜索域。其中，特定时空消费信息搜索的拓展与收缩过程的张弛程度称为搜索的自由度 |
| 消费信息接受调和场 | 消费信息接受是由消费接受期望和消费接受现实的不断磨合所形成的消费信息接受调和度，这个度决定了消费信息接受调和场的形成。一个用户一段时间内的信息接受调和场是固定的，但随着消费信息情境的不断丰富，用户消费信息接受调和场也在不断变化 |
| 消费元宇宙 | 所谓消费元宇宙是指社交电商平台以链式场景为触点，通过“此前场景—此时场景—此后场景”的链式关联，使用户在不同平台场景切换，形成用户跨社交电商平台消费的元宇宙。其中，不同社交电商平台基于链网式场景形成的扩展现实时空称为消费元宇宙 |

# 后　记

近年来，项目团队对社交电商平台用户消费信息需求期望、消费信息搜索习惯和消费信息接受偏好进行深入研究，形成了系列研究成果。通过项目团队对用户跨社交电商平台消费信息行为的进一步研究，揭示了用户消费信息行为三个维度的特征，提炼了用户跨社交电商平台消费信息行为规律，并对用户跨社交电商平台消费商业模式元宇宙化创新进行研究。

本书以现有相关成果为基础，从用户跨社交电商平台用户信息行为拓展到社交电商平台的消费信息行为，再进一步拓展到用户跨社交电商平台消费信息行为研究。在此基础上，基于用户跨社交电商平台进行场景化推荐。

在项目研究的基础上，作者对研究主题进一步深入，通过“分散场景—集群场景—链式场景—网式场景”的跨社交电商平台应用，直至其经由元宇宙化向用户跨社交电商平台商业模式的生态化方向拓展。经过多年积累，项目团队相关研究成果已在《西安交通大学学报（社科版）》《管理案例研究与评论》《技术经济》《情报科学》《现代情报》《图书馆》和《科研管理》等 CSSCI 来源期刊发表。在此基础上，项目团队 2022 年申报并获批了内蒙古自治区哲学社会科学规划项目（2022NDC214），2023 年获批了国家自然科学基金项目（72362029）。

本书23万字，是对学术研究成果的阶段性记录和总结，更是对团队的激励和鞭策，欢迎读者和同仁不吝赐教。本书的出版要感谢多年来一直支持团队的亲人、朋友、同行、同事和领导。感谢国家自然科学基金项目（72362029）、内蒙古自治区哲学社会科学规划项目（2022NDC214）和内蒙古自治区高等学校人文社会科学重点研究基地“内蒙古现代物流与供应链管理研究中心”建设项目对本书出版的资助。感谢学院领导和同事多年来对项目团队的支持。

经过多年的研究积累，团队形成了系列研究成果，这些成果之间具有一定的关联性，很有必要将其系统化地整合，以对前一段时间的研究进行总结和归纳，以便为跨社交电商平台的场景化应用指明方向，这便是出版这本书的初衷。

本书作者

2025年4月4日